원로목사가 들려주는

비와 바람의 이야기

원로목사가 들려주는

비와 바람의 이야기

원광기 지음

동아일보사

김장환 목사
극동방송 이사장

제가 평소 사랑하고 존경하는 잠실교회 원광기 원로목사님은 교회는 물론이요 교단과 한국 교회의 발전을 위해 많은 일을 해오셨습니다. 또한 은퇴 이후에 힘을 기울이고 계신 기독 인재 양성을 위한 예닮글로벌학교와 목회자들을 위한 힐링아카데미 역시 좋은 반응을 얻고 있습니다. 더욱 반가운 일은 목사님께서 팔십 평생을 살아오면서 들려주신 하나님께서 행하신 은혜의 이야기를 이제 책으로 만날 수 있게 되었다는 점입니다.

이 책이 특히 신학생들이나 목회자들, 그리고 코로나19 팬데믹 속에서 출구를 찾는 한국 교회에 도움이 될 것을 믿으며, 기쁘게 추천합니다. 감사합니다.

림형천 목사
잠실교회 담임목사

원광기 원로목사님의 목회자로서의 삶을 한눈에 볼 수 있는 자서
전적 글을 대하니 참으로 기쁩니다. 목사님은 목회, 영성, 은사, 치
유, 행정, 교육 등 모든 분야에서 늘 탁월한 모습을 보이시기에 놀
라움을 금할 수가 없습니다. 이 모든 놀라움의 근원은 기도하는
목회자라는 점입니다. 잠실교회 37년 목회, 예닮글로벌학교, 힐
링아카데미 그리고 라오스 800만 명을 품는 선교까지 마치 에스
겔 성전의 생수가 흘러나와 가까운 곳에서부터 먼 곳에 이르기
까지 수많은 생명을 살려내는 도구로 쓰인 것처럼 하나님께서 목
사님을 변함없이 사용하고 계심을 볼 수 있습니다. 이 놀라운 비
결을 책으로 접하고, 배울 수 있게 해주셨습니다. 감사합니다.

김명희 교수
이화여자대학교 컴퓨터공학과 명예교수

진심으로 존경하는 잠실교회 원광기 원로목사님의 부모님, 어린
시절, 학창 시절, 전도사, 교사, 목회자와 또한 은퇴 후의 여정에
이르기까지 이 책을 통해 함께할 수 있게 해주신 주님의 은혜에
감사드립니다. 세찬 비는 강한 바람과 함께 오는 자연의 이치처
럼 담대한 믿음과 눈물의 간구에 언제나 강하고 분명한 성령의
역사로 응답하심을 뜨겁게 증거하는 책입니다. 첫 장부터 마지막
장까지, 두 번째 읽을 때에도 여전히 잠시도 손에서 내려놓을 수
없었던 구체적 간증의 기록입니다.

어려운 시기에 자라나는 청소년들에게, 방황하는 젊은이들에게,
그리고 오랜 신앙의 벗들에게 마음을 다해 권해드립니다.

유화웅 교장
예닮글로벌학교장

이 책을 읽으면서 긴장감이 들기도 하고, 감동도 하고, 감탄도 하였으며, 소리 내어 웃기도 하며, 눈물을 흘리기도, 회개하기도 하였습니다. 이 책은 영적 거인 원광기 목사님의 믿음과 헌신, 순정으로 이루어진 간증의 다이아몬드라 하겠습니다.

오직 하나님만 바라보고 자기를 비우며 살아갈 때, 하나님께서 차근차근 채워주시는 증거를 보여주는 행복론이기도 합니다. 따뜻한 사랑과 나눔, 치유와 기적의 이야기는 온 가족이 읽고 자손대대 물려주며 어떻게 살아야 할지를 안내해주는 인생의 나침반입니다.

이 책을 읽고 마지막 장을 덮을 때, 나도 모르게 영성과 인성이 성장했다는 것을 고백하게 하는 책입니다.

박성배 박사
코칭전문작가, 한우리미션밸리 대표

독자 여러분에게 제가 느낀 감동을 나누면서 원광기 원로목사님
의 팔십 평생의 노정(路程)과 보석 같은 믿음의 지혜가 가득 담긴
책 『비와 바람의 이야기』를 추천합니다.

첫 번째로, '목회자로서의 부르심의 과정'과 '팔십 평생 변함없이
믿음의 길을 걸어온 저자의 기도와 기적과 수많은 응답들'이 감
동적으로 기록되어 있습니다. 자신의 부르심과 소명을 다시 한
번 점검하고 돌아볼 분들이 꼭 읽어보시길 바랍니다.
두 번째로, 잠실교회를 개척하여 메가 처치(Mega Church)로 일구
어가는 과정이 상세히 기록되어 있습니다. '어떻게 목회를 해야

할까'에 대해서 해답을 얻고자 하는 목회자는 꼭 읽어보아야 합니다.

세 번째로, 원광기 원로목사님의 은퇴 후의 사역인 예닮글로벌 학교의 인재 경영, 목회자를 재충전하여 일으키는 힐링아카데미, 그리고 800만 라오스를 향한 비전이 상세히 서술되어 있습니다.

마지막으로, 하나님의 살아계심을 체험하고 싶은 모든 분들이 읽어야 할 책입니다. 혼탁한 이 시대에 이 책을 읽으면서 많은 사람들이 믿음으로 살아가는 인생의 지혜를 찾게 되리라 확신합니다.

존경하는 원광기 원로목사님의 귀한 책 『비와 바람의 이야기』를 먼저 읽고 추천의 글을 쓸 수 있어서 영광입니다. 책을 읽으면서 '아! 믿음의 사람은 이렇게 살아야겠구나' 하는 깊은 깨달음과 감동의 울림을 받았습니다. 이 책은 목회자, 선교사, 성도들, 하나님의 살아계심을 체험하고 싶으신 분들은 반드시 읽어보아야 할 책입니다.

비와 바람의 이야기를
이 책에 담아보았습니다

바다는 마음의 고향일까요? 많은 사람이 막연하지만 바다에 대한 그리움을 안고 살아가는 것 같습니다. 그 때문에 생활과 시간이 허락하면 가고 싶고 머물고 싶은 바다를 찾아 길을 떠납니다. 하지만 나는 바다보다는 태곳적 신비와 고요한 적막이 흐르는 황량한 사막이 더 그립습니다. 이 황무지를 찾아가면 갖가지 상념들이 샘물처럼 솟아오르고 밤하늘의 별처럼 떠오르곤 합니다. 사색의 샘터는 마치 어머니의 품같이 포근함과 평안을 줍니다. 그런데 황무지가 따로 있는 것이 아닙니다. 오랫동안 비가 내리지 않으면 옥토라 할지라도 사막화 현상이 나타납니다. 반대로 사막이라도 비가 오면 생명이 움트고 초원이 조성되고 아름다움과 풍요로움이 깃들게 됩니다. 사막을 적시는 비처럼 생명을 살리는 비는 곧 하나님의 은혜라고 하겠습니다.

나의 목회 생활 40년을 돌아보면 주께서 허락하신 단비 덕분에 황무지가 푸른 초장으로 바뀐 변화의 땅의 기록이었습니다.

오래전에 아프리카 서남단 나미브사막을 탐방한 적이 있었습니다. 어떻게 사막의 모래가 한결같이 붉은색을 띠고 있을까? 태양과 바람 그리고 모래바다와 언덕들, 그 모래무늬는 참으로 신비롭고 묘하기 그지없었습니다. 띄엄띄엄 펼쳐진 모래섬들은 푸른 하늘에 떠 있는 흰 구름처럼 아름다운 조화를 이루고 있었습니다. 정상에서 사방을 둘러보면 마치 바람의 손이 그린 작품 전시장에 온 듯하였습니다. 참으로 멋진 광경이었습니다. 거친 바람이 불어오면 이 모습은 온데간데없이 사라지고 또 다른 화폭이 펼쳐졌습니다.

내 삶 속에 하나님이 행하신 크고 놀라운 일들을 글에 담아보았습니다.

바로 이 순간을 사진에 남기지 아니하면 시간 속에 지나간 옛 모습은 다시 볼 수 없게 되었을 것입니다. 그래서 하나님께서는 영상 기술이나 인쇄술을 발달하게 하셔서 인간이 영원을 사모하는 마음을 기록으로 남기게 하는 축복을 주셨다고 생각합니다. 나의 삶의 여정에 역사하는 성령이신 하나님의 역사도 돌아보면 잠시 바람결에 흘러간 꿈만 같습니다. 주님의 제자 된 우리의 사명은 듣고 본 바를 증언하는 일입니다. 신약성서는 주님의 제자들이 남긴 증언의 기록입니다. 이와 같이 기록된 말씀이 없었다면 그 귀한 믿음의 유산을 어떻게 후대에게 전수할 수 있었겠습니까? 믿음과 도전은 들음에서

옵니다. 내 삶 속에 하나님이 행하신 크고 놀라운 일들을 글에 담아
보았습니다. 우리가 함께 소중한 경험을 서로 나누고 공유할 때 지
식의 지평은 넓어지고 깊어지며 받은 은혜는 증폭될 것입니다.

**이 글을 읽는 모든 이들이 혼미한 잠에서 깨어나 믿음의 장부로 우뚝
서기를 소망합니다.**

오늘날 부흥하는 교회는 바로 간증이 넘치는 교회입니다. 전 교인이
끊임없이 힘을 모아 기도하는 교회에 응답의 기적이 일어나고, 생생
한 간증과 뜨거운 찬양이 울려나옵니다. 단편적이지만 진솔한 이야
기들 속에 하나님의 영광이 녹아 있습니다. 이 글을 읽는 모든 이들
이 혼미한 잠에서 깨어나 믿음의 장부로 우뚝 서기를 소망합니다.
활화산처럼 쇠할 줄 모르는 뜨거운 열정과 기도로 솟구치는 힘찬
함성을 발하며 사자처럼, 여호수아처럼 늠름히 앞을 향해 나아가기
를 바라는 마음 간절합니다. 하나님의 나라는 힘써 침노하는 자들
의 것입니다.

2022년 1월

강릉 예닮원에서

원 광 기

이 책은

오직 믿음으로 살아온

저의 팔십 평생의 발자취입니다.

신실하신 하나님은 그 모든 기도에 응답해주셨습니다.

———————

아무것도 염려하지 말고

다만 모든 일에 기도와 간구로

너희가 구할 것을 감사함으로 하나님께 아뢰라

그리하면 모든 지각에 뛰어난 하나님의 평강이

그리스도 예수 안에서

너희 마음과 생각을 지키시리라

빌립보서 4:6~7

Contents

01 예정함
태초부터 하나님의 예정하심이 있었다

02 부름
부르심은 전적으로 하나님의 계획이었다

03

04

05

보냄 3
권능의 종, 능력의 종으로 보내셨다

06 마침과 새 비전
강릉에 가게 되다

01

예 정 함

태초부터 하나님의 예정하심이 있었다

철도청 기관사이셨던 나의 아버지

오늘부터 신세 좀 지겠습니다

경신(儆新) 왕(王)모표 클럽

아, 저게 바로 용이로구나!

당당했던 삶의 추락

Don't hesitate! 머뭇거리지 마라!

마지막 경고

그 고통의 눈물을 하나님께선 감격의
눈물로 승화시켜주셨다. 훗날 신학교에
입학할 당시 학장님이 하신 말씀이 있었다.
"여기 있는 여러분들은 십자군의
사관생도입니다. 누군가는 위관, 누군가는
영관, 누군가는 장성으로 끝나는 것입니다."
그 말을 듣자마자 뜨거운 눈물을
흘렸다. '주님, 제가 별을 딸 곳이 바로
이곳이었군요! 비록 군대에서 별을 달지
못했지만, 이곳에서 그 꿈을 이루게
하옵소서.' 이런 기도가 흘러나왔다. 이
기도의 신음에도 주님은 응답하셨다. 바로
먼 훗날, 은퇴식이 있던 날 이병호 선배의
입을 통해 응답해주셨기 때문이다.

철도청 기관사이셨던
나의 아버지

경기도 이천(利川), 읍에서 10리 정도 떨어진 곳이 아버지의 고향이었다. 아버지는 초등학교 마당도 밟아보지 못했을 정도로 공부를 제대로 해본 적이 없는 분이셨다. 그런데 결심이 대단한 분이셨다. 자력으로 한글, 한자, 일본어를 독파하고 영어까지 공부하여 일본 기관사 시험에 합격하셨다. 당시 일제강점기에 철도청 기관사라고 하면 오늘날 여객기 파일럿에 해당할 만큼 월급도 많고 괜찮은 직업이었다. 그 때문에 경쟁도 치열했다. 대학을 졸업한 일본인도 상당히 많이 지원하는 시험이 바로 기관사 채용 시험이었다고 한다. 이처럼 어려운 시험에 아버지께서 당당히 합격하신 것이다.

기관사로 철도청에 들어간 아버지는 아주 특별한 대우를 받으셨다. 당시 월급이 황소 한 마리 값이었는데, 지금으로 말하면 몇천만 원에 해당하는 돈이었다. 또 기관사인 아버지가 역에 출근하면 차장들이 제복을 입고 일렬로 서서 경례를 했다고 한다. 그러고는 이렇게 신고를 받고 하루를 시작하셨다고 한다. "충성! 우리는 이제 ○○역에서 출발해서 ○○역까지 기관사님을 모시고 다녀옵니다!" 그만큼 대단한 위치에 있던 분이셨다. 그렇기에 나는 어릴 적부터 아버지를 존경하고 '아버지'라는 존재를 참 크게 바라보았다.

아버지는 철도청 기관사가 되신 이후에는 유복한 가정을 일구셨지만, 이전부터 부유하게 살았던 것은 아니었다. 신혼 시절에는 신문지 한 장을 바닥에 깔고, 그 위에 그릇을 놓고 식사를 하실 정도로 가난했다. 그런데도 날마다 밤을 새워 공부를 했을 정도로 결심이 강한 분이셨다. 그때 겨울은 왜 그리도 추웠을까? 당시 겨울은 난방도 안 되고, 창호지에는 군데군데 구멍이 뚫리고, 옷도 따뜻하지 않아서 얼마나 추웠는지 모른다. 제대로 먹지 못해 영양실조에 걸릴 형편에도 아버지는 독하게 공부를 하셨다. 하루는 이런 일이 있었다고 한다. 아버지가 밤새 공부하다가 잠이 오면 차디찬 물을 머리에 끼얹으며 잠을 이겨내셨는데, 그 추운 겨울에 머리에 물을 끼얹으면 머리카락이 순식간에 얼어붙었다. 그럼에도 체온 때문에 얼었던 물이 녹아내리면 또다시 "냉수 좀 떠줘" 하면서 어머님께 머리에 물을 적셔달라고 부탁하셨다. 그 정도로 독하게 공부를 하셨던 것이다. 그래서 나와 형제들은 학교 다닐 때 귀에 못이 박이도록 이런 이야기를 들었다. "야, 내가 너희들처럼 학교 다니고 공부를 했으면 나는 대통령도 되었겠다!" 이 때문에 아버지의 결심과 의지를 누구보다 잘 느꼈던 것이다.

찢어지는 가난을 이겨내고 독하게 공부하신 아버님은 결국 기관사 시험에 합격하셨다. 기관사 중에서도 특별대우를 받으셨다. 아버지의 운전 실력이 아주 뛰어났기 때문이었다. 하루는 일본 천황이 기관열차를 타고 부산에서 하얼빈까지 가게 되었다. 천황은 땅을 밟지 않는 황제였기 때문에 기관열차 운전 경연대회가 열렸다. 천황이 도착하는 역 앞에 깔린 유단(카펫)에 기관열차 출입구를 정확히 맞춰 세우는 경연대회였다. 그 대회에서 아버지가 1등을 한 것이다. 그런 데 "조센징이 1등을 했다"며 아버지를 2등으로 내려가게 하였다. 결 국 일본인이 부산에서 평양까지 천황을 모시고, 아버지가 평양에서 하얼빈까지 모시게 되었다. 그래도 일본 천황이 아버지의 운전 실력 을 보고 황실 담배 한 보루와 회중시계(당시 허리띠나 조끼 주머니 등 에 시곗줄을 걸어 휴대하고 다니던 작은 시계)를 상으로 하사할 정도였 으니 그 실력이 대단했던 것이다.

그런데 하루아침에 아버지가 교도소에 끌려가셨다. 당시 아버지는 함북선을 운행했는데, 독립군의 부탁을 거절할 수 없으셨던 모양이 다. 독립군은 자금을 모으기 위해 아편(마약)을 팔곤 했다고 한다. 보통은 역의 출입구에서 소지품을 검정(검사)하곤 하는데, 기관사의 경우에는 기관사들만 이용할 수 있는 통로가 있었다. 그래서 소지 품 검정을 받지 않을 수 있었다. 이에 아버지는 독립군의 아편 밀수 를 돕게 된 것이다. 조그마한 과일통 바닥에 아편을 잔뜩 깔아두고, 위에는 복숭아를 얹어서 몰래 물건을 옮기게 된 것이다. 애국심으 로 독립군의 자금 조달을 도와주다가 밀정의 제보로 일본군 헌병대 에 덜미를 잡혔다. 아편 밀수는 발각 즉시 현장에서 사형될 정도로 심각한 사건이었다. 그러나 아버지는 천황의 상을 받았기 때문에 사 형은 면할 수 있었다. 하지만 청진 형무소로 끌려가 온갖 고문을 당 해야 했다. 그러던 중 해방이 되었다! 아버지는 고문 후유증에 시달

렸고, 해방 후 1년 정도 휴양하고 철도청에 복직했지만 좋은 자리는 모두 다른 사람이 차지하고 아버지의 자리는 없었다. 그래도 누구보다 성실히 맡은 일에 최선을 다하며 존경받는 아버지로 가정을 일궈 온 분이셨다.

너는 네 하나님 여호와께서 명령한 대로 네 부모를
공경하라 그리하면 네 하나님 여호와가 네게 준 땅에서
네 생명이 길고 복을 누리리라

신명기 5:16

오늘부터
신세 좀 지겠습니다

나는 철도청 기관사로 대단하셨던 아버지 밑에서 6남매 중 막내로 태어났다. 철도청 기관사로, 한 가정의 가장으로 멋지게 살아오신 아버지와 나는 12년간 생이별을 해야 했다. 나의 태몽 때문이었다. 대개 부모 중 어머니가 태몽을 꾸는 경우가 많은데, 특이하게도 우리 집안 형제들은 모두 아버지가 태몽을 꾸셨다. 큰형님은 점잖은 한복 입은 사람이, 둘째 형님은 일본군 상사가 아버지 꿈에 나타났다. 그런데 나는 별 4개를 단 일본군 대장이 금테 두른 모자에 긴 칼을 차고 집 안으로 들어오더니 "오늘부터 이 집에서 신세 좀 지겠습니다" 라는 말을 하며 아버지 꿈에 나타난 것이다! 그 꿈 때문에 아버지의 기가 확 눌리고 긴장하셨다.

옛날에는 토속신앙이 강해서 주변 사람들한테 나의 태몽 이야기를 하면 "그 아들하고 있으면 가장의 기가 눌려서 빨리 죽게 되니까 열두 살 때까지는 떨어져 살아야 한다"는 말만 돌아왔다고 한다. 그 두려움 때문에 아버지는 내가 열두 살이 될 때까지도 나와 함께 지내지 않으셨다. 그리고 실제로 둘째 형님은 군 소령으로 예편하셨기 때문에 어른들은 태몽에 크게 영향을 받았다. 그 태몽 때문에 형제들 중에서도 특히 나를 가장 아끼셨고 큰 인물로 대해주셨다. 마치 야곱이 요셉을 특별하게 편애하듯이 나를 사랑해주셨다.

범상치 않은 태몽 때문에 아버지와 나는 12년을 떨어져 살았다. 어머니와 나는 이천에 두고, 아버지는 서울 용산의 철도청 관사에서 따로 지내셨다. 아버지는 주중에는 서울에서, 주말에는 이천에서 지내며 어머니와 주말부부로 사셨다. 어머니는 이천에서 농사를 지으셨는데, 읍에서 10리 정도 떨어진 곳에 살며 농사일을 하셨다. 나도 그곳에 살며 왕복으로 20리 가까이 되는 곳까지 걸어 다니며 초등학교를 다녔다. 당시에는 20리를 걸어서 통학하는 것은 기본이었다. 그렇게 이천에서 살다 보니 교회를 다니는 어머니를 따라 나도 자연스럽게 교회에 다니게 되었고, 깊은 신앙은 아니지만 하나님을 믿으며 어린 시절을 보냈다. 교회에 가면 사람들과 교제할 수 있고, 성경 이야기도 들을 수 있어서 즐겁게 교회를 다녔던 기억이 난다.

그즈음 큰형님은 동국무선중학교를 졸업하고 경찰서에 통신계 경관(요즘으로 치면 순경)으로 들어가게 되었다. 원래는 어려서 안 되는데 나이를 열일곱 살에서 스물두 살로 속여서 들어갔다. 둘째 누나가 이북에서 내려온 나이 많은 형사랑 결혼했는데, 그분의 작은아버지가 이천경찰서장이셨다. 그래서 나이를 조금 올려서 경찰에 뽑힌 것이었다. 그 시절에는 이런 일이 워낙 흔하고 자연스레 일어나는 일이었다. 큰형의 별명은 애기순경이었다. 당시 나는 초등학교 졸업할 즈음이었는데, 어머니는 농사일을 다 정리하시고 서울에 계신 아버지께로 가셨다. 홀로 남은 나는 결혼한 형네 집에서 같이 살 수밖에 없었다. 태몽 때문에 12년을 아버지와 떨어져 살아야 했기에 서울로 가지 못하고 형과 함께 지냈던 것이다. 지금으로 생각하면 미신이고 토속신앙인데 당시에는 지배적인 사상이어서 무시할 수 없었던 것이다.

그러던 중에 1·4후퇴 이후에 경기도 양평 용문산에 남아 있는 인민군 토벌 작전을 계기로 형님이 양평경찰서로 발령을 받고 나도 형님을 따라 그곳에 있는 중학교로 입학하게 되었다. 3년 동안 아버지, 어머니와 또 떨어져 살면서 양평에서 중학교를 다녔다. 부모님과 떨어져 살았기 때문에 거의 매일 친구들과 놀러 다니며 학창 시절을 보냈다. 그래서 운동을 좋아하게 되었다. 구기 종목에서는 아주 도사가 되었다! 탁구, 농구, 축구, 배구, 야구처럼 볼을 컨트롤하는 것들은 몸에 딱 배게 되었다. 부모님과 떨어져 학교 생활을 하면서 주중에는 양평, 가끔 주말에는 서울 용산에서 부모님과 함께 지냈다. 그때는 신앙생활을 잘하진 못했다. 주일날 잠깐 예배만 드리고 나와야 했기 때문이다. 주중에는 양평에 있어야 했기에 교회 활동도 활발하게 하지 못한 것이다. 고등학생이 되고 서울에 오게 되면서 비로소 자유롭게 신앙생활을 할 수 있었다.

그의 형들은 시기하되 그의 아버지는 그 말을 간직해 두었더라

창세기 37:11

경신(儆新)
왕(王)모표 클럽

경신학교(지금의 경신고등학교)에 입학해 서울에 온 뒤로는 본격적으로 교회에 가게 되었다. 교회 고등부 회장, 반사(성경학교 교사), 성가대 베이스 등을 하며 활발한 신앙생활을 했던 것이다. 실제로 교회 성가대에 가면 빡빡이는 나 혼자뿐이었다. 당시 중·고등학생은 다 머리를 밀어야 했는데 학생들 중에서 노래를 잘하는 학생은 나밖에 없었기 때문이었다. 혼자 빡빡머리로 맨 뒷자리의 안 보이는 곳에 앉아서 성가대 활동을 하며 배운 찬송가를 부르곤 했다. 학생회장도 맡았기에 자연스럽게 교회 장로님들과 목사님께 사랑을 받기 시작했다. 맡겨놓은 일을 잘해내니까 어른들께 사랑을 받았던 것이다.

이와 동시에 미래에 대한 고민도 하게 되었다. '성인이 되면 어떻게 살아야 하나.' 그런데 아무것도 보이는 게 없었다. 아버지는 가정을 책임지시기에도 빠듯하고, 집안은 넉넉한 형편이 아니었으니 대학에 가는 건 생각도 못 했다. 오히려 이런 생각이 들었다. '내가 유도를 해서 4단만 따면 사범증이 나오니까 도장을 차릴 수 있는데, 한국에서 말고 스페인이나 프랑스에 가서 도장을 차린 다음 그곳에서 민간 외교도 하고 제자도 길러내야겠다!' 이런 생각을 가지고 유도를 시작했다. 이와 동시에 보디빌딩도 접하게 되었고, 근력 운동을 하면서 점점 근육이 붙었다. 그래서 아침마다 철봉이나 평행봉을 하면 전교생이 와서 내 근육을 구경하곤 했다. 하루는 전차를 타고 등교하는 길이었다. 차가 갑자기 급정거를 하는 바람에 순간적으로 손잡이를 잡고 힘을 꽉 주게 되었는데, 이때 불끈 솟은 근육 때문에 교복 단추가 떨어져나가고 셔츠 재봉선이 터질 정도였다. 매일 아침 운동을 하려고 교복을 벗으면 근육이 엄청나서인지 동급생들은 나에게 반말을 하지 못했다. 오히려 "원 형! 원 형!" 이러면서 졸졸 따라다녔다.

당시에는 교복과 함께 교모(모자)를 쓰고 다녔다. 모자에는 학교를 상징하는 모표(모자에 붙이는 학교 배지)가 붙어 있었다. 학교마다 고유의 상징이 있고 그에 따라 모표의 모양도 조금씩 달랐다. 인창고교는 벌이 상징이고, 경신학교(儆新學校)의 모표 모양은 십자가로 디자인된 사각형 안에 원이 있었고, 그 속에 횃불이 들어 있었다. 이것이 우리 학교의 모표였다. 일반 학생들 모표와는 달리 큼지막한 모표를 달고 다니는 한 학생이 있었다. 왕(王)모표라고 큰 모표를 모자에 붙이고 다녔으며, 왕모표는 싸움을 제일 잘하는 힘센 자가 달고 다녔다. 경신학교에서는 그 학생을 중심으로 모인 친구들을 '왕모표 클럽'이라고 불렀다.

나 역시 운동을 하다 보니 '경신 왕모표 클럽'에 들어가게 되었고, 덕분에 친구들도 많이 사귀고 남자로서 의리와 담력도 키울 수 있었다. 종전 후라 그때만 해도 학교 간 패싸움이 심했다. 경신학교 하면 깡패 학교로 소문이 나 있었다. 경신학교 배지를 달면 어디를 가도 매

맞는 일은 없었다. 누가 매를 맞고 왔다고 하면 그날은 당연히 싸움
꾼으로 구성된 10여 명의 왕모표 클럽이 출동해서 난장판을 만들고
왔다. 나도 유단자로서 그 클럽에 속해 있었다.

**사람이 마음으로 자기의 길을 계획할지라도 그의 걸음을
인도하시는 이는 여호와시니라**

잠언 16:9

아, 저게 바로
용이로구나!

내가 열아홉 살이 되던 해였다. 경신학교에서 공부는 애초에 포기해 버리고 운동으로 성공해야겠다고 생각했던 내게 아버지께서 느닷없이 "야, 나 요새 돈 좀 번다. 대학 가라"는 것이었다. 아버지가 미리 말씀하셨으면 공부만 했을 텐데! 지금껏 공부를 안 했는데 대학을 가라고 하시니까 정신이 번쩍 났다! 왜냐하면 만약에 대학에 못 가면 "야, 내가 너 대학 보내준다고 했는데 네가 공부를 못해서 못 갔잖아!"라고 아버지께서 말씀하실 테니까. 나는 아버지께 솔직하게 말씀드렸다. "아버지, 제가 준비가 안 되었습니다. 가정 형편도 어려워 대학에 갈 수 있겠나 싶어서 제가 공부보다는 운동을 했어요"라고 했더니 "그래도 공부를 해라"고 하셨다. 나는 그해 서울대학교에 원서를 냈다. 당연히 떨어졌다. 그래도 서울대학교에 지원했다가 떨어졌다고 하면 아버지 앞에서 체면이 설 것이라 생각해서였다.

운동에 나름대로 자신이 있어서 서울대 사대 체육과에 시험을 봤는데, 서울대 사대는 실기보다 필기 성적이 중요했다. 그래서 떨어진 것이었다. 아버지께 다시 한 번 기회를 달라고 부탁을 드렸다. 한 해만 더 공부를 해볼 테니 시간을 달라고 말씀드렸다. 아버지께서 허락해주시고, 나는 큰 결심으로 다시 공부를 시작했다. 당시 서울대 법대를 들어간 경신학교 친구를 찾아가 조금 도움을 받아야겠다는 생각이 들었다. 그 친구와 함께 전차를 타고 가면서 부탁했다.

"○○아, 서울대 법대 간 거 축하한다. 그런데 말이야, 우리 아버지가 나보고 대학에 가라고 하시니 내가 졸지에 공부를 해야 된다. 근데 영어하고 수학이 잘 안 된다."

그랬더니 그 친구가

"광기야, 내가 영어를 공부하던 좋은 책이 있어! 『다이어그램』이랑 『삼위일체』라는 거야. 나는 입학했으니까 그거 너 줄게! 따라와!"

하며 내게 책을 물려주었다.

그걸 받아서 공부를 하다 보니 '아, 이게 이런 것이구나' 하며 알게 되고, 1년쯤 지나니까 오히려 서울대 사대부고(당시 공부를 잘하던 학교) 다니던 친구보다 더 공부를 잘하게 되었다. 그해 서울대 생물학과를 지원했다가 떨어졌는데, 아버지가 안타까웠는지 "광기야, 2년제 서울문리사대(지금의 명지대학교) 영문과에 들어가라"고 하셨다. 나는 그해에 서울문리사대 2년제에 입학하게 되었다.

서울문리사대에 1년 정도 다녔을 때쯤에 아버지가 또 이런 말씀을 하셨다. "야, 시험칠 때 되었으니까 한 번 더 쳐보고 4년제 가봐!" 갑자기 시험을 한 번 더 보라는 것이었다. 당시에 문제집이랑 대학별 입시 경쟁률 정리한 책이 있었는데, 그걸 보니까 고려대학교가 가고 싶었다. 고려대 철학과가 가장 경쟁률이 낮기에 그곳에 지원하게 되었다. 그런데 그해에는 많은 학생이 죄다 철학과로 지원한 것이었다. 2:1이었던 경쟁률이 5:1이 되었다. 당시에는 교문 앞 게시판에 합격자 명단을 적어놓았다. 바싹바싹 긴장이 되어 고려대까지 갔어도 교문 앞에는 가질 못했다. 같이 간 친구한테 대신 가서 봐달라고 했더니, 합격자 명단에 내 이름이 있더라는 것이다! 진짜냐고 재차 물어보니 "맞다"는 것이다! 직접 교문 앞으로 가보니 내 이름이 당당히 적혀 있었다.

대학에 가야겠다고 다짐하고 열아홉 살 때 본격적으로 공부를 시작했다. 안 하던 공부를 뒤늦게 하려니 쉽지만은 않았다. 이런 내가 고려대에 갈 수 있었던 데는 남다른 계기가 있었다. 하루는 꿈을 꾸었다. 일본 교통부 관사 같은 다다미 형태의 방 안에 내가 앉아 있었다. 천장은 쭉쭉 뻗은 나무가 받치고 있었고, 말끔하게 기름칠이 되어 있었다. 그리고 바깥 마당에 장독대가 있었고, 나는 그 장독대를 한참 바라보고 있었다. 그런데 갑자기 장독대에서 오색찬란한 빛이 나면서 사슴처럼 뿔이 달리고, 반짝이는 비늘이 붙어 있으며, 코가 매우 뾰족한 상상 속의 용이 나타나는 것이었다. '아, 저게 바로 용이로구나!' 하며 맘속으로 감탄을 하고 있을 때, 그 큰 용이 내 방으로 들어오더니 천장을 뚫고 올라가는 것이었다! 그 꿈을 꾸고 나서 고려대에 합격한 것이다.

고려대에 합격하고 나니까 아버지께서 또 이런 말씀을 하셨다. "야, 문리사대 1년 다닌 거 아깝다." 그 말씀을 듣고 보니 '1년만 더 다니면 졸업할 수 있는데' 하는 아쉬운 마음이 들었다. 문리사대에서 나름대로 활동도 많이 하고 기독학생회장도 했기에 더 아쉬움이 컸다.

그때 영문과 지도교수님이던 강성일 교수님께서 내게 특별한 제안을 하셨다.

"광기야, 여기 1년 다닌 게 아깝지 않니? 여기 야간이 있어. 내가 말 안 할 테니까, 고려대 교복 입지 말고 여기로 와. 1년 더 다녀 졸업장 따면 영어 교사 자격증 나온다."

좋은 제안을 받고 아버지께 여쭤보니 "그래그래, 그렇게 해라" 하시며 흔쾌히 허락하셨다. 그래서 1년 동안 주간에는 고려대에서, 야간에는 고려대 교복을 벗고 문리사대에서 공부를 해서 2개의 학위(고려대 철학과, 문리사대 영문과)와 2개의 교사 자격증(사회 교사, 영어 교사)을 받을 수 있었다.

꿈에 본즉 사다리가 땅 위에 서 있는데 그 꼭대기가
하늘에 닿았고 또 본즉 하나님의 사자들이 그 위에서
오르락내리락하고

창세기 28:12

당당했던
삶의 추락

나는 태어날 때부터 큰 인물이 될 것이라는 이야기를 들으며 자랐다. 내 태몽에 등장한 별 4개 달린 군인이 바로 나라고 생각했다. 대학에 들어와 학생군사교육단(학군단, ROTC)을 알게 되고 나서는 별을 달겠다는 꿈도 품었다. 성격도, 적성도 군인이라는 직업에 딱 맞을 거라고 생각했기에 기필코 별을 달아야겠다고 다짐했다. 그런데 뜻밖에 내게 찾아온 폐결핵 때문에 임관하자마자 제대를 할 수밖에 없었다. 한순간에 내 꿈이 무너져내렸다. 나를 좋아한다고 따라다니던 여학생들도 다 뿌리치고 도망다녔다. 그 많던 친구들도 모두 제 발로 걸어찰 수밖에 없었다. '혹시나 내 병이 전염되면 어쩌지?', '내가 병자라는 걸 알게 되면 어쩌지?', '잘나가던 내가 이렇게 무너져내린 모습을 들키면 어쩌지?' 하는 생각이 꼬리에 꼬리를 물면서 나를 옥죄었다.

경신학교 시절에도 우리 동네와 학교에서 나는 꽤 유명한 학생이었다. 당시 용산역에 즐비하던 역전 깡패들을 상대로 맞붙었고, 오히려 자전거 체인으로 용산 깡패들을 두들겨 패서 경찰서에 보낼 정도였다. 경찰서에서도 내가 착실한 학생임을 이미 알고 있어서 몇 번 조사하더니 뒷문으로 내보내주었고, 경신학교에서도 원래 성실한 학생으로 인정해 징계를 받는 일은 없었다. 그렇게 잘나가던 내가 공부를 해서 고려대에 입학하고 교복을 입고 다니니 동네 사람들이

"저게 고대를 들어갔어? 가짜 아니야?"라고 할 정도였다. 이처럼 무서울 것 없던 내가 당당하게 대학까지 합격하고 내 삶을 누리고 있을 때 갑작스럽게 폐결핵에 걸린 것이다.

철 모르고 뛰어나온 개구리처럼 자신감 넘치던 기세가 푹 꺾이고, 어릴 적부터 꿈꿔왔던 내 삶의 목표(육군 대장이 되겠다는 꿈)는 송두리째 날아가버렸다. 나를 따르던 수많은 친구들은 순식간에 내 곁을 떠나야 했고, 나를 좋아하던 여학생들도 뿌리쳐야 했다. 그보다 더 힘들었던 것은 폐결핵이 가진 전염성 때문에 누구도 만나지 못하고, 심지어 가족들조차 멀리해야 하는 것이었다. 그것은 너무나 비참한 현실이었다. 달리는 열차 끝자락에 서서 한 손은 손잡이를 잡고 한 손은 떼어놓은 채 "이 손만 놓으면 끝인데, 이 손만 놓으면 이 끔찍한 고통에서 벗어날 수 있을 텐데" 하며 수없이 자살을 떠올릴 수밖에 없었다. 폐결핵이라는 고난이 나의 모든 것을 좌절시키고, 나의 꿈과 친구들마저 송두리째 앗아가고 말았다.

모세가 이르되 원하건대 주의 영광을 내게 보이소서
여호와께서 이르시되 내가 내 모든 선한 것을 네 앞으로
지나가게 하고 여호와의 이름을 네 앞에 선포하리라
나는 은혜 베풀 자에게 은혜를 베풀고 긍휼히 여길
자에게 긍휼을 베푸느니라

출애굽기 33:18~19

Don't hesitate!
머뭇거리지 마라!

ROTC로 임관하자마자 국군수도병원에서 폐결핵 진단을 받고 입원해 있을 때였다. 마침 한신대 출신이면서 국군수도병원 소령 군목으로 있던 아는 형이 그곳에 있었다. 좋아하던 여자 아이의 친오빠였고, 둘째 형의 친구이기도 해서 잘 알고 있었다. 병원에서 만났을 때 많이 놀란 표정이었다.

"광기야, 너가 여기 웬일이냐?"

하며 놀란 기색을 감추지 못했다.

"폐가 나빠서 병원에 와 있습니다."

그간의 자초지종을 설명했더니 빨리 제대하고 취직하라고 말했다. 결국 ROTC로 임관하고 병원에만 누워 있다가 제대해야 했다.

군 병원 침상에 누워 좌절하며 고통의 눈물을 흘렸다. 별 4개 단 대장이 집 안으로 들어오는 태몽 때문에 12년간 나와 떨어져 지내신 아버지에게 미안한 마음이 들었다. 그와 동시에 나를 금지옥엽같이 아껴주고 대학까지 보내신 부모님 그리고 경신학교 시절 자신만만했던 기세와 어디를 가든 리더의 자리에 있었던 어린 시절이 주마등처럼 지나갔다. 반드시, 기필코 별을 달겠다고 다짐했는데, 내 꿈에 등장한 그 별을 달 거라고 맹세했는데, 그 첫발을 내딛는 순간 모든 것이 끝나버렸다.

하지만 그 고통의 눈물을 하나님께선 감격의 눈물로 승화시켜주셨다. 훗날 신학교에 입학할 당시 학장님이 하신 말씀이 있었다.

"여기 있는 여러분들은 십자군의 사관생도입니다. 누군가는 위관, 누군가는 영관, 누군가는 장성으로 끝나는 것입니다."

그 말을 듣자마자 뜨거운 눈물을 흘렸다. '주님, 제가 별을 딸 곳이 바로 이곳이었군요! 비록 군대에서 별을 달지 못했지만, 이곳에서 그 꿈을 이루게 하옵소서.' 이런 기도가 흘러나왔다. 이 기도의 신음에도 주님은 응답하셨다. 바로 먼 훗날, 은퇴식이 있던 날 이병호 선배의 입을 통해 응답해주셨기 때문이다.

"우리 원 목사님이 5성 장군으로 은퇴하시는 것 축하하려고 올라왔습니다! 잠실교회 목회자가 되었으니 원 스타, 총회를 위해 유지재단 이사장, 사회부장, 세계선교부장, 신학교육부장으로 일하셨으니 투 스타, 장로회신학대학교 이사장과 총동문회장, 목회 부문 장한 동문상 등으로 스리 스타, 그리고 ACTS 이사 겸 대학원 이사장, 우크라이나, 모스크바, 필리핀, 캄보디아, 네팔 선교회와 미디어선교회 회장을 역임했으니 포 스타, 마지막으로 고려대복음화 총재, 고목회장, 기독교교우회 회장을 했으니까 파이브 스타, 이렇게 5성 장군으로 제대하시는 겁니다. 박수 한번 쳐주세요!"

이 한마디에 나의 태몽이 떠오르며 감격의 눈물이 왈칵 흘러내렸다. 결국에는 내 꿈을 이뤄주신 하나님이셨다. 그러나 폐결핵을 앓던 당시에는 모든 것이 무너져내린 현실 때문에 좌절과 상실의 눈물을 흘렸던 것이다.

군 병원에서 나와 꿈에 그리던 ROTC 장교가 되자마자 제대하게 되었다. 모든 것을 포기하고 좌절해 있던 내 모습을 어머님이 보게 되셨다. 얼마나 안타까우셨으면 내게 기도라도 받아보라고 권하셨다.
"광기야, 열심히 기도하는 분들이 주변에 많이 계시니 이곳저곳 다니면서 기도 받으면 병이 나을 수도 있을 거야."
모든 것을 잃어버린 처지였기에 어머니의 말씀조차도 진심으로 받아들이지 못했다. 그저 속는 셈 치고 기도를 받으러 다녔다.

이후 이곳저곳 돌아다니며 이 사람, 저 사람 만나며 기도를 받았다. 그런데 신기한 일이었다. 만나는 분마다 "주의 종이 되어야 해", "주의 종이 되라고 하나님이 당신한테 병을 주신 거야"라고 말하는 것이었다. 건강을 위해서 받기 시작한 기도였는데, 오히려 만나는 기도자마다 주의 종이 되라는 예언을 했던 것이다. 하지만 그때까지도 나는 그 말들에 크게 신경을 쓰지 않았다. 그 말을 믿지도 않았다.

그러던 중에 큰형과 함께 삼각산 기도원에 가게 되었다. 형은 자기 문제를 놓고 기도를 받고 싶어 했다. 형이 삼각산 지리를 잘 모르기 때문에 나는 안내차 동행했을 뿐이었다. 내가 기도 받으러 간 것도 아니었고 형의 문제 때문에 간 거였다. 형은 차신철 선생님을 뵈러 갔는데, 차 선생님은 예언에 능하시기로 이미 잘 알려진 분이셨다.

나는 기도원 입구에 있던 큰 나무 밑에서 형을 기다리고 있었다. 그런데 형이 기도원에 잠깐 들어가더니 바로 되돌아 나왔다. 형이 기도를 받으러 들어가자 차 선생님이 "아니, 너는 됐고, 너보다 네 동생이 더 급해! 동생 데려와"라고 말씀하셨다는 것이다. 그래서 형님이 기도원 밖에 있던 나를 부르기 위해 다시 나온 것이었다. 들어가서 만난 차 선생님이

"원 선생, 하나님이 주의 종이 되라면 되어야지, 왜 고집을 부리나! 당장 주의 종이 되게나!"

이러시는 것이었다. 그 순간 내 머릿속을 스치며 이런 생각이 들었다. '기도 받으러 간 사람마다 주의 종이 되라고 하네? 내가 망한 것 같으니까 신학교 보내려고 짜고 그랬다기에는 뭔가 이상해. 나를 처음 보는 사람마저도 주의 종이 되라고 하고, 그렇다면 하나님의 뜻이 있지 않을까?' 반신반의하며 차 선생님의 예언을 가슴속에 품고 산에서 내려왔다.

그다음 주 주일이었다. 우리 교회에 장신대 교수로 계셨던 킨슬러(권세열) 목사님이 설교를 하러 오셨다. 'Don't hesitate!(망설이지 말라)'라는 제목으로 설교를 하셨는데, 본인의 간증을 해주시며 이렇게 말씀하셨다.

"제가 신학교 가기 전에는 '나 같은 사람도 신학교에 갈 수 있나? 주의 종이 될 수 있나?' 하는 생각이었습니다. 그런데 오늘날 시간이 지나고 한국에 선교사로까지 와 있는 제 모습을 보니, 내가 지금의

내가 된 것은 전적으로 하나님의 은혜 덕분이었다고 고백하게 됩니다. 혹시 여러분 중에도 주의 종이 되는 것을 머뭇거리는 사람이 있습니까? 주의 종이 되십시오! 하나님의 은혜로 되는 것이지 우리가 하겠다고 해서 주의 종이 되는 것이 아닙니다!"

주의 종의 되려는 사람들에게 '머뭇거리지 말라'는 것이었다. 이 설교를 듣고 나도 모르게 고개를 끄덕이며 '아, 나도 가능성이 있겠구나' 하는 생각이 들었다.

내 아들아 나의 법을 잊어버리지 말고 네 마음으로 나의 명령을 지키라 내 아들아 여호와의 징계를 경히 여기지 말라 그 꾸지람을 싫어하지 말라

잠언 3:1,11

마지막
경고

그날 권세열 목사님의 설교가 끝나고 예배를 마무리하는 송영(마무리 찬양)을 하려고 일어서는데, 알 수 없는 큰 힘이 '쿵' 하고 내 몸에 떨어지는 것 같은 기분이 들었다. 꼭 쇠뭉치 같았다. 그 순간 털썩 주저앉고 숨이 턱 하고 막혔다. 온몸이 무거워지고 땀이 나면서 그렇게 5초만 더 있으면 죽을 것만 같았다. 송영을 마치고 주변에 있던 성가대원들이 다가와서 걱정을 했다.

"원 선생, 왜 그래요?"

"아, 이상하게 컨디션이 너무 안 좋네. 끝나고 성가 연습할 기분이 아니고 몸도 아프니까 먼저 가볼게요" 하며 나는 먼저 나와서 힘겹게 집까지 왔다.

집에 와서는 이상한 소리를 들었다. 여름방학이라 이천에서 어머니와 함께 놀러 온 초등학교 2학년 어린아이가 죽었다는 것이었다. 고향 이천에 사는 먼 친척이었던 그 아이가 우리 집에 놀러 왔다가 갑자기 급체하여 들것에 실려 나갔다는 것이다. 그 이야기를 듣고 '아이고, 귀여운 아이였는데, 안타까운 일이구나' 하는 생각이 들었지만, 내 몸이 너무 힘들어서 바로 방에 들어가 잠이 들었다.

다음 날 새벽, 의정부에 사시던 첫째 누나가 허겁지겁 우리 집에 찾아왔다. 첫째 누나는 기도를 정말 많이 했는데, 나는 막내였기 때문에 어려서부터 누나에게 사랑을 많이 받았다. 당시 누나는 의정부 교회에 새벽기도를 다녔다. 하루는 영락교회 다니는 '최음전'이라는 집사님이 의정부 교회에 오게 되어 첫째 누나와 대화를 나누게 되었다. 그런데 최음전 집사님이 누나를 보자마자

"너 왜 여기 와 있냐? 네 동생 죽었다"

라고 했다는 것이다. 그래서

"아니 도대체 누구요?"

라고 누님이 되묻자,

"누구긴 누구야, 니 막내지. 아마 그 사람이 살았으면, 딴 사람이 죽었을걸? 마지막 경고였을 거야"

라고 했다는 것이다.

이 이야기를 듣고 첫째 누나가 기차 타고 부랴부랴 우리 집으로 찾아온 것이다. 집에 도착해서 대문을 박차고 후다닥 들어와서 밥 짓고 계시던 어머님께 다급한 목소리로 물었다.

"광기 죽었죠?"

그러자 어머님이 놀라시면서

"어, 왜? 광기 안 죽었다. 왜 광기가 죽냐?"

하며 되물었다. 누나가 다시

"그럼 다른 사람이 죽었죠?"

라고 물어보자, 어머님은 어제 일을 말하셨다.

"어, 어저께 애가 하나 죽었다."

그리고는 누님이 나지막한 목소리로 이렇게 말했다.

"그거, 마지막 경고래요."

세수를 하면서 이 대화를 듣고 있는 내 온몸에 진땀이 나고 소름이 쫙 끼쳤다. 머리가 쭈뼛쭈뼛 서고 두려운 마음이 들면서, 한편으로 는 안도의 숨을 내쉬었다. 그리고는 이내 미안한 마음이 들었다. '아, 어제 내가 죽을 시간에 그 아이가 대신 죽었구나.' 죽은 아이에게 미 안한 마음이 들면서 이내 일찍 하나님께 순종하지 못한 죄송함이 물밀듯이 밀려왔다. 그 이야기를 듣고 주의 종이 되는 길을 걷기로 결심하게 되었다. 내가 음대 간다는 것도 반대하고 귀한 막내아들 잘 키우려고 했던 아버지였는데, 내가 아버지 앞에 딱 무릎을 꿇고 이렇게 말했다.

"아버지, 하나님이 저를 버리셔서 제가 죽음을 당하면 되겠습니까? 신학교 가겠습니다!"

고난 당한 것이 내게 유익이라
이로 인하여 내가 주의 율례를 배우게 되었나이다

시편 119:70

02

부 름

부르심은 전적으로 하나님의 계획이었다

금년에는 신학교 못 갈걸?

산은 옛 산이로되 물은 옛 물이 아니로다

족보 따지러 온 거 아닙니다

헌터(Hunter)가 되다

여기, 하나님의 큰 종이 오셨네요

I'm King of kings, I send you!

"I'm King of kings, I send you."

"만왕의 왕인 내가 너를 보냈기 때문에
너가 부족하고 똑똑하고 잘나고 못나고
상관없이 내가 뒤에서 백업하고 있다.
그러니까 너는 만왕의 왕의 대사인 것이다.
그래서 너는 권위가 있는 것이다."
"아멘!"
하나님의 음성을 듣고 난 이후로는 어디에
가서도 교만하지 않았다. 누구 앞에서도
떨거나 기죽지 않았다. 무엇 때문이었냐고?
내 기가 죽으면 하나님의 영광을 가린다고
생각했기 때문이었다. 항상 그 정체성을
가지고 살았다.

✿ 금년에는
신학교 못 갈걸?

신학을 공부하겠다고 결심한 후, 곧바로 장신대(장로회신학대학교) 입학을 준비하기 시작했다. 장신대에 방문해 입학원서를 구해 지원을 하려던 참이었다. 그런데 알아보니 원서를 제출하려면 6개월 전에 노회 고시부에서 추천서를 받아야만 했다. 노회 '추천서'가 꼭 필요하다는 것이다. 추천서를 미리 받아서 지원서류를 준비해야 했는데, 급하게 결심한 일이었기에 일찍 준비하지 못한 것이다. '아, 이거 들어가기 힘드네' 하며 신학교를 나와 집으로 오는 전차에 올랐다.

전차 안에서 삼각교회 오병수 목사님을 만났다. 오 목사님은 내 친구 결혼식의 주례를 맡아주신 적이 있었고, 나는 당시 우인회(友人會) 대표를 했기 때문에 오 목사님을 모셨었다. 그래서 서로 알고 있던 사이였다. 오 목사님이 나를 보시더니
"아니, 원 군! 어디 갔다 오나?"
나는 자초지종을 설명드렸다.
"장신대 입학하려고 원서를 사 오는데, 이게 뭐 쉽지 않네요. 노회 추천서를 받으라는데 어떻게 하는 거죠?"
그러자 오 목사님이 이런 말씀을 하셨다.
"아, 그거 벌써 다 받았는데, 노회 추천서라고 있어. 바쁘니까 얼른 여기서 내려! 새문안교회에 가면 노회 사무실이 있으니까 거기 가서

내가 추천해줄게!"

오 목사님과 서둘러 새문안교회로 향했다. 오 목사님은 노회 사무
실에 도착해서 추천서를 써주시고는 이렇게 물었다.
"준비 많이 했나?"
그 말에 나는
"아니, 제가 갑작스럽게 가기로 했어요!"
이렇게 답을 했다. 그러자 목사님은
"내가 추천은 해주지만 입학하는 데까지는 신경을 못 써줘. 그러니
까 시험은 잘 봐야지?"
하며 넌지시 말씀해주셨다. 예상 밖의 상황에 처해 입학이 어렵지
않을까 노심초사하던 찰나에 오 목사님을 만났다. 집에 오는 전차
에서 우연히 만난 오 목사님을 통해 장신대에 지원할 수 있게 되었
고, 입학시험을 보게 되었다.

장신대 입학시험은 상식, 성경, 영어 이렇게 세 가지 시험을 본다. 그
걸 보고 '상식은 비슷할 것 같고, 입시를 위해 준비하는 성경은 쉽지
않은데, 여기서 내가 떨어지지 않을까?' 생각했다. 영어는 어떤 학생
들이 올지 모르니 확신할 수 없었다. 시험장에서 문제를 푸는데 시
사잡지 '타임'지에서 본 기사가 영어 문제에 그대로 나왔다. 그 영어
시험지를 보고 나는 '아, 합격했다!'는 확신을 갖고 15분 만에 시험지
를 제출하고 나왔다. 다른 학생들은 여전히 절절 매고 있었다. 나는

다른 지원자들의 기선을 제압하기 위해 일부로 제일 먼저 내고 나온 것이었다. 시험을 감독하던 교수는 나를 딱 쳐다보고, 지원한 학생들도 '쟤는 뭐 벌써 냈냐' 하는 눈길로 나를 힐끔힐끔 바라보았다.

시험을 보고 일주일쯤 지났을까? 나를 추천해준 오 목사님으로부터 전화가 왔다.

"원 군, 우수한 성적으로 합격했네. 좋은 학생 보내줬다고 나한테 전화가 왔어. 난 자네가 그렇게 공부 열심히 했는 줄 몰랐네."

오 목사님의 흡족한 축하 인사에 나는 속으로 이렇게 말했다. '영어 하나 잘 본 것밖에 없습니다'라고. 그렇게 해서 장로회신학대학교에 합격하게 되었다. 등록금도 다 내고 입학할 준비만 하면 되었다. 그런데 신체검사는 안 하지만 '폐결핵' 여부는 검사한다는 것이다. 그 소리를 듣고 '아니, 이렇게 다 만들어놓고 하나님이 나한테 왜 그러시나' 하는 생각이 들었다. 너무 화가 나서 종로2가에서 X-레이로 찍은 사진을 장신대에 던져버리고 나왔다. '될 테면 되고! 아니면 말고!'

신학을 공부하기로 결심하기까지 그리고 입학하려고 지원하기까지 쉽지 않은 길을 인도하셨던 하나님이신데, 결국 폐결핵 때문에 또 좌절하게 하시는 것 같았다. 우여곡절 끝에 합격한 신학교인데 끝내 시작도 해보지 못하고 문 앞에서 끝난다는 생각에 실망감이 밀려왔다. 그런데 며칠 뒤, 입학 허가가 난 것이다! 도대체 왜? 내가 폐결핵이 있는데 왜 그렇게 된 것인지 의아할 뿐이었다. 장신대에 가서 물어보았다. '제가 폐결핵을 앓았는데 어떻게 입학 허가가 난 것입니까?' 살펴보니 폐결핵이 다 아물고 석회질이 되어 양성이 아니라 감염성이 없기 때문에 입학이 허가되었다고 했다.

모든 것이 해결되고 신학생이 될 일만 남았다. 누나도 신학생이 된 나를 축하해주며 신학 공부를 시작하기 전에 기도도 받고 예언도 받으라고 제안했다. 영락교회 다니는 최음전 집사님이 이전에 나에 대한 예언을 했고, 원래부터 예언을 잘하시는 분이니 정식으로 한 번 만나보라는 것이었다. 그렇게 누나의 권유를 통해 최음전 집사님을 만나 기도를 받았다. 그런데 갑자기 이런 말씀을 하시는 것이다.
"원 선생, 금년에는 신학교 못 갈걸?"
나는 깜짝 놀라 물었다.
"왜요?"
"뭐, 하나님이 노하셨나 보지?"
그 말을 듣고 나는 아무 소리도 안 하고 밖으로 나와서 생각했다. '여태까지 한 예언은 맞았어도 이건 아니야! 지금 입학했고, 학생증도 받았고, 돈도 다 냈는데 내가 왜 못 가겠나!'

그런데 입학을 얼마 앞두고 아버지가 세상을 떠나셨다. 아버지가 돌아가시고 내가 가장이 되었기에, 나는 교사 생활을 하면서 돈을 벌어야 했다. 끝내 그해 나는 장신대에 가지 못했다.

사람이 마음으로 자기의 길을 계획할지라도 그의 걸음을
인도하시는 이는 여호와시니라

잠언 16:9

산은 옛 산이로되
물은 옛 물이 아니로다

서울여상은 주·야간이 있었기에 한 해는 주간으로, 다른 한 해는 야간으로 교편 생활을 하면서 신학교를 다녔다. 주간으로 다닐 때는 휴학을 하고 야간으로 다닐 때는 복학을 하며, 매년 일과 학업을 번갈아가며 신학교를 다녔다. 너무 힘들어서 신학 공부를 그만둘까도 생각했다. 또 신학교에서 가르치는 신(新)신학과 학교 분위기 때문에 적응하기도 쉽지 않았다. 오히려 신학교에 가서 신앙이 더 떨어졌다. '신학'을 공부한다는 학생들이 담배도 피우고 태도도 매우 불량했기 때문이었다. 도대체 무엇에 코가 꿰여 신학교에 왔냐고 물어보면 대다수가 "난 아버지가 장로잖아. 그래서 신학교 가라고 해서 왔어", "나는 하는 일마다 잘 안 돼서 신학이나 하러 왔어", "우리 아버지가 목사인데 목사 안 되면 안 된다고 하시길래 그냥 왔어"라고 말했다. 진실된 마음으로 신학을 공부하러 온 학생은 없는 것처럼 보였다. 세상에서 못된 짓 하며 놀고 있으니, 부모님이 사람이나 되라고 보낸 애들도 많았다. 기대와는 달랐던 신학교의 모습에 크게 실망하고 육체적으로도, 정신적으로도 지쳐 있던 상태였다.

교사 생활을 병행하며 공부할 수밖에 없었기 때문에 항상 강의실 맨 뒷자리에 앉아 있다가 수업이 끝나기 직전에 미리 나오곤 했다. 신학 공부에 전념할 수 없는 상황이었고, 주의 길에 대한 회의감이

들 때였다. 결국 신학교를 한 해 휴학하게 되었다.

새해가 되고 봄방학이 끝날 무렵 준비할 일도 있고 심심하기도 하여 재직하던 학교에 들렀다가 우연히 책상 서랍을 여니 교무수첩 7개가 가지런히 놓여 있었다. '아! 벌써 7년이 흘렀구나!' 세월이 빠르게 흐르고 있음을 느끼게 되었다. 담임했던 교실에 갔다. 책상과 의자가 정돈되어 있었다. 학생들의 얼굴이 떠올랐다. '이 아이는 공부는 잘하는데 예의가 없어', '이 아이는 공부는 못해도 마음씨가 좋아서 이다음에 잘 살 거야', '이 아이는 예쁜 아이, 이 아이는 공부 잘하는 아이'…, 이러면서 사색을 하던 도중 우연히 교실 뒤편에 놓인 거울을 보게 되었다. 거울에 비친 나의 모습은 7년 전 교편 생활을 시작했을 때보다 많이 쇠해졌고 늙어 보였다. '나도 늙는구나' 하며 내 모습을 바라보고 있었다. 그러다 때마침 옆쪽에 붙어 있던 황진이의 시를 보게 되었다.

> 산은 옛 산이로되 물은 옛 물이 아니로다
> 주야(晝夜)에 흐르니 옛 물이 있을쏘냐
> 인걸(人傑)도 물과 같아서 가고 아니 오도다

그 순간, 내 머리를 강타하며 이런 생각이 들었다. '야, 너 여기서 선생 노릇해. 나이 많으면 학교에서도 버리는 거야. 근데, 젊었을 때 주의 종이 되어야지 아무것도 할 수 없을 때 주의 종이 된다고 하면 하나님이 쓰시겠냐? 그 많은 사람들 중에 꼭 너를 써야 될 필요가 있겠냐? 아니야.' 스치는 생각과 함께 자문자답을 하였다. 그날 교실에서 우연히 보게 된 황진이의 시는 나를 강타하고 다시 한 번 주의 길을 걷도록 결심하게 해주었다. 그리고 사표를 써서 당시 서울여상 교장이었던 한상국 선생님께 드렸다. 갑작스러운 사표에 선생님이 오히려 내게 제안을 했다.

"원 선생, 그냥 남아. 다음에도 내가 고3 담임 줄게."
고3 담임이 그나마 여유가 있는 자리였기 때문이다. 한 선생님의 설득에도 불구하고 아니라고 거절하며, 내가 느낀 바를 세세하게 이야기했다. 그러자 한 선생님도 애써 끄덕거리며
"그래, 그럼 가. 혹시 가다가 힘들거든 다시 컴백해!"
하며 아쉬운 마음으로 사표를 받으셨다. 이에 나는
"선생님, 제 성격 아시잖아요. 저는 다시 돌아오는 일은 없습니다"
하며 작심하고 교장실을 나왔다.

7년 세월의 흔적들을 마주하며 서울여상을 나왔다. 교사 친구들이 끝까지 나를 붙잡으려고 했지만 "나 결심했어"라는 말을 남기고 뒤돌아 정문을 나섰다. 그렇게 교문을 지나는데 아이들과 또 교사들과 함께했던 추억들이 주마등처럼 지나갔다. '이제 나는 돌아올 수 없는 강을 건너는 것이다. 다시는 지금 같은 인생으로 돌아와서 날마다 당구 치고, 화투 치고 노는 일은 없을 것이다'라고 결심하며 뜨

거운 눈물을 흘렸다.

이윽고 시발택시(한국 최초의 국산 자동차 택시)를 타고 기사님께 당시 살고 있던 천호동으로 가자며 뒷좌석에 앉았다. 택시를 타고 바깥을 보며 가고 있는데 또 한 번 눈물이 쏟아졌다. '아, 이제야 내가 사람답게 사는 거다. 주의 종으로 사람답게 사는 거다.' 이런 생각이 들며 기쁨의 눈물이 흘러내렸다. '돈을 벌어둔 것도 없고, 자식은 세 명이나 생겼는데 어떻게 사나' 하는 막막한 감정도 교차하며 천호동으로 향했다.

집에 도착해서는 어머니와 안사람에게 "학교 그만뒀다"고 말했다. 그럼에도 두 사람은 내게 아무 말도 하지 않았다. 모두 막막한 심경일 텐데 내 고집이 센 걸 알고 '아, 결심했구나'라고 생각하며 아무 말 없이 근심만 하는 것이었다.

교편 생활을 그만두고 나서는 돈이 없어 장신대까지 걸어다녔다. 항상 버스 타고 건너던 광나루 다리를 걸어서 건너가야 했다. 서울여상에 다닐 때 같이 버스 타던 사람들이 걸어다니는 나를 보고는 '아니 왜 저렇게 되었나' 생각할까 봐 조마조마했다. 그래서 버스가 지나갈 때마다 고개를 반대편으로 돌리고 걸어다니곤 했다. 너무 창피했기 때문이었다. 그 와중에도 기도를 했다. '하나님, 제가 이렇게 됐어요. 하나님이 돌봐주세요. 저 맨손으로 왔습니다. 먹고사는 것도 하나님이 책임져주셔야 됩니다'라고.

여호와께서 아브람에게 이르시되 너는 너의 고향과
친척과 아버지의 집을 떠나 내가 네게 보여줄 땅으로 가라
내가 너로 큰 민족을 이루고 네게 복을 주어 네 이름을
창대하게 하리니 너는 복이 될지라
너를 축복하는 자에게는 내가 복을 내리고 너를 저주하는
자에게는 내가 저주하리니 땅의 모든 족속이 너로
말미암아 복을 얻을 것이라 하신지라

창세기 12:1~3

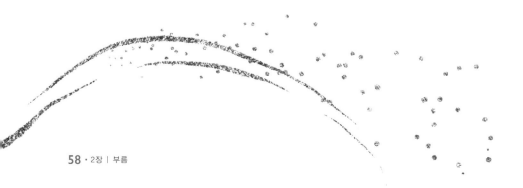

족보 따지러 온 거
아닙니다

신학교 졸업반 시절, 천호동 광성교회에서 전도사로 학생들을 맡게 되었다. 그런데 설교를 해도 아이들이 듣지를 않는 것이었다. 이런 생각이 들었다. '야, 내가 잘못 왔나 보다. 아이들한테도 은혜를 못 끼치는데 어른들한테 설교해서 은혜를 못 끼치고 한 달이 되었다고 월급을 받으면 내 심정은 어떨까? 아, 그건 아니지, 이건 못 할 일이지. 학교에서 아이들 가르치고 사례비 주면 내가 가르친 건 가르친 거니까, 그 애가 받아들였느냐 안 받아들였느냐는 아이의 몫이지만, 교인들한테는 그게 아니지 않나? 이래서는 안 되겠다.'

내가 전도사 생활을 하던 천호동 광성교회(담임 김창인 목사)는 나중에 1만여 명이 모이는 교회가 되었다. 어느 순간에 김창인 목사님 설교가 확 달라지고 교인도 순식간에 불어났던 것이다. 궁금한 마음에 "도대체 무슨 일이 있었던 것입니까?" 하며 김 목사님께 여쭤보니, 의성에 계신 장로님께 은혜와 성령 충만함을 받았다는 것이다. 그래서 이곳저곳에서 부흥사로 초청을 받고 교회가 부흥되었던 것이다. 그 이야기를 듣고 '나도 거기 가서 은혜 좀 받아야겠다!'고 생각했다. 여름방학이 되어 무전여행 좀 다녀오겠노라고 안사람에게 말하고는 의성에 계신 장로님을 무작정 찾아갔다.

그분은 합동측 의성제일교회 장로님이셨다. 용케 주소를 알아내 댁으로 찾아갔는데 가는 날이 장날이랄까 장로님이 산 기도에 가고 지금 집에 안 계신다는 이야기만 들었다. 언제 오실지를 몰라서 그저 기다렸다. 남의 집에 앉아 계속 기다리기도 미안한데, 그렇다고 오라는 곳도, 가라는 곳도 없는 상황이었다. 근처에 있던 중앙선 기찻길을 하염없이 걷기만 했다. 그러면서 '하나님, 제가 은혜 받으러 왔는데 하나님이 저를 종으로 쓰시려면 이번에 성령의 충만함을 주세요. 그렇지 않으면 저 할 수 없이 다시 갈릴리로 돌아갑니다. 그러니까 이번에 기회를 주세요. 기회를 주세요.' 그렇게 기도하며 하루 종일 기찻길을 걸었다. 기차가 오면 잠깐 비켰다가 걷고, 한참을 걷다가 너무 멀리 갔다 싶으면 다시 뒤돌아 걷기를 끊임없이 반복했다. 그렇게 3일을 걸으며 기도했다. 은혜 받아야 한다는 간절함이 머리 끝까지 차올랐다.

3일 만에 장로님 딸이 와서 아버지가 오셨다며 나를 집으로 불렀다. 드디어 장로님을 만나보게 된 것이다.

"어디서 왔노?"

장로님이 물었다.

"서울 천호동 광성교회에서 왔습니다."

"아, 그러면 김창인 목사님하고?"

"예, 그렇습니다."

"이름이 뭐고?"

"원광기입니다."

"아, 원가야? 나하고 종씨네! 어디 원가야?"

"원주 원씨지요."

"누구 자손이야?"

장로님은 계속해서 나에 대해 궁금해하셨다. 어서 은혜를 받아야한다는 간절함과 절박함으로 가득했던 나는, 장로님의 질문에 답하지 않고 단호하게 말했다.

"저, 그런 데 관심 없습니다. 저, 족보 따지려고 온 거 아니고요. 은혜받으려고 왔습니다."

그러자 장로님이 정신을 바짝 차리시는 것 같았다. '어, 애 봐라?' 하는 눈길로 나를 보시더니

"들어와서 예배하지"

하며 나를 방으로 부르셨다. 대청마루를 지나 사랑방에 들어가서찬송을 하나 부르기 시작했다. 그런데 찬송 하나도 제대로 못 부르시는 것이었다! 성경도 버벅거리며 읽으셨다. 그러고는 이사야서를찾아서 보자고 하시는데, '아, 이런 사람한테 은혜 받을 수 있나?' 하는 인간적인 생각까지 들었다. 키도 150cm밖에 안 되어 겉보기에는은혜 끼치는 장로라고 생각하기 어려웠기 때문이었다.

한편으로 이런 생각이 스쳤다. '겸손한 사람이 은혜 받는데, 내가 죽달라 밥 달라 할 처지냐? 은혜 받으러 온 사람이 겸손해야지!' 곧이어 장로님이 이사야서 60장 1절 말씀을 하시고는 "기도하자"며 내

머리에 손을 딱 얹으셨다. 그런데 그 순간에 강한 불이 온몸을 스쳐 지나가면서 형용할 수 없는 기쁨이 내게 임했다. 그러고는 혀가 말리더니 방언이 터졌다. 그때까지만 해도 나는 방언을 원하지도 않았고, 오히려 이상한 것으로 생각했다. 그런데 그런 내가 방언을 하고 있는 것이었다! 성령을 받은 것이다! 그 일이 있고 나서 밖을 바라보는데 온 세계가 180도 변해 있었다. 꽃들이 나를 보고 방긋 웃는 것 같고, 새들도 나를 위해서 노래하는 것 같았다. 내 맘에 기쁨이 가득 찬 채로 세상도 새롭게 변하는 순간이었다.

그런 경험을 하고 나니 장로님이 내게 이렇게 말씀하셨다.
"은혜 받았으니까 오늘 내가 귀신 떼러 가는데 같이 가지?"
"아니요. 저는 올라가야 합니다. 오늘 금요일이고, 내일 토요일이니까, 애들 집회가 있어 설교 준비를 해야 합니다"
라며 단호히 거절했다. 그러고 나서 확신이 들었다. '이젠 되었다! 은혜 받았다!' 이튿날 교회에서 설교를 하니까 아이들이 "아멘! 아멘!" 하며 은혜를 받았다. 그때 절실히 느꼈던 것이다. '성령을 받으면 이렇게 되는구나! 오직 성령이 임하시면 권능을 받고! 그런데 목사들이 이걸 모르는구나.'

내가 잠실교회를 크게 부흥시키고 지금까지도 주의 종으로서의 사명을 감당할 수 있게 된 것은 신학교 졸업반 때 은혜를 받았기 때문이다. 성령을 받고 난 이후로는 로마서 12장, 고린도전서 12장, 에베소서 4장 이렇게 은사장을 날마다 읽으며 하나님께 은사를 달라고 계속해서 기도했다. 15분도 채 기도하지 못하던 내가 5시간을 기도하더니 나중에는 8시간씩 기도를 하게 되었다. 그 모습에 적응을 못했는지 우리 안사람이 오히려 나를 이상하게 보곤 했다. "무슨 기도를 그렇게 많이 해요?" 하며 도리어 되물었다. 성령을 받은 사람의 특징은 기도하고 싶다는 것이다. 버스를 타고 다니면서도 기도하고, 화장실에서도 기도하고, 길을 걸으면서도 기도하고, 천년이 하루 같고, 하루가 천년 같다고 하신 그 말씀의 의미를 이제야 비로소 깨닫게 된 것이다.

성령 충만함과 은혜를 받고는 안사람이 생각났다. '나만 이렇게 받으면 안 되고, 내 안사람이 내조를 해야 하는데' 이런 생각에 의성에 계신 원 장로님께 편지를 보냈다. '원 장로님, 저희 가정 부흥회 좀 해주세요!' 고넬료도 가정 부흥회를 했다. '그런데 저라고 못 할 것이 있겠습니까?' 그런 마음으로 원 장로님을 집에 모셔서 안사람이 은혜를 받고, 방언이 터지고, 성령 충만함을 얻게 되었다. 그때부터 안사람이 나를 더 많이 이해해주었다. 게다가 내가 목회했던 약 40년의 시간 동안 한 달 정도를 제외하고는 날마다 철야기도를 해주었다. 밤 11시 40분이면 함께 집을 떠나 당회장실 내 방에 가서 기도를 하고, 안사람은 철야실 가서 기도하고, 자고 일어나 새벽기도 마치고 같이 집으로 들어오고, 그렇게 기도로 많이 뒷받침을 해준 아내였다. 뒤에서 기도해주는 동역자가 있었기에 교회 부흥에도 정말 많은 도움이 되었다.

너희가 악할지라도 좋은 것을 자식에게 줄 줄 알거든
하물며 너희 하늘 아버지께서 구하는 자에게 성령을
주시지 않겠느냐 하시니라

누가복음 11:13

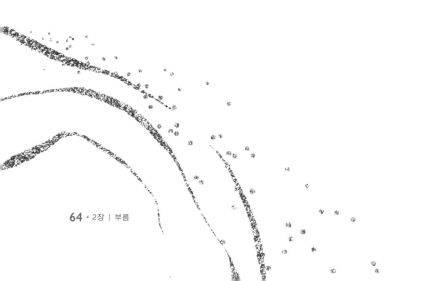

헌터(Hunter)가
되다

하루는 어머님을 모시고 조용기 목사님을 찾아갔다. 오십견이 왔는데 돈도 없고 갈 만한 병원도 없어서 당시 서대문 사거리 농협 본사 건너편에 있었던 조용기 목사님 교회로 찾아간 것이다. 왜냐하면 서울여상에서 일할 당시 탔던 출근 버스에서 조용기 목사님께 고침을 받았다는 이야기를 많이 들었기 때문이었다. 새벽기도가 끝나고 나온 성도들이 우르르 몰려나와서 내가 타던 버스를 많이 탔는데, '어제는 누가 성령 불 받아서 변화됐다', 또 '누구는 암이 떨어졌다', '어떤 병이 나았다' 이런 이야기를 자주 들었다. 그런 탓에 조용기 목사님이 생각났던 것이다. 그래서 어머니께 여쭤보았다.

"어머니, 혹시 조용기 목사님한테 가서 기도 받으시겠어요?"

그랬더니, 어머니도

"가자"

하시며 따라오셨다.

조용기 목사님을 찾아갔을 당시에는 교회를 개척한 지 얼마 되지 않은 때였다. 서울 은평구 대조동에서 천막 치고 개척을 시작하셨기 때문에 형편이 좋지 않았다. 가보니 조그마한 툇마루가 있는 방에 계셨다. 잠옷 입고 주무시다가 문을 살짝 여시고는

"어떻게 오셨어요?"

하시는 것이었다. 그래서 어머님이 아파서 찾아왔다고 말했다. 그 이 야기를 들으시더니 문밖으로 목을 살짝 내미시곤 물었다.

"어디가 아프십니까?"

"오십견입니다."

"제가 기도하면 나을 줄로 믿습니까?"

그 말에 어머니와 나는 "예" 하고 대답했다.

"그러면 기도하고 나서 손을 들어 움직여보세요."

이렇게 말씀하시더니 기도하기 시작하셨다.

"하나님, 이 자매의 손을 고쳐주시옵소서. 예수 이름으로 명하노니 고침을 받을지어다!"

조용기 목사님의 기도를 받고 어머니도 "아멘" 하셨다.

"손을 들어보세요. 움직여보세요"

하시니 어머니 손이 움직이고 오십견이 싹 나은 것이다!

감사의 인사를 하고 나오면서 '아, 목사가 되면 저 정도는 되어야 하는구나' 하는 신선한 충격을 받았다. 그 이후로 "하나님, 나도 저런 은사를 주세요!" 하며 기도하게 되었다. 당시에는 조용기 목사님 교회를 안 가본 신학생이 없을 정도였으니, 신학생들에게는 롤모델 같은 분이었다. 나도 몇 번 갔지만 열성적으로 따라다니지는 않았다. 그저 하나님께 그런 은사를 달라고 기도하며 간절히 구할 뿐이었다. 하루는 아주 단단히 결심하고 교회 골방에 들어가 은사를 구했다. "하나님, 저한테 그런 은사 주시지 않으면, 저는 이 자리에서 안 일어납니다!" 그러고는 손을 들고 기도하기 시작했다. 그런데 이상한 현상이 일어났다. 손바닥이 전기가 오는 것같이 따끔거리며 올렸던 손이 점점 커지더니 야구 글러브만큼 커졌다. 그러고는 금세 쌀 한 가마니 크기까지 커지는 느낌이 들었다. 오래 기도를 해도 더 이상 커지지 않았다. "이제 되었다!" 하고 기도를 마치고 나왔다.

조용기 목사님께 주신 그 은사를 내게도 달라고 기도했던 날, 하나님께서는 내게 치유의 은사를 주셨다. 그날 저녁 둘째 누나가 황급히 우리 집에 찾아왔다. 막내딸이 열병이 나서 온몸이 불덩어리가 되어 땀을 흘리며 의식을 잃고 헤매고 있다는 것이다. 이북에서 온 분과 결혼한 누나는 슬하에 7명의 아이들이 있었는데, 남편이 일찍 죽고 홀로 자식들을 키우고 있었다. 돈벌이도 쉽지 않았기 때문에 우리 집 가까이에서 어머니한테 도움을 받으면서 살고 있던 참이었다. 어머니가 6남매를 키웠기 때문에 막내딸 열병도 고칠 수 있지 않을까 조언을 구하러 왔던 것이었다. 그런데 어머니도 처음 겪는 일이라 잘 모르셨다. 형편상 병원에 갈 수 없었기에 누나는 하염없이 눈물만 쏟고 있었다. 그러던 찰나에 내가 집에 도착했던 것이다.

"누나, 내가 고쳐줄게!"
누나의 막내딸이 아프다는 이야기를 듣고 부랴부랴 달려갔다. 도착해서 조카인 세시리아(성당에서 지어준 이름. 당시 성당에 다녔는데 그곳에서 돈을 줬기 때문)를 보니 정말로 온몸이 불덩어리가 되고, 머리는 산발이 되고, 땀에 젖어 정신을 못 차리고 있었다. 다급히 "세시리아야. 세시리아야"라고 불러도 아무런 반응이 없었다. 곧바로 품에 확 껴안고 한참을 기도했다. 그리고 "아멘!" 하고 눈을 떠보니 의식을 잃고 헤매던 아이가 품 안에서 새근새근 자고 있었다. 열도 떨어지고 몸도 정상으로 돌아왔다. 그렇게 품에 안고 있는데, 누나하고 어머니가 울면서 뛰어들어왔다. 두 분은 내가 정말 고치리라고 생각했을까? 그런데 하나님께서 내게 치유의 은사를 주시고 확증의 표로 조카 세시리아의 열병을 고쳐주셨다.

"광기야, 정말 대단하구나."

누나와 어머니는 놀란 기색을 감추지 못했다. 나는 이렇게 말했다.

"하나님이 하셨어."

그때 이후로 병든 자 고치는 것, 귀신 들린 사람 치유하는 것, 이런 데 대해서는 나는 정말 '헌터'가 되었다.

병든 자를 고치며 죽은 자를 살리며 나병 환자를
깨끗하게 하며 귀신을 쫓아내되
너희가 거저 받았으니 거저 주라

마태복음 10:8

여기, 하나님의
큰 종이 오셨네요

한번은 친구가 삼각산 기도원에서 집회가 있다고 같이 가자며 나를 꼬셨다. 옛날 같았으면 바쁘다고 핑계를 대며 가지 않았겠지만, 성령 충만을 받고 나니까 기도가 너무 하고 싶었다. 결국 친구와 함께 삼각산 기도원에 갔다.

가보니 한 30명 정도가 모여서 예배를 드리고 있었다. 쉽게 말해 '기도회' 같은 것이었다. 나이가 한 60세 정도 되어 보이는 초등학교 여선생님이 기도회를 인도하고 있었다. 그분은 어느 교회 집사라고 했던 기억이 난다. 주위를 둘러보니 정신여고 교장선생님도 오셨다. 그분은 장로셨는데 기도도 하고 은혜도 받으려고 온 것이었다. 나도 한참 기도를 하고 예배를 드리고 있는데, 기도회를 인도하시던 여선생님이 갑자기 이런 말씀을 하셨다.
"여기, 하나님의 큰 종이 왔습니다!"
그 얘기를 듣는 순간, '누구지?' 싶어 함께 예배 보던 30명을 한 분 한 분 살펴보았다. 동그랗게 앉아서 기도회를 했으니 잠깐 훑어보면 어떤 분인지 금방 알 수 있었다. 나는 진심으로 '어떤 사람이 하나님의 큰 종이지?' 하며 궁금해했다.

그 말이 있은 후, 다 같이 기도하자며 통성기도를 했다. 동그랗게 둘러앉아 다 함께 통성기도를 하는데, 기이한 현상이 일어났다. 분명히 나는 무릎을 꿇고 기도를 했는데, 30cm 내지 50cm 정도 공중에 떠 있던 것이다. 사람들도 가만히 기도하는 게 아니라 다들 조금씩 움직이고 있었다. 나는 아직도 그때 당시에 내가 감각적으로 뜬 것인지, 상상 속에서 뜬 것인지를 확신할 수는 없다. 그런데 기도가 모두 끝나고 "아멘!" 하며 눈을 뜨는 순간, 모든 사람이 다 나를 향해 무릎을 꿇고 앉아 있는 것이었다. '귀한 종이 왔다고 한 말이 나를 말하는 건가?' 속으로 영감이 문득 떠올랐다. 이런 체험을 하면서 느낀 것은, '나는 하나님 앞에 크게 쓰일 수 있다!'라는 신념, 소망, 꿈이 생겼다는 것이다. 우연찮게 친구의 권유로 찾아갔던 기도회에서 하나님은 내게 주의 종의 사명과 소명을 주셨다.

비단 이 사건만 있었던 것은 아니다. 경찰서에서 근무하던 큰형님의 부인 즉, 형수님 이야기가 있다. 원래 형수님은 교인이 아니셨는데 큰형님을 따라서 교회에 다니기 시작했고, 이후에는 형보다 더 열심히 교회를 다니셨다. 그런데 형수의 가족은 뇌출혈로 일찍 죽는 병력이 있었다. 실제로 형수님은 50대에 세상을 떠나셨다. 빨래하고 일어나다가 뇌출혈이 발생했기 때문이다. 결혼할 때는 가계의 질병도 알아야겠다는 생각이 들기도 했다. 6남매를 남겨두고 세상을 떠나셨지만, 그래도 감사한 것은 6남매 중 아들 2명이 목사가 되었고, 딸 2명이 사모가 되었다는 것이다. 그런데 형수님이 질병으로 세상을 뜨시기 전에 아들들에게 늘 이런 말씀을 하셨다고 한다.

"애야, 작은아버지한테 잘해라. 작은아버지는 하나님의 종으로 크게 쓰이는 분이야. 그러니까 너희들은 작은아버지한테 잘하고 잘 따라다녀라."

형수님이 돌아가신 이후에 조카들이 내게 와서 간증하며 알게 된 사실이었다.

주께서 이르시되 가라 이 사람은
내 이름을 이방인과 임금들과 이스라엘 자손들에게
전하기 위하여 택한 나의 그릇이라

사도행전 9:15

I'm King of kings,
I send you!

성령 충만함과 은사를 받은 후 두세 달이 지났다. 광성교회 김창인 담임목사님이 이런 말씀을 하셨다.

"이제 교회가 부흥되고 잘되니까, 이곳저곳에서 부흥사로 초청받고 있는데, 새벽기도 인도할 사람이 없어서 못 간다!"

그 말을 듣고는

"지체없이 제가 할게요. 다녀오세요"

라고 했다. 처음으로 일주일 동안 새벽기도를 인도하게 된 것이다.

그때 당시는 부흥회가 주일 저녁에 시작되어 금요일 저녁에 마쳤다. 직장 생활 때문에 새벽기도를 잘 나가지 못했기 때문에 밤을 새다시피 하며 시계를 맞춰놓고 새벽기도에 나갔다. 그래도 5일 동안 새벽예배 인도를 맡았으니 책임감을 가지고 해야겠다고 생각했다. 그렇게 5일의 기도를 잘 마무리하고 마지막 금요일 새벽예배를 인도한 후 강대상 옆자리에서 기도를 막 시작했다. 그런데 갑자기 "광기야" 하는 음성이 들렸다. 강단 아래에 있는 교인들이 "광기야"라고 부를 일도 없고, 광성교회에서 내 이름 부를 사람도 없다. '우리 어머니도 나를 주의 종이라고 부르는데 무슨 일이지?' 이런 생각이 스치며 다시 기도하기 시작했다.

"광기야."

또다시 음성이 들렸다. 그때 확신했다. 다른 누군가가 나를 부르는 것이 아니라 하나님이 부르고 계신 것이다. 양이 목자의 음성을 알고 응답하듯이

"주여, 말씀하소서. 주의 종이 듣겠나이다"

하며 기도했다. 사무엘이 하나님의 음성에 반응했던 것처럼 하나님께 읊조렸다.

"너, 아이들한테 기도가 무엇이라고 가르쳤니?"

"하나님과의 대화라고 가르쳤습니다."

"가르치긴 잘 가르쳤는데, 너는 그렇게 하지 않는다. 대화가 무엇이니? 듣고 말하고, 듣고 말하고 이렇게 주거니 받거니 하는 게 대화 아니겠냐? 대화가 영어로 다이알로그(dialogue) 아니냐? 너는 모놀로그(monologue)를 하고 있다. 혼자 독백하고 있어."

"아, 그럼 주님! 제가 기도하면 주님께서 언제나 나타나셔서 저랑 이야기하시겠다는 건가요?"

"야, 미련한 것아! 내가 하고 싶은 얘기는 신구약 66권에 다 썼다."

이런 하나님의 음성이 들리더니 전광석화처럼 머릿속에 깨달음이 왔다. '요새 내가 기도만 하지 성경을 안 보고 있구나. 평생 성경을 가르쳐야 할 사람이!' 그러고는 기도했다.

"하나님, 이제부터는 기도하는 만큼 성경 보고, 성경 보는 만큼 기도

하겠습니다.”

그리고 나서 바로 하나님은 주의 종의 정체성을 다시금 일깨워주셨다.

“광기야, 너는 권위 있는 종이 되어라.”

“아니, 제가 어떻게 권위 있는 종이 됩니까? 목에다 힘 준다고 되는 것도 아니고요. 주님, 저는 어떻게 해야 될지 모르겠네요.”

“그래? 그럼 내가 예를 한번 들자. 네가 큰 회사 사장인데 사원을 한 명 더 뽑으려고 한다. 그런데 박정희 대통령이 명함 주고 A라는 사람 써달라고 했어. 그리고 정일권 총리도 똑같이 한 사람 추천하고 B라는 사람 써달라고 했어. 그러면 너는 한 명만 써야 하니까 둘 중에 누구를 써야 되겠느냐?”

“당연히 대통령께서 보내주신 사람을 써야 되지 않겠습니까?”

“I'm King of kings, I send you.”

“만왕의 왕인 내가 너를 보냈기 때문에 너가 부족하고 똑똑하고 잘나고 못나고 상관없이 내가 뒤에서 백업하고 있다. 그러니까 너는 만왕의 왕의 대사인 것이다. 그래서 너는 권위가 있는 것이다.”

“아멘!”

하나님의 음성을 듣고 난 이후로는 어디에 가서도 교만하지 않았다. 누구 앞에서도 떨거나 기죽지 않았다. 내 기가 죽으면 하나님의 영광을 가린다고 생각했기 때문이었다. 그래서 항상 그 정체성을 가지고 살았던 것이다.

ROTC 임관식에선 초급장교들에게 소위 계급장을 달아준다. 대통령의 권한으로 소위에 임명하지만, 그렇다고 대통령이 직접 모든 초급장교들에게 계급장을 달아주는 것은 아니다. 대리인이 대통령을 대신하여 소위 계급장을 달아준다. 마찬가지이다. 주의 종이 되거나, 장로가 되거나, 권사가 되거나 모두 하나님이 세우신 것이다. '하나님이 나를 부르시고, 이곳에 보내셨고, 이 자리에서 나는 사명을 감당하고 있다!' 이런 정체성을 가질 때 어떠한 직분이 되었든 넉넉히 감당해낼 수 있는 것이다. '에이, 나 같은 게 뭐라고' 하는 생각으로 미리 포기해서는 안 된다. '내가 왜 못 하냐!!' 내게 능력 주시는 자 안에서 내가 모든 것을 할 수 있다는 믿음으로 전진하라. 하나님이 책임 지신다. 놓아버려선 안 된다.

'나를 보내신 자가 나와 함께 계시도다.' 예수님도 말씀하셨다. 홀로 떨어진 사람이 아니라 나를 보내신 아버지와 항상 함께한다는 것이다. '내 뜻대로 하지 마옵시고' 하신 말씀도 전적으로 하나님께 맡겨드리고 끝까지 사명을 감당하겠다는 것이다. 바울 사도도 마찬가지이다. '내가 그리스도를 본받은 것처럼 여러분도 나를 본받은 사람이 되고', '내가 선한 싸움을 싸우고 나의 달려갈 길을 마치고 믿음을 지켰으니 이제 후로는 나를 위하여 의의 면류관이 예비되었으므로' 사도의 마지막 길에 '다 이루었음'을 선포하는 것이다. 주의 종은 보내신 이의 뜻을 다 이루고 돌아가야 칭찬받는다.

"충성된 종아, 잘하였도다."

이렇게 칭찬받는 것이다. 자기의 볼일만 보고 아무 일도 안 하고 '갔다가 왔습니다' 이래서는 안 되는 것이다. 심부름이 아니라 주의 사명과 메시지를 온전히 전하고 와야 하는 것이다.

이런 이야기가 있다. 부잣집 주인이 종에게

"내일이 설날이니까 네가 A대감한테 다녀와라."

그랬더니 종이 진짜 해야 하는 선물 전달은 안 하고 자기 몸만 다녀왔다. 이것은 종의 역할을 제대로 수행하지 못한 것이다. 반딧불 목사가 있다. 많고 많은 반딧불처럼 그중에 숫자만 하나 더하는 목사, 즉 있으나 마나 한 목사, 그런 목사가 빛은 있으나 반딧불 목사인 것이다. 전할 메시지를 온전히 전하고, 주의 능력을 온전히 드러내는 것이 종의 모습이다. 하나님이 보내신 사명을 우리가 온전히 감당할 때 하나님이 영광을 받는 것이다.

그런즉 그들이 믿지 아니하는 이를 어찌 부르리요

듣지도 못한 이를 어찌 믿으리요

전파하는 자가 없이 어찌 들으리요

보내심을 받지 아니하였으면 어찌 전파하리요

기록된 바 아름답도다

좋은 소식을 전하는 자들의 발이여 함과 같으니라

로마서 10:14~15

03

보 냄 1

I'm King of kings, I send you!

"목사님! 저도 집문서 내라고 하면,
돈은 없어도 집문서는 낼 수 있습니다!"
"목사님! 저도 내겠습니다!"
"저도 내겠습니다 목사님!"
"저도요!"
다들 동참하겠다며 손을 들어주었다.
그랬더니 은행원 교인이
"목사님, 이만하면 은행에 가서 돈을 빌릴
수 있습니다!"
그 얘기를 하는 순간 눈에서 눈물이 왈칵
쏟아져내렸다. 고개를 뒤로 돌리고 눈물을
닦으니 교인들이 눈치를 채고
"목사님, 떠나지 마세요. 저희가 할게요"
하며 나를 위로해주었다.

광성교회에서
정화여고로

신학교를 졸업할 무렵이었다. 광성교회에서 맡겨준 학생들이 1년 사이에 40명에서 120명으로 늘게 되었다. 성령 충만과 은사를 받고 나니 내가 맡은 사역 가운데 부흥이 일어났다. 광성교회에 온 교인들이 나를 칭찬하고 학생들도 많은 은혜를 받고 있었다. 그런데 담임목사님 입장에서는 내가 걸렸던 모양이다. 나를 부르시더니 "교회에 자리가 없다. 이제 어디 나갈 자리를 찾아봐야 하지 않겠냐?" 하셨다.

광성교회를 떠나야겠다고 마음의 준비를 하고 있었다. 그 시기에 소망교회 곽선희 목사님이 장신대 교수셨는데 내가 교사 생활을 하며 신학교를 다녔기에 "원 선생"이라고 나를 부르셨다. 때마침 나를 부르시더니
"원 선생, 어디 갈 데 있어?"
하며 물어보시는 것이다. 나는 갈 곳이 없다고 말씀드렸다. 그랬더니 내게 대구에 있는 정화여고를 소개해주셨다.
"내가 대구 정화여고 부흥회를 갔는데, 학교 주인이자 교장이 장로야. 이 사람이 자기 학교를 미션스쿨로 만들겠다는 거야. 그래서 목사나 전도사를 보내달래. 가급적 교사 자격증이 있으면 좋다는 거야! 초대로, 1대로 가는 거야. 그러니까 원 선생이 거기 가면 어때?"

당장 갈 곳은 없었지만 그래도 담임목사님이 계시니까

"담임목사님과 의논하고 결정하겠습니다"

하며 대답을 미뤘다.

곽선희 목사님의 제안을 받고 김창인 목사님께 갔다. 그리고 내가 들은 이야기를 말씀드리고, 이렇게 말씀드렸다.

"목사님, 대구 정화여고에 자리가 나서 제가 그곳에 교목으로 가겠습니다"

그랬더니, 김창인 목사님도

"아 그래? 그렇지 않아도 지금 어디 가야 할 처지인데 잘되었다. 거기 가 있으면 내가 자리 알아볼게!"

하며 나를 보내주셨다. 그래도 조금은 미안하셨는지, 내가 대구에 있는 동안 자리를 알아보겠다고 하셨다.

그렇게 광성교회 학생회 전도사 사역을 내려놓고, 대구 정화여고에 교목으로 가게 되었다. 처음 방문한 정화여고에서의 시선은 냉랭하기만 했다. 정화여고 교사들 앞에서의 소개는 '성경 선생'이었다. 그분들에게 나는 교무실 구석 조그만 자리 하나 차지하고 있는 비주류 교사였을 뿐이었다. 그동안 미션스쿨도 아니었고, 장로인 교장선생님 한 분의 결정만으로 미션스쿨이 되는 것이니 믿지 않는 교사도, 학생도 모두 잘 이해할 수 없었을 것이다.

누구도 인정해주지 않고, 교목으로서의 권위를 세워주지 않으면서,

이 학교를 미션스쿨로 바꿔나간다는 것은 아무래도 말이 되지 않았다. 곧바로 나는 교장선생님을 찾아가 이렇게 말했다.

"교장선생님, 제가 잘못 온 것 같습니다. 다시 서울로 올라가야겠습니다."

이 말을 듣더니 교장선생님이 깜짝 놀라시며 도대체 왜 그러느냐고 물었다. 그래서 나는

"정화여고가 이제 미션스쿨로 시작하는 것 아닙니까? 그런데 교장선생님이 잘 모르시는 것 같은데, 미션스쿨은 '복음'을 증거하기 위해 세워지는 학교입니다. 근데 제가 말단 자리에 앉아서 성경을 가르치고 그래서야 이 학교가 미션스쿨이 될 수 있겠습니까? 교사들도 다 믿지 않는 교사들인데, 저는 감당할 수가 없습니다. 저한테 직책을 주셔야 합니다! 제가 여기 있기를 원하시면 교장실 옆에 방 하나를 교목실로 두시고, 매일 아침 교무회의 때마다 교장선생님 옆자리에 제 자리를 주시고, 그다음에 교감 자리를 주세요. 그래야 제가 권위가 서지 않겠습니까?"

나는 교장선생님 앞에서 강하게 요구했다.

"만약 그 자리를 마련해주시지 않는다면, 미션스쿨을 하러 온 제가 여기 있을 필요가 없습니다. 그렇다고 해서 월급을 더 달라고 하는 것은 아닙니다. 월급은 그대로 주시고, 자리만큼은 그렇게 해주십시오! 그래야 제가 일을 하지 않겠습니까?"

그렇게 말씀드리자 도영대 교장선생님(장로이자 포병 소령 출신)이 내 말을 바로 알아채셨다.

"오케이, 그대로 해드릴 테니까 여기 계십시오!"

하며 내 요구를 들어주셨다. 다음 날이 되었다. 하루아침에 모든 것이 바뀌었다. 교무실 한구석에 있던 내 자리가 없어지고 교장실 옆에 교목실이 생겼다. 아침 교무회의 때도 교장선생님 옆 자리에 앉았고, 발언 순서도 두 번째가 되었다. '성경 선생'이라는 이름 대신, '교목'이라는 새로운 직책과 자리가 생겼다. 내게 '권위'가 생긴 것이다.

하루는 교무회의 시간에 학생과장과 작은 의견 다툼이 있었다. 기장(한국기독교장로회) 출신 집사였는데, 갑자기 나타난 전도사가 정화여고 '교목'이라고 와서 교감선생님보다도 먼저 발언을 하는 것을 보니 못마땅했던 모양이다. 나는 발언 순서가 되어 아침예배를 드리자고 했다.

"미션스쿨은 처음부터 선교사들이 오셔서 복음을 증거하기 위해 세워진 것입니다. 제 1 목적이 전도(복음 증거)입니다. 그래서 앞으로는 그런 체제로 가기 때문에 아이들이 수업하기 전에 제일 먼저 아침예배를 드립니다. 근데 제가 반마다 들어갈 수 없으니까 방송예배를 할 것입니다. 반 아이들, 담임선생님들 모두 교실에 들어가시고, 제가 반마다 신앙부장을 만들어서 그 아이들이 나와서 찬송 인도하고, 방송으로 제 설교를 듣고 끝내는 걸로 하겠습니다."

그런데 "우리는 그렇게 할 수 없다. 그리고 그런 것을 강요할 수도 없다"며 학생과장이 반기를 들고 나서는 것이었다. 사실 당시에는 위에서 말하면 군말 없이 따라가는 분위기였다. 지금과는 사뭇 달랐다. 그런데 학생과장만 내 의견에 계속해서 반기를 들고 태클을 걸며 나를 힘들게 하는 것이었다.

참다 못해 나도 학생과장에게 한마디 했다.

"다른 사람들, 불신자들이 그러면 내가 이해를 합니다. 근데 집사가 되어가지고 제일 앞장서야 할 사람이 그런 소리를 하면 됩니까?"

그랬더니 옆에서 교장선생님도 끄덕거리며 내게 힘을 실어주었다. 알고 보니 내가 오기 전부터 교장선생님은 그 학생과장을 싫어했던 것 같았다. 두 사람 사이가 안 좋은 것이 느껴졌다. 나는 교무회의에 참석한 모든 선생님들이 들으라고 큰 소리로 말했다.

"그러면 이 학교를 떠나셔야 합니다. 미션스쿨에 있을 자격이 없는 겁니다!"

속으로는 엄청 화가 난 것이 아니었지만, 말은 강하게 나갔다. 그런데 이상했던 점은 그 얘기를 하면서 내 몸에서 뭔가 탁 튀어나가는 느낌이 들었다는 것이다.

다음 날 아침도 전과 같이 교사들과 교무회의를 하기 위해 교무실에 모였다. 그날은 내가 특별하게 할 말이 없어서 발언권을 다음 순서(교감)로 넘기고 다른 사람들의 의견을 듣고 있었다. 그러다가 옆을 보는데 그 학생과장이 침을 질질 흘리고 있는 것이었다! 눈을 보니까 눈이 돌아갔고, 정신을 잃고 헤매고 있는 것이었다. 뇌출혈이 온 것이다. 정신을 잃고 쓰러진 학생과장은 곧바로 병원으로 옮겨졌지만 이동하는 길에 죽고 말았다. 그 일이 있고 나서 학교 선생들은 내 앞을 지날 때마다 죄다 발꿈치를 들고 지나갔다. 그리고 내가 의견만 내면 척척 따랐다. 내가 당당하게 할 말 다 하고 다니다 보니 교장선생님도 나를 신임하였다. 교장선생님부터 새벽기도회에 참석하셔야 된다고 권면하였더니 따라주셔서 학교 분위기가 일신하게 되었다. 협조를 구하면 모든 선생님들이 기꺼이 따라주셨다. '아, 정말 보통이 아니구나' 하실 정도였다. 그냥 나오는 담대함이 아니었다. 성령에 충만하니까 강하고 담대하게 나설 수 있었던 것이었다. 그해에 대구 정화여고에서 전국 수능시험 1등이 나와서 정화여고가 역사에 빛을 발하게 되었다.

네가 네 하나님 여호와의 말씀을 삼가 듣고 내가 오늘
네게 명령하는 그의 모든 명령을 지켜 행하면
네 하나님 여호와께서 너를 세계 모든 민족 위에 뛰어나게
하실 것이라

신명기 28:1

3000 교회
개척운동

주말 하루는 김창인 목사님께 인사를 드리러 서울에 갔다. 그랬더니 김창인 목사님이 나를 반기시면서

"그래, 편지 받고 왔어?"

하시는 것이었다. 나는 무슨 일인지 영문도 몰랐기에 휘둥그레진 표정으로 되물었다.

"아니, 무슨 편지요?"

"아니, 노량진교회 림인식 목사님이 총회장이잖아? 내가 총회 서기가 됐어. 그런데 말이야, 림인식 목사님이 신학교 졸업생들이 개척을 해야 목사 안수를 주기로 했거든. 3000 교회 개척운동이야. 그래서 전도사도 말이지, 목사 고시만 붙어서 되는 게 아니고 개척을 해야 목사 안수를 받아."

나는 깜짝 놀랐다. "개척할 돈이 없는데" 하고 걱정되는 표정을 지을 뿐이었다.

김창인 목사님이 걱정스러워하는 내 표정을 보고 그러셨는지는 모르겠는데, 내게 이렇게 말씀하셨다.

"그래서 말인데, 내가 림인식 목사님한테 그랬어. '목사님이 제창하는 3000 교회 개척운동 하려면 목사님이 먼저 본을 보이셔야 하지 않겠습니까? 목사님도 하나 하시죠!' 그랬더니 림인식 목사님도 흔

쾌히 동의하면서 누구 할 사람 있냐고 물어보시길래 내가 원 전도사 당신을 추천했어. 그래서 편지 썼는데 받았지?"

그러시곤 사모님에게 물어보셨다. "여보, 편지 부쳤어?" 그런데 아직 안 부쳤다는 것이다. 김창인 목사님이 그 얘기를 듣고 화가 나셨는지 "내가 편지 빨리 부치라니까 그래! 급한 일인데 말이야" 하며 목소리를 높였다. 내가 오히려 "목사님, 제가 왔잖아요. 제가 알면 된 거지, 화 내실 거 뭐 있어요" 하며 분위기를 진정시켰다.

당시 전도사 시절에는 림인식 목사님이 누구시고 총회장이 어떤 것인지도 몰랐다. 김창인 목사님이 전화를 해서 림인식 목사님을 소개해주셔서 얼떨결에 만나게 되었다. 급하게 이력서를 써서 림인식 목사님을 만나 뵈었다. 나를 보시고 처음 던지신 말은 "개척하겠나? 돈은 얼마나 있나?"라는 것이었다. 사실 엄청 넉넉한 것은 아니었는데, 수중에 120만 원 정도 모아둔 돈이 있었다. 당시 1975년도에 잠실 아파트 15평짜리가 150만 원 정도 했으니, 120만 원이면 12평 아파트 한 채를 살 수 있는 돈이었다. 그래서 120만 원 정도 모아둔 돈이 있다고 말씀드리니 "오 그래? 그럼 우리가 도와주면 그 돈도 쓰겠지?" 하며 긍정적인 기대를 하셨다. 나도 당연히 내가 개척하는데 내 돈을 써야 된다고 생각했다. 오히려 "도와주시는데 왜 제가 제 돈을 몰래 감추고 있겠습니까?" 하며 당당하게 내 돈을 개척을 위해 온전히 사용하겠다고 다짐했다.

그 이후로 노량진교회에서 나를 3000 교회 개척운동의 일환으로 돕기 시작했다. 나는 교회 개척을 준비하게 되었다. 서울에서 본격적으로 개척을 준비해야 했기에 정화여고에는 사표를 낼 수밖에 없었다. 그런데 정화여고 교장선생님이 너무 아쉬워하시며 가지 말라고 나를 붙잡았다. 오히려 "정화여고 교목과 동시에 계명대학교에서 강의도 할 수 있게 해주겠다. 그리고 원한다면 미국으로 유학까지 보내주겠다"며 역으로 제안을 하셨다. 하지만 교회 개척을 결심한 상황이었기에 한 번 더 단호하게 말씀드렸다.

"아니요. 제가 (노량진교회와) 약속했거든요. (서울로) 올라가겠다고 약속을 했어요."

단호하게 말하고 서울로 올라왔는데 정화여고를 떠날 때 교장선생님이 울던 모습이 기억난다. 서울에 올라와 개척에 나선 6개월 동안은 장로님이 쌀을 한 가마니씩 보내주기도 하셨다. 그만큼 교목으로서 나에 대한 애정과 신뢰가 크셨던 것이다.

2년간의 정화여고 교목 생활의 마침표를 찍고, 다시 한 번 새롭게 보내심을 받았다. 서울여상에서 광성교회 고등부 전도사로 보내시고, 광성교회에서 대구 정화여고 교목으로 보내시고, 이제 정화여고에서 잠실교회 담임목사로 또 한 번 나를 보내셨다. 광성교회에서 1년, 정화여고에서 2년, 잠실교회에서 37년 동안 목회 사역을 했는데, 그렇게 보면 40년을 사역자로 살았다. 이스라엘도 출애굽 당시 40년 동안 광야 생활을 했고, 예수님도 40일 동안 금식기도를 하셨는데, 그렇게 보면 '40'이라는 숫자는 성경적인 숫자이기도 하다. 모세의 생애도 40년은 궁중 생활, 40년은 광야 생활, 40년은 출애굽 생활 이렇게 40년 단위로 나뉘고, 사울왕도 40년 통치, 다윗왕도 40년 통치, 솔로몬도 40년 통치한 것을 보면 '40'이라는 기간은 하나님이 정하신 기간인 것이다.

바울이 그 환상을 보았을 때 우리가 곧 마게도냐로
떠나기를 힘쓰니 이는 하나님이 저 사람들에게 복음을
전하라고 우리를 부르신 줄로 인정함이러라

사도행전 16:10

저한테 한 시간만
맡겨주시죠!

대구 정화여고 있을 때 하루는 대구 지역 교목회의를 하니까 한번 참석해보라고 교장선생님이 권하셨다. 대구에 미션스쿨이 꽤 많아서 지역 단위로 교목회의를 했던 것이다. 그런데 교목회의 참석자들이 다 목사인데 나만 전도사였다. 그래서 조용히 맨 끝 쪽에 앉아 있던 참이었다. 그때 참석한 목사들끼리 이런 이야기를 하기 시작했다.

"정화여고 교장 도영대 교장이 말이야, 자기 학교에 교목이 하나 왔는데, 한 반(당시 60명 정도)에 30명 이상이 교회에 다닌다고 자랑하고 다닌다네! 그게 가능하냐? 미션스쿨에서 반 이상이 교회 나가는 게 가능한 거냐?"

나는 뒤에서 조용히 듣고 있다가 껄껄 웃으면서 다가가 인사했다.

"목사님이세요? 저 정화여고에 교목으로 온 원광기 전도사입니다."

그랬더니 서로 이야기하던 교목들이 동시에 나를 쳐다보았다.

나는 그 앞에서 오히려 이렇게 말했다.

"근데 목사님 말씀이 이상하게 들리네요. 35명 이상씩 교회에 출석한다고 하면 도전을 받으시고 더 잘해야겠다는 생각을 하셔야지, '그게 가능하냐' 이런 말씀을 하시면 되겠습니까? 제가 말씀하신 그 당사자입니다. 목사님은 어느 학교 교목이시죠?"

그러자 얼굴이 빨개지더니 남산여고 교목이라고 하는 것이다. 나는 이렇게 이야기했다.

"그럼 저한테 1시간만 맡겨주시죠. 제가 가서 보여드리겠습니다."

순식간에 교목회의 자리가 조용해졌다. 그리고는 남산여고 교목 고은태 목사가 같이 한번 가자며 나를 학교에 불러주었다.

남산여고에 가서 1시간 동안 부흥회를 했다. 그리고 교회에 나갈 사람은 손을 들어보라고 했다. 불과 1시간 사이에 반에서 33명이 교회 가겠다고 손을 들었다. 그 광경을 보고 고은태 목사의 얼굴이 노래졌다. 그 일이 있고 나서 나와 고은태 목사는 많이 가까워졌다. 고목사는 같은 교단 목사였는데 신학을 빨리 시작해서 나보다 선배였다. 대구에서 똑똑한 선배 목사들이 '청목회'라는 것을 만들기도 했는데 '목사'만 가입할 수 있는 그곳에 전도사인 나도 들어가게 해주었다. '얘는 될 놈이다!' 하고 생각했기 때문이었다.

정화여고는 정말 왕성하게 부흥이 되었다. 대구에서 소위 '똥통학교'라고 불렸는데, 고등학교 입시제도가 평준화로 바뀌면서 전국 1등이 정화여고에서 나오기도 했다. 하나님이 정화여고를 높여주셨다. 전국 1등 학생이 나오는 학교로 정화여고는 '대(大)성장'을 이룬 것이다. 정화여고가 점점 알려지기 시작하고, 학생들이 늘어나고, 교사들의 신앙이 자라고, 전국 시험에서도 1등을 하여 대구에서 그야말로 센세이션을 일으켰다. 그 때문에 교장선생님은 나를 무척이나 좋아하셨다.

학교가 점점 커지고 성장해서 좋았지만, 늘어나는 학생들을 혼자서 감당하기에는 역부족이었다. 중·고등학교를 합하면 한 학년에 10반씩 총 60개의 반이 있었다. 그 많은 학급을 나 혼자서 맡을 수는 없었다. 교장선생님께 교목이 더 필요할 것 같다고 부탁을 드렸다. 그래서 동기 백병용 전도사를 데리고 왔다. 그 친구는 중학교, 나는 고등학교를 맡아서 교목 생활을 계속 이어가고 있었다.

어느 날 백 전도사가 깜짝 놀라며 황급히 내게 찾아왔다.

"원 전도사! 큰일났다야. 혹시 병든 사람 있으면 데리고 오라고 했니? 바깥에 지금 난리가 났어. 한 학생이 할머니를 모시고 왔는데 그 학생이 너 만난다고 기다리고 있다. 어쩌려고 그런 거냐?"

나는 담담하게 말했다.

"어쩌긴 뭘 어째? 과학 선생 불러서 과학실 문 좀 열어달라고 해. 과학실이 조용하니까 거기로 모시고 가. 그리고 내가 이따 기도할 테니까 '아멘'이나 크게 해!"

동기이긴 했지만 내가 신학을 늦게 한 탓에 백 전도사는 나보다 두 살 정도 어렸다. 그래서 나를 형처럼 생각하고 잘 따랐다. 계속 왜 불렀냐며 어떻게 할 거냐고 걱정 어린 말들을 섞길래

"백 전도사, 하나님이 하시지 우리가 하나? 일단 기도나 해!"

하며 담대하라고 일렀다.

과학실에 도착하니 뒤이어 할머니가 들어오셨다. 살펴보니 오십견이었

다. 그래서인지 이전에 어머니의 오십견을 고쳐주신 조용기 목사님이 생각났다. 나는 할머니를 딱 붙잡고 기도하고 나서 할머니께 말했다.

"손을 들어보세요. 움직여보세요"

하며 상태를 살펴보았더니 오십견이 싹 나은 것이다! 팔이 움직여지는 것이었다. 그리고는 내가 할머니께 이렇게 말씀드렸다.

"할머니, 오늘 이후로는 꼭 교회를 가세요. 그렇지 않으면 다시 돋을 수가 있으니까, 꼭 신앙생활 하세요."

할머니의 오십견을 고쳐준 일이 순식간에 대구 지역으로 소문이 퍼졌다. 교장선생님이 나를 불러 이제는 더 이상 치유 사역을 하지 말아달라고 부탁을 했다. 학교에서 교목이 외부인 불러서 치유 사역을 하면 주변에 소문 나고, 학교 입장이 곤란해지니까 그랬던 것이었다. 하나님이 주신 성령 충만함과 은사를 사용하지 못하고 있을 때, 그때부터 '내가 떠날 때가 됐구나'라는 생각이 들기 시작했다.

여호와께서 요셉과 함께하심으로 그가 형통한 자가 되어
그의 주인 애굽 사람의 집에 있으니
그의 주인이 여호와께서 그와 함께하심을 보며
또 여호와께서 그의 범사에 형통하게 하심을 보았더라

창세기 39:1~2

하나님,
이거 저 주세요!

3000 교회 개척운동을 계기로 대구 정화여고를 떠나 서울로 올라왔다. 김창인 목사님의 소개로 노량진교회 림인식 목사님을 만나게 되었다. 림 목사님은 내게 개척을 하라며 72평의 땅을 사주셨다. 물론 내가 모아둔 돈도 포함되어 있었다. 땅을 사주시기는 했는데, 교회를 짓기에 마땅치는 않았다. 그래서 림 목사님께 가서 이렇게 얘기했다.

"목사님, 땅 72평은 제 마음에 들지 않습니다. 거기에 교회를 짓는다고 해도 얼마나 짓겠어요. 그거 팔아서 저 주세요. 그 돈 가지고 건물 큰 곳을 빌리겠습니다. 지금은 모여야 하니까, 모여서 빨리 예배를 드려야 하지 않겠습니까?"

이전에 잠실 주공 3단지 아파트 하나를 얻어둔 것이 있었다. 3단지는 주로 15평 아파트였는데, 5층에 방을 하나 얻어놓은 것이 있었다. 그곳에서는 날마다 기도를 했고, 또 가족이 살 집은 있어야 하니까 15평짜리 아파트를 하나 더 얻어놓고 있었다. 주공 3단지 362동 506호가 개척 초기의 예배당이었다. 아파트에서 목회를 시작했던 것이었다. 처음에는 창립예배라고 광성교회에서도 오고, 노량진교회에서도 오고, 일가족도 오고 하니 자리가 꽉 찼다. 그런데 그다음 주가 되고 나서는 나를 도와주겠다는 집사 부부, 어머니, 안사람

이렇게 네 사람 앉혀놓고 설교를 했다. 불과 지난주까지만 해도 사람이 꽉 찼는데, 일주일 만에 네 명으로 예배를 시작하니 스스로가 한심스러웠다. '네 명 가지고 교회를 시작해? 아니지, 사실 두 사람 놓고 설교하는 거지. 우리 어머니가 나한테 은혜를 받겠냐, 내 안사람이 은혜를 받겠냐?' 이런 한심스러운 생각이 들었다. 이와 동시에 마음 한쪽에서는 '아니지, 그러면 안 되지. 소망 중에 해야지!' 하는 생각이 들었다.

그렇게 3주가 지났다. 362동 506호 예배당이 성도들로 꽉 찼다. 앞아서 예배드릴 수 없어서 서서 드릴 정도로 순식간에 부흥이 되었던 것이다. 거실뿐만 아니라 안방까지 사람들로 차서 방문을 다 열어놓고 설교를 했다. 당시 내 설교는 조용기 목사님처럼 따발총 같았다. 오죽하면 교인들이 "목사님, 저희가 설교를 따라가기가 힘듭니다. 조금만 천천히 말씀해주세요"라고 부탁했다. 나는 당시 성령이 임하니까 설교가 저절로 따발총처럼 나온 것이었다. 성도들의 말을 듣고 나서야 '아, 성도들이 따라오기 힘들구나' 하고 느꼈다.

성도들이 예배당을 꽉 채우기 시작하니까 걱정이 되었다. '아무리 들어와봐야 50명밖에 수용이 안 되는데 교회가 50명으로 끝나면 되겠나? 내 꿈은 더 큰데' 하는 생각에 여기저기 돌아다니며 교회 장소를 물색하고 있었다. 그러던 중, 아파트 상가를 하나 발견했다. 건물 전체를 돌아보니 3층에 실 평수가 한 27평쯤 되는 장소가 한

군데 비어 있었다. '그래, 여기 모이면 150명 내지 200명까지는 들어가겠다!' 싶었다. 곧바로 호수를 적어놓고 복덕방에 찾아갔다. 그런데 다들 잘 모른다는 것이었다. 마지막으로 1개 남은 복덕방에 찾아갔는데, 그곳에서 이 말을 해주었다. "파는 건 아니고 병원 자리인데, 반포아파트에 사는 사람 거예요." 그래서 일단 수첩에 그 주인집 주소를 적어두었다.

당시는 통행 금지가 있었기 때문에 밤 12시가 가까워지면 상가에는 아무도 없었다. 낮에는 심방이 있어 바쁘기 때문에 밤 12시에 상가 3층 27평짜리 장소를 붙잡고 "하나님, 이거 저 주세요" 하며 일주일을 기도했다. 일주일쯤 지났을까? 기도하다 보니 마음에 평안이 오기 시작했다. 초조하고 불안한 마음이 사라진 것이다. 종종 기도할 때 불안하고 초조한 가운데 기도하다가 평안한 마음이 오면 문제가 해결되곤 했다. 이번 일도 하나님이 '오케이' 사인하시고 결재하셨다는 느낌이 왔다. 이제 과정만 남았다는 생각이 들고 마음에 평안이 찾아왔다. 복덕방에서 미리 받아둔 주소를 보고 27평 상가의 주인집에 찾아갔다. 반포에 있는 아파트였다. 집 앞에 가보니 현관문에 '을지로교회' 교패가 붙어 있었고, 60세가 넘으신 할머니 한 분이 나오셨다. 그래서 나는 이렇게 말했다.
"안녕하세요, 저는 잠실교회 개척하는 원광기 전도사입니다. 잠실 상가의 병원 부지가 이 댁의 것이라고 들어서 제가 좀 빌리려고 왔습니다."

사실 돈은 한 푼도 없었다. 말만 그렇게 했던 것이었다. 좀 빌려달라는 말이었다.

그러자 나를 슬쩍 보시더니

"그거 우리 아들이 산 건데요. 아들 오면 제가 얘기할게요. 아들이 남대문에서 병원을 하기 때문에 지금 집에 없거든요. 또 언제 올지도 모르고요. 그러니까 기다리지 말고 전화번호 적어주고 가시면 우리 아들한테 얘기해서 연락하라고 그럴게요."

아주 인자하신 목소리로 대답해주셨다. 그래서 나도

"꼭 좀 부탁드립니다. 제가 개척교회를 하거든요!"

하며 다시 한 번 인사드리고 나왔다.

얼마 지나지 않아 주인분에게서 전화가 왔다. 한번 오라는 것이었다. 나는 그 집에 도착할 때까지 기도하면서 갔다. 집에 도착하니 나를 기다리고 있었다. 나는 들어가자마자 무릎을 꿇고 앉아서 먼저 기도했고, 이내 서로 대화를 하기 시작했다.

"이름이 어떻게 됩니까?"

"원광기 전도사입니다. 사실은 예장통합측 총회장이신 노량진교회 림인식 목사님이 3000 교회 개척운동을 하는데, 저를 밀어주셔서 제가 잠실 아파트에서 개척교회를 합니다."

그러자 그분도 림인식 목사님을 안다고 했다. 같은 교단이기에 알았던 것이었다.

"저는 을지로교회 안수집사 김원배입니다. 우리 어머님은 그 교회 권사님이십니다."

부인은 부엌에서 차를 끓이고 계셨다.

"사실은 제가 15평 아파트에서 예배를 드리는데, 교인들이 많아져서 이제는 한계를 느끼고 있습니다. 그래서 장소를 넓혀야 하는데 마땅한 곳이 없습니다. 병원 자리를 좀 빌려주시면 제가 당분간 교회로 사용하겠습니다."

내 말을 들은 안수집사님이 나를 가만히 쳐다보시더니

"그거 제가 사놓긴 했는데요. 지금 남대문에 있는 병원이 잘되고 있어서 거기로 이사할 계획이 없어요"

하시며 내게 열쇠를 건네주셨다.

"그러면 얼마에 주시는 겁니까?"

세가 얼마냐고 물어보자 나를 또 한 번 쳐다보시더니

"저희 아버님이 목사셨어요. 이북에서 넘어오셔서 조금 일찍 세상을 떠났는데, ○○○ 목사님인데 아세요? 전도사님은 아마 모르실 수도 있어요. 돈은 무슨 돈입니까? 그냥 쓰세요. 커튼은 제가 해드릴게요"

라고 말하는 것이었다!

"저도 기도할 테니 전도사님 열심히 뛰세요! 교회를 부흥시키세요!"

을지로교회 안수집사님과 그렇게 대화하던 중에 부인이 차를 끓여 내오셨다. 나는 차를 마시며 말했다.

"감사합니다! 제가 이 가정을 위해서 진심으로 기도하겠습니다!"

나는 27평 상가의 열쇠를 받아가지고 나왔다. 반포에서 잠실까지는 꽤 거리가 먼데 어떻게 그 길을 왔는지 전혀 기억이 나질 않는다. 정신을 차리고 보니 잠실에 와 있는 나를 발견할 수 있었다.

구하는 이마다 받을 것이요

찾는 이는 찾아낼 것이요

두드리는 이에게는 열릴 것이니라

누가복음 11:10

🥀 개척 6개월 만에
미국 신문에 소개되다

27평의 병원 자리는 그동안 사용하지도 관리하지도 않은 곳이었기에 먼지가 두껍게 쌓여 있었다. 한쪽 구석에는 물이 나오는 수도꼭지가 하나 있고, 그 외에는 아무것도 없는 텅 빈 공간이었다. 그래도 감사했다. 하나님께서 내 기도를 듣고 응답해주셨기 때문이다. 더 많은 성도들이 예배할 수 있는 장소가 생겼다는 사실이 기뻤다. 나는 신이 난 채로 집에 가서 걸레들을 몽땅 챙겨왔다. 바닥을 쓸고, 물청소를 하고, 걸레로 밀고 닦으며 깨끗하게 청소를 했다. 무엇을 시작하면 끝을 보는 기질 때문인지, 창문 틈 사이에 낀 먼지까지 깔끔하게 닦아내어 예배를 드릴 수 있는 쾌적한 환경을 만들었다.

예배당을 이전할 준비를 모두 마치고 림인식 목사님을 찾아갔다.
"목사님, 교회 얻었습니다!"
집도 함부로 팔 수 없고, 노량진교회에서 받은 72평짜리 땅도 쉽게 팔리지 않으니 마땅히 새로운 교회 장소를 구하기가 쉽지 않았다. 그러던 찰나에 하나님께서 주신 것이었기에 림인식 목사님도 함께 기뻐해주셨다. 교회 상황이 궁금하신지 이렇게 물으셨다.
"요새 몇 명 모입니까?"
"지난 주간에 한 60명 모였습니다."
내가 답했다.

"그래! 초창기에 잘해야 해. 우리 교회에 말이야, 접는 의자 있어. 그거 얼마나 보내주면 될까?"

하며 도움을 주셨다.

"그럼, 있는 대로 거기 꽉 차게만 보내주세요"

하며 최대한 많이 달라고 부탁드렸다.

림인식 목사님께서 의자를 보내주겠다고 하신 지 얼마 지나지 않아 장로님이 한 분 들어오셨다. "목사님, 강대상은 제가 해줄게요." 그리고 또 다른 장로님이 들어오시더니 "목사님, 커튼은 제가 해드릴게요" 하며 교회 이전에 필요한 것들을 적극적으로 후원해주셨다.

"장로님들이 커튼도 해주시고 강대상도 해주신다고 하니까 고마운데요, 이전예배 할 때 좀 와주세요."

나는 무엇보다도 교회를 이전할 때 많은 분들이 오셔서 예배에 참석하길 원했다. 그래서 전봇대와 아파트 내 게시판마다 교회 이전예배를 홍보하기도 했다.

원래 60명 정도 모였는데 그 주에 120명으로 늘어나게 되었다! 정말 신나는 일이었다! 그 광경을 보고 어떤 장로님 한 분이 "목사님, 제가 마이크 해드리겠습니다" 하시며 예배당에 필요한 것들이 또 채워지게 되었다. 첫 예배를 드린 주에 마이크, 강대상, 커튼, 휘장 이런 것들이 완비가 된 것이다. 그렇게 3개월 정도가 지나고 나니 교회 출석 인원이 200명으로 늘어나게 되었다. 개척교회에 200명의 성도가 모인다니까 미국 남장로교회의 라이스(Rice)라고 하는 선교사님이 찾아왔다. 이 목사님은 한국에 파견된 미국 남장로교회 선교사인데 3000 교회 개척운동에 무척 관심이 크셨다. 그러던 중 총회 사무실에서 잠실교회가 놀랍게 부흥하고 있다는 소식을 접하고 찾아오신 것이다. 그리고 선교 보고서를 통해 이 사실을 미국 남장로교회에 전하셨다. 6개월도 안 돼서 200명이 모였다는 것은 교회 역사상 없는 일이라고 기독신문에 게재하겠다는 것이었다. 그때는 잘 몰랐는데, 미국 기독신문에 잠실교회 개척 스토리가 실리게 되었던 것이다. 이 덕분에 교회는 또 한 번 부흥되기 시작했다.

주의 말씀이 너희에게로부터 마게도냐와 아가야에만
들릴 뿐 아니라
하나님을 향하는 너희 믿음의 소문이 각처에 퍼졌으므로
우리는 아무 말도 할 것이 없노라

데살로니가전서 1:8

비가 오면 물은
골을 따라 흐릅니다

'이제 한 개의 교회만 가지고는 안 되겠다.' 이런 생각을 하고 기도하던 중에 로버트 슐러 목사님의 책을 읽게 되었다. 교회가 점점 부흥되고 있는데, 27평 상가 하나만 가지고는 성도를 받는 데 한계가 있겠다 싶었다. 문제는 알았지만 이를 해결한 마땅한 아이디어가 없었다. 그때 슐러 목사님의 책에서 'Drive-in Church', 'Walk-in Church' 스토리를 읽었다. 2개의 교회를 세워서 더 큰 부흥을 일으켰다는 내용이었다. 그걸 보고 "옳거니! 이거다!" 하며 확신을 얻었다.

그 무렵 노량진교회에서 받은 72평짜리 땅이 팔려서 여윳돈이 생겼다. 그 돈으로 잠실 주공 5단지 아파트를 하나 빌릴 수 있었다. 5단지는 3단지에 비해 평수가 훨씬 커서 32~35평 정도 되었다. 그렇게 3단지와 5단지를 동시에 관리하며 시간 차를 두고 예배를 인도했다. 그러다 보니 5단지에도 교인들이 많이 불어나면서 교회가 부흥되고 교회 재정도 점점 여유가 생겼다. 그래서 이번에는 장미아파트 쪽 상가 건물을 하나 빌릴 수 있었다. 5층 건물이었는데, 4층에 200평(실 평수는 120평) 정도의 장소를 하나 더 얻게 되었다.

순식간에 교회가 3개로 불어나고, 크기도 200평으로 커지면서 많은 사람들이 잠실교회로 몰려들기 시작했다. 모든 교회가 그랬던 것은 아니었다. 잠실 내에는 침례교, 감리교 등 열댓 군데의 교회들이 있었지만 오히려 교인이 줄어들고 있었다. 그런데 유독 잠실교회만 성도 수가 급속도로 증가하니 특이한 일이었다. 잠실 내에서 일어나는 이런 현상을 보고 나는 한 가지 원리를 발견했다.

비가 오고 나면 골이 생기고, 골이 생기면 언제든 비가 다시 오면 그 골을 따라 흐른다. 즉, '처음'이 중요한 것이다. 마찬가지로 어느 교회에 처음으로 등록하느냐는 매우 중요하다. 잠실 사람들은 맨 처음 교회에 올 때는 등록을 하지 않는다. 주변 교회들을 다 순방한 뒤 각자에게 맞는 교회를 선택하기 때문이다. 처음부터 한 번에 등록을 하는 경우는 거의 없었다. 잠실 전체를 순회하고 난 다음 원하는 교회에 교적을 올리는 게 보통이었다. 그런데 많은 분들이 잠실 전체를 돌고 나서 결국 우리 교회로 와서 등록을 하곤 했다.

도대체 이유가 무엇인지 찾아보았다. 첫 번째는 성령 충만이었다. 다음으로는 언제나 철야기도가 그치지 아니하고 넘쳐났다는 점이었다. 생각해보니 한 가지 단어로 표현됐다. 바로 '레벨'이었다. 다른 교회 목사님들은 특별한 스펙이 없었다. 통상적으로 신학교를 나와서 목사가 되신 분들이셨다. 그러니 잠실 내의 목사들 중에 나는 사회 경험도 있고 스펙도 제일 좋았던 것이다. 전직 영어 교사 출신에 대학도 두 군데나 나왔으니 잠실에서 웬만큼 잘산다고 하는 사람들은 대부분 우리 교회로 왔던 것이다. 사회적으로도 인지도가 있고, 경제적으로도 여유가 있는 분들이 교회 성도로 많이 오면서 교회 레벨이 여러 면에서 압도적으로 성장했던 것이다. 물론 그 반대라고 해서 수준이 낮은 교회라는 뜻은 아니다. 다만 잠실 내에서 나타난 교인들의 성향을 통해 '교회도 수준을 맞춰야 하는구나'라는 것을 느끼게 된 것뿐이다.

비슷한 유형과 수준의 사람들이 만나야 동질감도 생기고 소통도 훨씬 수월해진다. 서로 차이점이 많으면 친해지기 쉽지 않은 것이 사실이다. 그래서인지 잠실교회에는 가난한 분들이 왔다가 안 나오는 경향을 보였다. 옷 입는 것이나 말하는 것이나 서로가 통하지 않으니 정착하지 못했던 것이었다. 소위 엘리트라고 불리는 사람들은 죄다 우리 교회로 모였다. 엘리트가 모였다고 해서 좋은 것만은 아니지만 교회의 일이나 프로젝트가 있을 때마다 신속하고 정확하게 처리할 수 있었다. 성도들이 교회 사역에 적극적으로 동참하고 지원해주니 잠실교회가 급성장하는 물결을 타게 된 것이다.

성도들이 자신의 수준에 맞는 교회를 선택하듯이 목회자들도 마찬가지이다. 자신을 돌아보면서 '나는 어디로 가야 하나?' 신중하게 생각해봐야 한다. 만약 내가 시골에서 미자립 교회를 개척했다면 성공했을까? 아마 내가 그곳에 갔다면 교인들과 전혀 소통이 되지 않았을 것이다. 그렇게 되면 교회 사역에 교인들이 동참하지 못하게 되고, 결국 목회가 어려워지게 되었을 것이다. 잠실교회는 나와 교인들의 소통이 원활했던 것이다. 내가 비전을 세우면 적극적으로 따르고, 경제적으로도 뒷받침을 해주어 지금의 잠실교회를 이룩할 수 있었던 것이다.

자기 양을 다 내놓은 후에 앞서가면 양들이
그의 음성을 아는 고로 따라오되
타인의 음성은 알지 못하는 고로 타인을 따르지 아니하고
도리어 도망하느니라

요한복음 10:4~5

해 아래
새것이 없나니!

슐러 목사님 책을 읽어보니 그 목사님은 두 교회를 동시에 개척해서 오가며 예배를 드렸단다. 나도 욕심이 생겨 세 곳에서 예배를 인도하기 위해 기도하고 설교 준비를 하다 보니 급격하게 피로가 몰려왔다. 잠도 제대로 자지 못했다. 림인식 목사님한테 가서 보고도 하고 조언도 얻으려고 겸사겸사 찾아뵈었다. 림 목사님은 내가 가면 아들처럼 잘 대해주셨다. 특별한 이유가 있는 것은 아니었고, 그저 교회가 부흥되고 열심히 뛰니까 내가 귀여웠던 모양이었다.

"원 목사 왔어? 힘들지?"

"예, 힘들어요."

"뭐가 특히 힘드냐?"

"목사님, 설교하는 게 힘들어요. 왜냐면요 하루에 10가정 이상 심방하는데 여전도사, 구역장, 권찰 다 따라다니는데 똑같은 설교를 할 수도 없죠. 그리고 똑같은 설교만 하면 우리 목사님 18번이라고 그럴 거고요. 그래서 매번 다른 설교 해야죠, 새벽기도도 해야죠, 수요기도 해야죠, 금요 철야기도 해야죠, 주일 3부 예배하면 저녁예배 봐야죠, 아이고, 설교 정말 힘들어요!"

그러자 림 목사님이 나를 보고 씨익 웃으며 말씀하셨다.

"원 목사, 해 아래 새것은 없나니."

그런데 이 말이 내게 꽂히는 것이었다!

"너는 네 설교를 네가 창작하려고 하는데 그거 누가 해도 이미 했던 거다. 그래서 유명한 목사들의 설교집을 많이 읽고 그것을 인용하면 사실 설교가 그렇게 어려운 것이 아니다. 잠깐 설교집 보고 우선 본문부터 베끼고, 그다음에 설교 준비하면 그렇게 어려운 것은 아니다."

림 목사님 스스로의 경험에서 나온 이야기를 해주셨던 것이다. 그런데 그 말이 내 마음에 꽂혔다. 나는 그때까지만 해도 설교는 직접 본문을 정하고 스스로 설교 내용을 준비해야지 남의 설교를 인용하는 것은 도적질하는 것인 줄로만 알았다. 내가 착각했던 것이다. 림 목사님 같은 대단한 목사도 다른 목사의 설교집을 보고 인용한다는데, 나는 혼자 끙끙대며 애를 썼던 것이었다.

'림 목사님이 그런다면 나도 그래야지! 라디오를 켜도 설교가 나오고 설교집에도 다 나오는데 그래야지!' 생각하며 설교에 대한 사고의 전환이 이루어지는 계기가 되었다. 그렇게 다짐을 하며 자리에서 일어나려는데, 림 목사님이 당부의 말씀을 해주셨다.

"원 목사, 나가면서 설교집 몇 권 꼭 사가지고 가! 부흥사들 설교집은 사지 말고, 목회 잘하는 분들 설교집을 보도록 해!"

"알겠습니다!"

나는 대답하며 당회실을 나왔다. 이후 곧바로 설교집을 샀고, 살펴보니 설교가 매우 쉬웠다. 하나의 주제를 가지고도 여러 가지 방법으로 설교할 수 있었다. 그런데 문제가 있었다. 설교집에는 '심방'이 없었다. 그래서 또 한 번 림 목사님을 찾아갔다.

"목사님, 심방록 있죠? 그거 저 좀 빌려주시면 안 돼요?"
"왜?"
"설교하기 힘들어요. 심방록에 보면 각 가정마다 다니면서 성경 본문, 찬송 이런 거 적어두셨잖아요. 그거 카피 좀 하고 싶어서요. 저도 림 목사님 흉내 좀 내고 싶거든요!"
"어, 그럼 보여주지."

다음에는 한강교회 정운상 목사님을 찾아뵈었다. 당시 목회를 잘하신다고 소문이 나셨기 때문이었다.
"목사님, 안녕하세요."
"어, 누구더라?"
"저 잠실교회 원광기 목사입니다."
"아, 원 목사구만! 어떻게 왔어?"
"목사님 목회 잘하시는데 한 수 배우려고 왔죠."
"그게 뭐 빨리 배워지나?"
"아니 심방부터 배우려고 왔어요. 목사님 심방록 좀 빌려주세요."
"왜?"
"심방 가시면 어떤 성경 구절을 읽으시고, 또 찬송은 몇 장 부르시나 제가 참고할 수 있거든요."

"아, 그렇구나, 그래!"
그러시고는 정 목사님은 이내 심방록을 빌려주셨다.

다음으로는 김창인 목사님을 찾아갔다. 광성교회 담임목사셨던 분이니까 좀 더 편하게 부탁했다.
"목사님, 심방록 어디 있어요?"
김창인 목사님이 곧바로 눈치를 채며 말씀하셨다.
"심방 다니는 거 힘들지? 근데 그게 거의 비슷비슷해."
"제가 노량진교회 것도 빌렸고요. 정운상 목사님한테도 빌렸어요."
그러자 김창인 목사님이 또 새로운 방법을 알려주셨다.
"원 목사, 그거 말이야. 찬송가 뒷장에 보면 부록이 있어. 이런 가정에서는 이런 찬송 부르고, 이런 말씀 봐라. 그렇게 다 나와 있어. 조문당하는 가정, 환난을 당한 가정, 낙심한 가정, 그 찬송가 뒤에 보면 거기에 다 있어. 나도 그런 거 생각해봤거든? 내가 심방록 주긴 주는데 말이야, 거의 똑같을 거야."

정말로 비슷한 게 맞았다. 목사들도 다 같은 안목에서 보니까 비슷했던 것이었다. 어떤 집에 심방을 갈 때 "몇 동에 사는 누구입니다" 하면 '무슨 설교를 해야 하나?' 생각하기 전에 그 가정 형편부터 잘 파악해야 한다. 자녀들은 몇 명이고, 어떤 아이들이고, 남편과의 관계는 어떻고, 직장은 어디고 등등 가정 상황을 잘 알아야 그에 알맞은 설교를 할 수 있기 때문이다. 심방하는 가정의 형편을 염두에 두고 말씀도 하고 찬송도 불러야 하는 것이다. 밤에 가는데 아침찬송 부르면 되겠는가? 때와 상황에 맞는 적절한 말씀과 찬송으로 심방을 해야 하는 것이다. 그래서 심방록을 3개 정도 만들고 나니까 한눈에 들어오기 시작했다. 30페이지 정도의 분량인데, 그 심방록은 내가 신학교에서 목회학을 가르칠 때 학생들에게 공유하기도 했다. 그랬더니 학생들이 좋아서 "이런 귀한 재료를 목사님이 주신다고는 생각도 못 했는데, 꼭 필요한 것입니다"라며 감사하다고 기립 박수를 쳐주던 기억이 난다.

좋은 설교집, 심방록을 참고하고 설교를 하니까 질(Quality)이 달라졌다. 심방을 할 때도 가정 유형별로 설교 본문을 정리해둔 심방록만 가지고 가면 그때그때 각 가정에 적절한 설교를 할 수 있었다. 마치 상담하듯 교인들과 대화하고, 가정 환경은 적절히 메모를 해두었다. 그러면 다음번 심방 때에는 그 가정에 딱 맞는 말씀을 선포하고, 그 교인이 필요한 것을 구체적으로 짚어서 기도해줄 수 있게 된다. 그럴 때 교인들이 우스갯소리로 "우리 목사님은 귀신같이 잘 아신다" 하며 목회자를 목자로 인정하고 존경을 하게 되는 것이다. 엉터리 같은 설교, 허공에 뜨는 설교, 지나가는 설교와 기도, 교인들은 이런 것을 원하지 않기 때문이다.

이미 있던 것이 후에 다시 있겠고

이미 한 일을 후에 다시 할지라

해 아래에는 새것이 없나니

무엇을 가리켜 이르기를 보라

이것이 새것이라 할 것이 있으랴

우리가 있기 오래전 세대들에도 이미 있었느니라

전도서 1:9~10

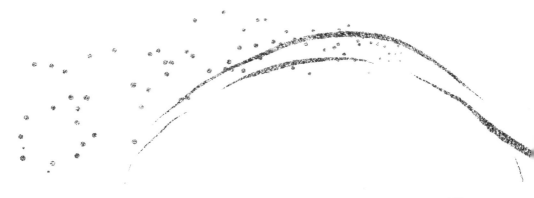

뱀 한 마리
주시지요

은혜를 받고 나면 기도가 얼마나 재미있는지 모른다. 하루는 교회 땅 문제와 여러 가지 어려움이 있을 때였다. 그때 나는 오산리 기도 원에 금식기도를 하러 갔다. 그런데 여름철에 가보니 사람이 얼마 나 많은지 금식하며 고침받으러 온 병자들까지 모이다 보니 기도실 에서 냄새가 진동하는 것이었다. 일주일만 금식하고 올 생각으로 기 도원에 올라갔는데 사람도 많고, 식당에서는 음식을 하니까 냄새가 풍겼다. 금식하기가 너무 힘든 환경이었던 것이다. 금식을 하면 10리 밖에서 라면 끓이는 냄새까지 맡을 정도로 후각이 발달하는데, 병 자들도 많고 냄새도 많이 나서 견디기가 힘들었다. 기도의 동산에 혼자 올라가 조용히 금식하고 오고 싶었는데 '이거 안 되겠다' 싶었 던 것이다.

그러던 차에 기도원에 온 동기 목사 2명을 만났다. 그래서 내가 이 런 제안을 했다.

"야, 여기서 기도할 만하냐?"

"아, 뭐 똑같지 뭐. 냄새 나고 사람들도 많고 그러니까 힘들다."

"그럼 말이야, 우리 다른 기도원 갈까?"

"어디?"

"내가 조용하게 다니는 문경새재 기도원 있거든. 거기 가자!"

"그래? 방 줄까?"

"거기 원장님 내가 잘 아니까 주실 거야! 가자!"

당시에는 기도원에 가도 방이 없어서 동기 목사들이 방이 있냐고 물어봤던 것이다.

그렇게 목사 셋이 내려와서 문경새재로 찾아갔다. 산길로 문경새재를 내려가는데, 어디서 아주 고소한 냄새가 났다. 다들 금식을 하고 있어서 후각이 발달했던 참이었다. 맡아보니 고소한 닭고기 냄새, 바로 닭 삶는 냄새가 나는 것이었다!

"야, 냄새 끝내준다! 저거 무슨 냄새냐?"

"원 목사, 그것도 모르나?"

"아니, 뭐 산속에서 저런 냄새가 나냐?"

"저거 말이야, 땅꾼들이 살모사 끓이는 냄새야."

"야, 참 냄새 좋다. 저거 먹고 싶다."

"너 뱀 먹냐?"

"아니, 뱀은 먹진 않지만 하여튼 냄새 참 좋다는 얘기야. 좀 먹고 싶다야. 나도 지금 몸이 좋진 않잖아."

동기 목사 2명이 모두 시골에서 목회를 해서 뱀 끓이는 냄새를 단번에 알아차렸던 것이다. 그런 얘기를 하면서 기도원으로 향했다. 기도원에선 "다들 아는 사이니까 같은 방 쓰세요" 하면서 방 하나를 내줬다. 그리고 짐을 풀고 먼저 기도를 했다. 그런데 갑자기 양쪽에 앉아 있던 동기 목사들이 기도하다 말고 "깔깔깔" 하며 웃는 것이었다! 내가 소리를 내서 기도를 하긴 했는데, 이렇게 기도했던 것이다.

"하나님, 제가 몸이 정말 쇠약해졌는데, 아까 그 냄새를 맡으니까 정말 먹고 싶네요. 뱀 한 마리 주시지요."

이 기도를 듣고 있던 동기들이 깔깔깔 웃었다.

"야, 뱀 달라는 목사는 처음 봤다."

내가 눈을 뜨고 한마디 했다.

"이놈들! 기도는 안 하고 남의 기도 소리만 들어? 성경에 무엇이든 구하라고 했지, 뱀은 구하지 말라, 이런 구절 있으면 대봐!"

여름철이다 보니 온몸이 땀에 젖어 있었다. 동기 목사들과 아침에 일어나 세수를 하는데 기도원 한쪽으로 계곡물이 흐르는 것을 발견했다. 그걸 보고는 내가 "야, 우리 몸도 닦고 그러려니까 밑으로 쭉 내려가자. 가서 사람들 안 보는 데서 목욕 좀 하고 그러자!" 했더니 동기들도 "좋아!" 하면서 사람들이 없는 쪽으로 같이 내려갔다. 시원하게 목욕을 싹 하고 속옷을 입고 있는데, 물가 모래밭에 큰 뱀이 지나가고 있었다! "뱀 봐라" 했더니 동기들이 둘 다 시골 출신이어서 그런지 금방 뱀 뒤쪽으로 가서 목을 콱 잡아채는 것이다. 그리고 뱀을 들어 올리곤 "야! 이거 능사(능구렁이)다!" 하며 좋아하는 것이었다. 한 2m가 넘는 빨간 뱀이었다. 보통 뱀을 보면 징그러워야 하는데 이 뱀은 사랑스러웠다.

"야, 원 목사. 어제 기도하더니 하나님께서 주셨다! 이거는 원 목사 고아 먹어라!"

동기들이 금방 그 큰 뱀을 잡아서 기도원으로 들고 왔다. 그랬더니 사람들이 그 뱀을 보고 서로 사겠다고 아우성이었다. 그러던 중에 원장님이 나와 뱀을 보고 깜짝 놀라며 말씀하셨다.

"아니, 이 능사는 이 산에 없는데? 어디서 잡은 겁니까?"

동기들은 이렇게 말했다.

"어제 원 목사가 기도할 때 몸이 약해서 이거 하나 먹겠다고 하나님께 기도했더니 주셨습니다! 이거 원 목사님 것이에요."

"아, 그래요?"

원장님은 손수 능사를 고아 내게 주셨다. 동기들은 못 먹고 나만 먹었다. 그런데 그걸 먹고 나니까 정말로 3년 동안 겨울에 땀이 났다. 추위를 타질 않았다. 처음이었다. 그 능사 하나를 다 먹고 났더니 3년 동안 몸이 건강해져서 피곤하지가 않았던 것이다! 하나님이 주신 것을 먹어서 더 효과가 좋았던 것 같았다.

그 이후로 나는 뱀을 먹기 시작했다. 조금 피곤하다 싶으면 양평 용문산 뱀탕집에 가서 뱀탕을 대놓고 먹었다. 뱀탕도 그 나름으로 먹는 요령이 있다. 뱀도 유형이 있는데, 살모사는 폐에 좋아서 폐결핵 환자가 먹으면 빨리 치료가 된다. 능구렁이는 허리를 보강시켜주고 뼈를 튼튼하게 해준다. 그래서 허리 아픈 사람이 먹으면 빨리 낫게 된다. 또 일반 화사(꽃뱀)라는 것이 있는데, 이것은 석화사나 능사, 일반 독사 같은 뱀과 함께 넣어서 탕을 끓여서 먹는다.

이렇게 뱀을 먹으면 한 석 달은 컨디션이 좋다. 그래서 나는 가끔 뱀을 먹으러 용문산에 갔다. 그런데 지금은 먹진 않는다. 심장 스텐트 수술을 받고 나서는 피가 깨끗해야 하는데, 걸쭉해질까 봐 요즘엔 먹지 않는다. 그래도 당시에는 많이 갔다.

예수께서 대답하여 이르시되 내가 진실로 너희에게
이르노니 만일 너희가 믿음이 있고 의심하지 아니하면
이 무화과나무에 행해진 일을 너희도 할 수 있을 뿐만
아니라 이 산에게 들려서 바다에 던져지라 말해도
그대로 될 것이요
너희가 기도할 때에 무엇이든지 믿고 구하는 것은
다 받으리라 하시니라

마태복음 21:21~22

로버트 슐러 목사님을 만나다

교회를 개척하고 1년쯤 지났을 때이다. 주일학교 아이들이 많았는데 성인 교인 수는 한 350명 정도 되었다. 당시 서점에 가서 책을 한 권 구입했다. 『불가능은 없다』라는 책이었는데 미국 캘리포니아주 수정교회 담임목사로 있던 로버트 슐러 목사님이 지으신 책이었다. 그날 저녁 책을 읽기 시작했다. 150페이지 남짓한 책이었는데 슐러 목사님의 교회가 어떻게 성장하게 되었는지에 대한 내용이었다. 책의 내용은 모두 '긍정적인 사고'에 초점을 두고 있었다. 긍정적인 사고로 모든 것이 이루어지는 간증 스토리였다. 슐러 목사님은 교회를 1개만 하다가 2개를 이끌게 되었는데, 그것이 'Walk-in Church', 'Drive-in Church'였다. 그 간증에 도전을 받아서 "하나님, 저도 그런 사람이 되게 해주세요!" 하고 기도를 많이 했다.

책을 다 읽고 슐러 목사님께 다음과 같은 내용을 담은 편지를 보냈다. "저는 한국에서 개척교회를 하는 원광기 목사입니다. 목사님의 책을 읽고 너무 큰 감동을 받았습니다. 앞으로 멘토로 모시고 친교도 하며 기도를 좀 받고 싶습니다."
기대에 부푼 마음으로 한 달 정도를 기다렸는데, 답신 편지는 오지 않았다. 사실 조금 섭섭했다. 기도를 정말 많이 하고 편지를 쓴 것인데 '혹시 교만해진 것은 아닌가?' 하는 의구심이 들었다.

답장을 받지 못한 섭섭함이 그럭저럭 사라져갈 때쯤 기독공보를 보게 되었다. 그리고 슐러 목사님이 서울 동신교회에서 목회자 수련회를 하고 계신다는 소식을 접하게 되었다. 그 소식을 보고 깜짝 놀라지 않을 수 없었다. 공보를 읽자마자 동신교회로 찾아갔다. 가서 보니 한경직 목사님, 조용기 목사님 이런 분들이 이미 맨 앞에 앉아 계시고 다른 목회자분들로 가득 차 있었다. 설레는 마음으로 뒷자리에 앉아서 예배를 드리는데, 설교 말씀도 은혜롭게 잘하시고, 키도 훤칠하신 목사님이 유머 감각까지 있으셨다.

"다음 주일 저녁에는 내가 슐러 목사님을 모시고 예배를 드려야겠다!"

내가 선포를 했다. 그랬더니 옆에 앉아 있던 동기 목사들이 깔깔거리며 웃는 것이었다.

"야, 눈치도 없냐? 조용기 목사님, 한경직 목사님도 슐러 목사님 모시고 가려고 오늘 오신 거잖아."

오히려 내가 한마디 했다.

"야, 내가 저녁예배 모시고 가면, 진짜로 그러면 어떻게 할 거냐?"

동기들은 하나같이 말했다.

"내 손에 장을 지진다!"

동기 이종범 목사가 한경직 목사님의 영어 비서 목사였는데, 내게 이렇게 말해주었다.

"슐러 목사님은 주일 날 5부 예배까지 영락교회에서 설교하기로 했어. 그런데 한경직 목사님이 점심시간은 내가 모시라고 하시더라."

그 말을 듣고 나는 곧바로 부탁을 했다.

"이 목사, 그러면 내 소개를 하고, 잠실에서 개척하는 원 목사가 꼭 만나고 싶어 한다고 좀 전해줘. 한번 만나서 가르침을 받고 싶어 한다고, 한번 만날 수 있겠냐고 물어봐줘."

이 목사는 그렇게 전하겠다고 했다. 나는 전화가 없으니까 누님댁 전화번호를 적어주면서 혹시나 연락할 일 있으면 그리로 연락하라고 했다.

그렇게 부탁을 해놓고는 심방을 다니느라 깜빡 잊어버리고 있었다. 그런데 누님이 헐레벌떡 내게 와서는 슐러 목사님이 점심시간에 10분 정도 여유가 있다고 연락이 왔다는 것이다! 그때 영락교회로 오면 만나주겠다는 연락이었다. 그런데 생각해보니까 10분이면 너무 짧은 시간이었다. 슐러 목사님이 5부 예배까지 마치면 오후 3시쯤 되니까 다 끝나고 호텔에 머물고 계실 때 찾아가야겠다 싶었다. 이 목사에게 오후 3시쯤 조선호텔 로비에서 슐러 목사님과 함께 보자고 전하고, 일찍 도착하여 기다리고 있었다. 한참을 대기하고 있으니 슐러 목사님과 이 목사가 함께 들어왔다. 나는 환하게 웃으며 인사하고 티테이블에 앉아 몇 마디 대화를 나눴다. 그리고 본론으로 들어갔다.

"목사님, 오늘 저녁예배 설교 좀 해주세요."

"아이고, 오늘 오후예배까지 했더니 피곤해서 못 가겠습니다."

"목사님, 우리 교회에 오시면 피곤이 싹 사라집니다! 저희 교회 와서 보시면요, 목사님 개척 당시 10년 전이 생각나실 거예요. 지금 저 같은 목사가 개척하는 모습 보시면 옛날 생각이 날 거예요. 그 모습 보시면 은혜 받아서 감사가 절로 넘치고 큰 기쁨을 느끼실 겁니다."

그랬더니 씨익 웃으며 말씀하셨다.

"오케이! 가겠습니다!"

그 대신 차를 좀 준비해달라고 그러셨다. 당시에는 자가용이 별로 없었는데, 림인식 목사님이 당시 '포니'를 타고 다니셨다. 그래서 전화를 했다.

"저 잠실교회 원광기 목사인데요. 림 목사님 연결해주시겠어요?"

"오늘 목사님이 제주 영락교회 부흥회 가셔서 안 계십니다!"

"그래요? 전화 받으시는 분은 누구세요?"

"저 림 목사님 기사입니다!"

"아, 그래요? 그러면 오늘 한 번만 와서 수고 좀 해주세요. 슐러 목사님이 오늘 저녁 저희 교회에 오시는데, 모실 차가 없습니다."

"아이고! 그럼 당연히 가야죠! 가서 은혜도 받고 그럴게요."

잠실에 오자마자 전봇대마다 슐러 목사님이 오셔서 설교한다고 전단지를 붙이고 다녔다. 당시 350명 정도 모이는 교회였는데, 저녁예배에는 600명으로 꽉 찼다. 슐러 목사님이 예배를 인도하시고, 이 목사가 통역을 했다. 그리고 그날 예배에서 내게 목걸이를 선물해주셨다. "원 목사님은 나보다 더 훌륭합니다! 나는 1년 만에 이렇게 부흥시키지 못했는데, 원 목사님은 했습니다!" 하며 목걸이를 걸어주셨다. 그러면서 내게 미국에 한번 와달라고 부탁을 했다. 40일 동안 목회자 교육 세미나가 있는데 초청하고 싶다는 것이었다. 그 말을 듣고 온 교인들이 환호성을 지르고 난리가 났다.

예배가 끝나고 나서 걱정이 되었다. '언어가 어눌해서 팔로잉이 안 될 텐데, 어떻게 따라가지?' 하는 걱정이 들었던 것이다. 근심이 들던 찰나에 슐러 목사님이 와서 물었다.

"목사님, 우리 세미나 강의는 다 들을 수 있겠지요?"

나는 자신이 없었다. 그렇지만 나도 모르게 순간적으로 입에서 이런 말이 튀어나왔다.

"목사님, 제가 이번에 배우러 가지요. 배우는 것에는 두 가지가 있습니다. 듣고 배우는 것이 있고, 보고 배우는 것이 있습니다. 이번에는 듣고 배우는 것이 아니라 보고 배우러 가겠습니다!"

그 말을 들은 슐러 목사님은 아무 소리 없이 웃기만 하셨다. 그리고는 차비만 가지고 오면 숙식은 모두 해결해주겠다고 했다. 교회에서 교인들이 차비도 마련해주고, 40일 동안 미국에 다녀오는 일정을 잡아서 준비를 마쳤다.

교우들 중 많은 분들이 사우디아라비아 공사 현장에서 취업 중이었다. 그래서 가정마다 달러가 많았는데, 내가 미국에 간다고 하니까

6000달러를 헌금으로 모아 주었다. 당시에는 정말 큰돈이었다. 미국에 가게 된 내 가슴이 마구 뛰는 것이었다. 몇십 년을 목회하신 분들도 미국에는 한 번을 못 가는데, 목사 된 지 2년째 되는 초보 목사가 미국에 간다는 것은 말이 되지 않는 것이었다. '아, 정말 꿈 같구나' 싶었다. 이 여행이 생애 처음이자 마지막 해외여행이 될 것이라는 생각을 가지고 부푼 마음을 안고 미국으로 향했다.

로버트 슐러 목사님이 잠실교회에 오고 난 후, 교회는 다시 한 번 부흥했다. 큰 인물이 곁에 있다는 것은 축복이다. 만남의 축복은 중요한 것이다. 대단하신 목사님들, 탁월한 인물들과 교류를 하면 자기 자신도 같은 레벨에 오르게 되는 것이었다. 그 때문에 성공한 지도자들을 멘토로 많이 모시고 가까이 지내면 그만큼 자기 성장에도 도움이 된다. 림인식 목사님, 김창인 목사님, 유호준 목사님, 로버트 슐러 목사님까지 이런 분들이 나를 백업해주시고 함께해주셨기에 잠실교회가 더 크게 성장하고 부흥할 수 있었다.

'도전하면 된다!' 남들이 안 된다고 해서 지레 겁먹고 하지 않으면 안 되는 것이다. 생각이 어떤 것이든 좌우하는 것이다. 슐러 목사님의 유명한 이야기가 있다. '길을 가다가 산을 만나면 산에 굴을 뚫어서라도 지나가라!' 불가능이 곧 도전이라는 말이다. 하나의 문이 막히면 또 다른 문이 열리게 되어 있다. 그러면 우리는 열린 문을 향해서 소망을 가지고 나아가야 한다. 그래야 발전을 하고, 역사의 주인이 되며, 삶의 주도자가 되는 것이다. 그런데 사람들은 닫힌 문을 붙잡고 항상 과거에 매여 살곤 한다. 그러면 발전하지 못한다. 나는 무엇이든 도전하면 된다는 것을 믿었다. 교회를 개척하고, 예배당을 짓고, 기도원을 짓고, 교육관을 짓고, 예닮학교도 세우면서 계속해서 도전을 했다.

하나님은 도전하는 사람에게는 언제나 길을 열어주신다. 하나님은 타이밍이 아주 정확한 분이시다. 부지런한 새가 아침에 일찍 벌레를 잡는다는 말이 있다. 마찬가지이다. 기도로 준비하고 도전하는 자에게 하나님께서 역사하시는 것이다.

너희는 여호와를 만날 만한 때에 찾으라
가까이 계실 때에 그를 부르라

이사야 55:6

대한민국 1호
Church Bus

교인들과 통하고 화합하면서 교회는 급속도로 성장했다. 그때까지
도 장로는 없었다. 나는 7년을 같이 지내보고 장로 직분을 결정하겠
다고 했기 때문이다. 다른 교회에서 장로를 했어도 우리 교회에서는
7년이 넘고 목회자가 인정을 해야 한다고 못을 박아둔 상태였다. 장
로님들도 없다 보니 목사인 내가 교회 일의 대부분을 책임져왔다.

그러던 중 어느 날, 집사님들이 걱정하며 일렀다.

"목사님, 한 말씀 드려도 되겠습니까? 목사님, 그렇게 부지런히 열심
히 뛰시는데 탈진해서 쓰러지시면 우리 교회 날아갑니다. 그러니까
목사님 이제 건강관리 하셔야 돼요."

"맞습니다. 그 말은 맞는 말이죠. 저도 조금 힘듭니다. 그런데 어떡하
겠습니까?"

"목사님, 교회 하나는 문을 닫으세요."

"그럼, 그 교인들은 어떻게 합니까?"

그랬더니 집사님들이 아무 말을 하지 못했다.

"그러면 제가 교회 하나 닫을 테니까, 집사님들이 버스 한 대 사주
십시오. 그러면 저도 좀 편하고, 또 그 버스에 잠실교회라고 크게 써
붙이고 다니면 광고 효과도 있고, 또 우리 아이들 어디 태우러 다니
기도 좋고, 교인들 움직일 때도 좋고, 그렇지 않겠습니까?"

그러자 집사님들이 잠깐 모여서 얘기하더니 이렇게 말했다.

"목사님, 우리가 할게요! 목사님도 결단을 내려주세요!"

"알겠어요. 버스 사면 제가 한 교회를 닫도록 하겠습니다. 그래야 이유가 되지 않겠습니까? 교인들에게도 버스 샀으니까 이거 타고 예배 오시라고 말할 수 있지 않습니까?"

그렇게 만들어진 잠실교회 버스가 대한민국 '처치 버스(Church Bus)' 1호가 되었다. 교인들이 버스로 오가게 하고 교회 하나를 줄이니까 목회하기가 한결 수월해졌다. 그렇게 잠실아파트 362동 506호에서 교인 4명으로 시작한 지 3년 만에 약 1000명이 넘는 성도가 출석하는 교회가 되었다. 이렇게 교회가 급성장을 하니 친구들이 나를 보고 '코리안 슐러'라고 부르기도 했다.

눈물을 흘리며 씨를 뿌리는 자는 기쁨으로 거두리로다
울며 씨를 뿌리러 나가는 자는 반드시 기쁨으로
그 곡식 단을 가지고 돌아오리로다

시편 126:5~6

여러분, 제가
사임하려고 합니다

교회 버스도 구입하고, 교인들도 점차 부흥되고 있었다. 교인들이 점점 많아지면서 '아, 이 정도면 한계가 왔다' 하는 생각이 들었다. 당시(1980년대)에는 잠실 곳곳이 모래밭이었는데 아파트 주변에 하나둘 건물이 들어서면서 나중에는 돈이 있어도 살 땅이 없겠다는 생각이 든 것이다. 그 때문에 불현듯 조바심이 생긴 것이었다. 교인들을 모두 한곳에 수용할 수 있는 땅을 하루빨리 사야겠다는 생각이 들었지만, 교회 재정 형편상 땅값을 감당하기가 쉽지 않았다.

홀로 마음고생을 하다가 어느 날 결심을 했다. '이대로는 더 이상 교회가 부흥되지 않겠다. 큰 결단을 내려야겠다!' 이런 결심을 하고 교회 제직회의를 열었다. 그리고 제직회의에 참석한 교인들에게 말했다. '우리가 빨리 땅을 사야 합니다! 그렇지 않으면 하나님 앞에 죄를 짓는 것입니다. 교회를 하나 크게 반듯하게 지어야 교인들이 한곳으로 모이지 않겠습니까?' 그랬더니 모두들 동의를 하는 듯 끄덕이는 것 같았다. 그런데 고개는 끄덕이면서도 한 사람, 한 사람의 얼굴은 굉장히 난감해하는 표정이었다. 돈 문제가 개입되니까 다들 꺼려하던 것이었다. 나도 이게 쉽지만은 않겠다는 생각이 들었다.

제직회의를 마치고 나는 밖으로 나와 마땅한 땅을 살피러 다녔다.

그러던 와중에 교회에서 얼마 떨어지지 않은 곳에 남겨진 네모반듯한 땅을 발견했다. 근처 복덕방에 물어보니 6400평가량 되는 땅이었는데 모두 학원 부지로 남겨진 땅이었다. 6개의 학원 부지로, 1곳당 1040평씩 나눠진 땅이었다. 그 땅은 둘레를 따라 길이 만들어져 있었고, 안쪽은 수풀로 우거져 있었다. 그래서 길을 따라 둘레를 돌면서 기도를 했다. '하나님, 이거 저 주세요!' 재정적인 한계 때문에 6000여 평의 땅을 모두 살 순 없을 것이라 생각했다. 때마침 복덕방에 나온 땅도 모서리에 위치한 1개 부지(1040평)뿐이었기에 그 땅에 가서 수시로 기도를 하기 시작했다. 어떤 때에는 수풀이 우거진 그 땅을 헤치고 들어가 부지 중앙에서 손을 들고 기도했다. 그곳에서 풀잎을 쿠션 삼아 누우면 사방은 막혀 있고 하늘만 보였다. 누워서 파란 하늘을 보고 기도했다. '하나님, 이거 저 주십시오!' 그렇게 기도하고 나니 여느 때와 마찬가지로 마음에 평화가 왔다. 마치 교회 개척 초기에 27평짜리 상가를 얻을 때처럼 말이다.

평안한 마음을 받고 난 뒤 복덕방에 찾아갔다. "이 땅 가격이 얼마입니까?" 하고 물어보니 3억 원이 조금 넘는다고 했다. 그런데 먼저 8000만 원만 계약금으로 내면 나머지는 천천히 내도 된다고 일러주었다. 그 말을 듣고 '아, 이거면 되겠구나!' 생각하고 더욱 기도를 열심히 했다. 하지만 이후 열린 제직회의에서 또 한 번 어려움을 겪어야 했다. 교인들이 오히려 꽁무니를 빼며 적극적으로 나서지 않는 것이었다. 돈과 연결된 일이기에 동참을 이끌어내기가 쉽지 않았다.

그래서 회의에 참석한 모든 분들에게 말했다.

"사실 교회 성장(부흥)이라는 것은 물 들어올 때 노 젓지 않으면 침체가 되는 것인데, 우리의 지금 상태는 1단계 침체가 온 것입니다."

한동안 교회가 부흥하다가 더 이상 늘지 않았기 때문에 이렇게 얘기한 것이었다.

그러고 나서 한동안 제직회의를 열지 않았다. 상가에서 교회를 하면 교인들이 '언젠가는 우리 교회가 새로운 교회를 짓게 될 것이다. 그러면 돈이 들겠구나' 하면서 빠져나가는 경향이 있었다. 경제적으로 부담이 되기 때문이었다. 나는 당시 상가에서 교회를 했기 때문에 누구보다 그 사실을 잘 알고 있었다. 그 때문에 마음먹었을 때 결단력 있게 밀어붙여야 했다. 조금 더 강경하게 나가야겠다고 다짐하고, 몇 달 뒤에 다시 제직회의를 열었다. 그리고 이렇게 발표했다.

"여러분, 제가 잠실교회 사임하려고 합니다."

그 말을 하자마자 회의장 분위기가 쥐죽은 듯 싸늘해졌다. 고요한 적막이 얼마간 흐르고 한 교인이 말문을 열었다.

"목사님이 사임하시면 우리 교인들은 어떻게 합니까?"

"예, 제가 왜 그 생각을 안 했겠습니까? 생각을 해봤는데 제가 지금 나이가 40대입니다. 목사가 마흔이 넘도록 교회를 부흥시키지 못하면 이는 끝나는 것입니다. 그런데 저는 그렇게 끝내고 싶지는 않습니다. 교회를 더 부흥시키기를 원하고, 그게 또 하나님의 뜻이기도

합니다. 여기 앉아 계신 여러분들의 경제 사정을 제가 다 알고 우리 교회 재정 형편도 잘 압니다. 지금 이렇게 땅 1040평이 나와 있는데, 도저히 살 능력이 없습니다. 이 지역도 개발이 다 끝나고 나면 상가에 있는 교회는 오래 유지되지 못합니다. 그렇기 때문에 제가 사표를 내는 것입니다. 여러분들은 이 주변에 교회 많으니 그곳에 나가서 신앙생활을 하면 되지 않습니까?"

회의장이 아주 조용해졌다. 얼마쯤 지났을까, 한 교인이 갑자기 발언권을 달라고 손을 들고 이야기를 했다.
"목사님, 그러면 우리가 그 땅을 산다고 하면 목사님은 사표 안 내시겠습니까?"
나는 대답했다.
"제가 왜 그 생각을 안 했겠습니까? 그 땅값이 3억 원이 넘는다는데, 우리 교회로서는 감당할 수 있는 힘이 없습니다. 그래서 제가 사표를 내겠다는 것입니다."
그 말을 하자 은행원으로 일하던 교인이 회의장 한쪽에서 손을 들고 말했다.
"목사님, 우리 교회가 돈이 없어도요. 우리 교인들이 이렇게 많이 불어났잖아요. 잠재력이 있습니다! 은행에 가서 돈을 빌리면 됩니다!"
"은행에서는 거저 돈 빌려줍니까?"
"담보만 있으면 됩니다! 우리가 그 땅을 사니까 그게 담보로 들어갈 수 있습니다! 그리고 그게 부족하다고 하면 우리 아파트 집문서를 내놓으면 되지 않습니까? 돈은 없어도 집문서를 내놓으면 우리 교회가 지금 부흥되고 있으니까 경제력이 불어나면 그 이자는 내고도 남지 않겠습니까? 그러니까 그 땅 살 수 있지 않겠습니까?"

그 말에 제직회의 분위기가 순식간에 달라졌다. 그러더니 또 한 교인이 손을 들고 이렇게 외쳤다.

"목사님! 저도 집문서 내라고 하면 돈은 없어도 집문서는 낼 수 있습니다!"

"목사님! 저도 내겠습니다!"

"저도 내겠습니다, 목사님!"

"저도요!"

다들 동참하겠다며 손을 들어주었다. 그랬더니 은행원 교인이

"목사님, 이만하면은요, 은행에 가서 돈을 빌릴 수 있습니다! 계약금 8000만 원이라고 하셨는데, 그거 사서 담보로 집어넣고 또 빌리면 됩니다."

그 얘기를 하는 순간, 내 눈에서 눈물이 왈칵 쏟아져내렸다. 고개를 뒤로 돌리고 눈물을 닦으니 교인들이 눈치를 채고

"목사님, 떠나지 마세요. 저희가 할게요"

하며 나를 위로해주었다. 그리고는 정말로 다들 집문서를 가지고 와서 그 땅을 사기로 결심하게 되었다.

마음에 자원하는 남녀는 누구나 여호와께서 모세의
손을 빌려 명령하신 모든 것을 만들기 위하여 물품을
드렸으니 이것이 이스라엘 자손이 여호와께 자원하여드린
예물이니라

출애굽기 35:29

저만 살았어요, 목사님!

S 집사님은 나와 동갑내기이다. 성동고를 졸업했는데 경신학교 다니던 나를 알았다고 한다. 고등학생이던 당시에 경신학교 교문 앞에 어떤 학생들이 모자를 쓰고 어슬렁거리고 있었다. 가까이 가서 보니 성동고 학생들이었다. 그래서 경신학교 동기가 어슬렁거리던 성동고 애들을 불러서 몇 대 때린 적이 있었다. 그때 내가 그 자리에 있었던 것이다. 때리지는 않았고 "사내놈들이 계집애처럼 모양 내고 왜 저러고 있는 거야!"라고 한마디 했었다. 그런데 S 집사가 그 당시 나를 기억하고 있는 것이었다! "○○○의 친구 아니에요?"라고 물어보길래 내가 그렇다고 했더니 그때 얘기를 하면서 내가 그곳에 있었던 것을 보았다고 막 떠드는 것이다. 혹시나 이상한 소리를 할까 봐 그 자리에서 얼른 말을 끊어버렸다.

그런데 결국 집사님이 교회에 소문을 내고 다녔다. '원 목사님 경신학교 다닐 때 아주 대단하셨다!' 하는 소문을 낸 것이다. 한편으로는 창피하기도 했지만 사실이었으니 받아들이고, 오히려 목사가 강단도 있어야 한다며 받아치고 넘어갔다.

그 이후로 S 집사님은 교회와 목회자에게 헌신을 잘했다. 그런데 하루는 내게 이런 말을 했다.

"목사님, 제가 나가는 회사 사장님이 상을 당했어요."

"아, 그래요? 그럼 가봐야지요. 얼른 가보세요."

그 말을 듣고 S 집사님 회사 사장의 처가 죽었다는 것은 알고 있었다. 그런데 어느 날 아침에 내게 찾아와 이런 부탁을 하는 것이다.

"목사님, 제가 청이 하나 있어요. 우리 사장님이 교회는 안 다니는데요, 상 치르고 나서 얼마 뒤에 결혼을 하고 싶다면서 목사님께서 주례를 해주셨으면 하고 있어요. 목사님이 저를 봐서라도 예수 안 믿더라도 주례 한번 봐주실 수 있겠어요?"

그 사장이 조금 창피했던 모양이다. 솔직히 말하면 총각·처녀가 결혼하는 것도 아니고, 이혼도 아니고, 상 치르고 바로 재혼하는 것이기도 하고, 자녀들 보기에도 민망하니까 '누가 주례를 해주지?' 하며 고민했던 것이다. 그래서 S 집사님이 "우리 교회 목사님 모시죠!" 했더니 좋다며 동의했다는 것이다. 그래서 내게 와서 주례를 봐달라는 것이었다. 부탁한 대로 내가 직접 가서 주례도 봐주고 식사도 같이 하면서 그 사장과 조금 친해지게 되었다.

때마침 그 당시에 교회가 건축을 앞두면서 땅을 사려고 교인들이 헌신하여 은행 담보로 집문서를 가져오곤 했다. S 집사님은 교회 회계를 담당하면서도 집문서를 가져오지 않았다. 그 때문에 회계를 담당한다는 직분자가 교회 건축에 헌신하지 않는 것처럼 보이게 될까 걱정을 했었다. 그래서 S 집사님을 불러서 말했다.

"집사님, 제가 집사님 집문서를 꼭 받고 싶은 건 아니지만, 많은 성도들이 집문서를 가져왔는데, 회계 담당자가 앞장서야 하지 않겠습니까?"

"목사님, 죄송해요. 제가 우리 회사 상무 아닙니까. 그래서 우리 회사를 위해서 담보로 집어넣는 바람에 없어요. 그렇지 않아도 목사님께 죄송한 생각이 많이 들어서 말씀을 드려야 하나 말아야 하나 생각이 많았는데, 목사님이 먼저 말씀해주시니까 이제 얘기드려요."

이미 회사에 집문서를 내서 없다는 것이다. 그래서 내가 직접 사장님을 만나보기로 했다.

"그래요? 그럼 제가 사장님을 한번 만나게 해주시죠. 만나서 할 말이 있습니다."

S 집사님이 다니는 회사의 사장님과 점심 약속을 하고, 만나서 이야기를 했다.

"사장님, 제가 부탁할 게 있어서 왔어요. 사실 S 집사가 우리 교회에서 회계를 봐요. 땅이 나와서 교회를 건축하려는데 다른 성도들은 집문서를 가지고 왔습니다. 사실 S 집사가 제일 첫 번째로 나서야 될 사람입니다. 그런데 안 가져오더라고요. 그래서 왜 안 가져왔냐고 물어보니까 회사에 담보물로 들어가서 어렵다고 그러더군요. S 집사도 교회에서 체면은 유지해야 하니까 그거 잠깐 빼주면 어떻겠습니까?"

그랬더니 그 사장도 딱 알아듣고는 "아이고, 그럼 그렇게 하세요" 하며 집문서를 돌려받도록 조처해주셨다.

그래서 S 집사님도 집문서를 내게 되었다. 그러니까 나도 교인들 보기에 떳떳해지고 오히려 성도들이 더 호응을 해주게 된 것이다. 솔직하게 교인들도 속으로 그런 생각이 들 수도 있지 않겠는가. '왜 저 사람은 안 내는데 우리보고 내래?' 이런 생각을 말끔하게 씻어낸 것이다.

그리고 한 세 달 정도 지났다. 심방을 마치고 교회에 오는데 S 집사님이 내게 달려오는 것이었다. 보니까 보통 걸음이 아니었다. 허겁지겁 내게 달려와서는 길바닥에 무릎을 꿇고 주저앉는 것이다! 그리고는 눈물을 흘리며 내 다리를 부여잡았다.

"목사님! 목사님이 날 살려주셨어요!!"

"아니, 무슨 일이에요?"

"우리 회사, 망했어요. 집문서 담보로 낸 사람들 다 거리에 나앉게 생겼어요. 그런데 목사님이 저를 빼주셔서 저만 살았어요. 목사님 고맙습니다."

나는 마음속으로 이렇게 외쳤다.

"하나님이 다 하셔서 그래요."

"집사님, 하나님이 하신 거예요."

"감사하네요. 더 충성하세요."

"오, 신실하신 주 내 아버지여, 늘 함께하시어 감사드립니다."

이런 간증들이 퍼지다 보니 교회가 은혜로웠다. 교회는 '간증이 있는 교회'가 되어야 한다. 받은 은혜와 기적들을 보면 자랑하듯이 예수 자랑, 교회 자랑, 목사 자랑으로 전도가 되어야 한다. 그래서 하나님이 간증거리를 붙여주시고 문제도 깨끗하게 해결해주시는 것이다. 은혜를 받은 교인들은 교회에도 더 충성하게 된다.

목회는 사람이 하는 것이 아니다. 물론 사람이 움직이지만 하나님의 도움이 없으면 전혀 불가능한 것이 '목회'다. 세상일들은 인간이 움직여서 돌아가지만 하나님의 일은, 특히 교회의 일은 하나님이 움직이셔야 가능하다. 예컨대 어느 식당에 가더라도 그렇다. 나는 식당을 여러 군데 다니지 않는다. 항상 가는 곳만 간다. 식당 주인들 얼굴을 익히고 전도도 하려고 일부러 가는 곳만 다니는 것이다. 그런데 주인들이 항상 내게 이런 말을 한다.

"목사님, 목사님만 오셨다 가는 날에는 손님이 많습니다. 그래서 목사님 오길 기다려요."

이 말을 듣고 나는 속으로 '아멘' 한다. 당연히 그럴 것이라고 생각하는 것이다. 예수님이 언제나 그러셨듯이 목사에게도 '인덕(人德)'이 있는 것이다. 복의 근원이신 하나님을 모시고 살면 복의 근원이 되는 것이다.

너는 내게 부르짖으라 내가 네게 응답하겠고 네가 알지 못하는 크고 은밀한 일을 네게 보이리라

예레미야 33:3

한 방에 해결하시는
하나님

교인들이 모두 동참해주었기에 너무 기뻤지만 한편으로는 마음이 아팠다. 교인들에게는 돈 내라고 하면서 목사인 내가 돈을 못 내고 있는 상황이 너무 괴로웠다. 목사가 선창을 하고 앞장서야 하는데, 그러지 못했기 때문이었다. 가슴이 아프고 부끄러운 일이었지만 하나님께서는 그 모든 것에 넘치는 한 방을 채워주셨다.

아버지가 돌아가셨을 즈음에 있었던 일이다. 아버지가 아들 삼형제를 부르셨다. 당시 우리 집은 서울 강동구 천호동에 빨간 벽돌로 지은 집을 재산으로 가지고 있었고, 송파구 풍납동에 812평짜리 밭이 하나 있었다. 그런데 그 밭은 강가에 있어서 비가 많이 오면 침수되기 때문에 비가 오지 않아야 배추나 호박 등을 심을 수 있는 땅이었다. 즉, 값어치가 전혀 없는 땅이었다. 그리고 경기도 이천에 논 10마지기(1마지기는 200평)가 있었는데, 소작을 주어서 매년 쌀 여덟 가마니를 지대로 받았다. 그게 아버지가 가진 전 재산이었다.

아들 삼형제를 부르시더니
"내가 이제 곧 세상을 떠날 때가 되었는데 너희 삼형제가 행복하게 살길 바란다. 근데 내가 죽으면 어머니를 누가 모시겠냐? 큰형이 모시겠지? 그러니까 천호동 집은 큰아들 몫이다."

이렇게 맨 처음부터 못을 박으셨다. 그러고는 이내 또 이렇게 말씀하셨다.

"그리고 말이다. 큰형이 어머니를 모시게 되면 어머니가 짐이 될 텐데, 아이들도 많지 않니? 여섯 남매니까. 이천에서 매년 쌀이 여덟 가마니씩 올라오지 않냐. 그 땅도 큰아들한테 준다."

그러자 당시 건국대 학군단 교관(소령)으로 있던 작은형이 나를 발끝으로 툭툭 쳤다. 그러고는 화장실 간다고 잠깐 나와보라며 손짓을 했다.

나가자마자 작은형이 말했다.

"야, 그게 말이 되냐? 큰형한테 다 준다는데, 저 땅(풍납동 땅) 그까짓거 말이야, 그거 가지고 우리 둘이 나누라고 할 것 같은데, 이게 말이 되냐?"

그 말은 즉, 큰형에게 재산을 다 주면 안 된다고 아버지께 얘기하자는 것이었다. 너무 큰형한테만 주시는 것 아니냐는 말을 해보자는 것이었다. 하지만 그런 소리가 나오기 전에 내가 작은형의 입을 원천봉쇄해버렸다.

"형님! 아버지한테 하실 말씀이 있는 것 같은데, 저는 아버지 돌아가실 때 편히 눈 감으시게 하고 싶지, 아버지한테 부담 드리고 싶지 않아요. 그러니까 아무 소리 말고 들어가세요!"

그러자 작은형이 머쓱했는지 먼저 들어가고 내가 들어갔다.

작은형과 얘기를 마치고 방 안으로 들어가자 아버지가 눈치를 챘는지는 모르겠지만

"풍납동에 땅이 있지 않느냐? 812평인데, 그거 너희 둘이 나눠 가지거라"
하며 재산을 물려주셨다.

그러고 나서 한참 뒤의 일이다. 을축년 한여름에 하루는 비가 억수같이 쏟아져서 한강 물이 넘치면서 풍납동 전체가 물에 잠기는 일이 벌어졌다. 홍수가 나니까 풍납동 주민들이 시청 앞에 찾아가서 "이건 인재다! 둑을 쌓아놓았으면 이런 재난을 당하지 않았을 텐데, 이건 천재가 아니고 인재다! 인간들이 잘못한 거니까 보상을 해달라!" 하며 데모를 벌였다. 일이 점점 커지다 보니 시청에서도 대안을 마련해야 했다. 미안하다며 여태까지 비가 이렇게 많이 온 적이 없어서 대비할 것이 없었는데 이제 대비해주겠다, 둑을 쌓아주겠다고 했던 것이다.

중요한 것은 둑을 쌓는 위치였다. 왜냐하면 둑을 쌓으면 둑방 안쪽은 홍수 위험이 없는 유용한 땅이 되기 때문이었다. 서울시에서 둑을 쌓는데 딱 우리 땅 앞에서 쌓았던 것이다! "할렐루야!" 하고 외칠 일이었다. 그런데 시에서 통보가 왔다. 시에서 둑을 쌓아줘서 땅값이 올랐으니 땅의 일부(212평)를 달라는 것이었다. 그리고 남은 600평을 가지면 되지 않느냐는 것이었다. 작은형과 나는 흔쾌히 수락하고 서명을 했다. 그러고 나서 작은형과 나는 300평씩 땅을 나눠 가졌는데 그 이후로 그 땅은 가격이 폭등해 금값이 되었다. 웃기는 사실은 큰형이 받은 천호동 집과 이천 땅 모두를 합친 것보다 작은형과 내가 유산을 더 많이 받은 꼴이 되었다는 것이다. 하나님의 축복이라는 것이 정말 '한 방'이었다.

나는 정말 기뻤다. 당장 교인들에게는 교회 지어야 하니까 돈을 내라고 하면서 정작 목사인 나는 한 푼도 못 내고 있었는데, 풍납동 300평짜리 땅이 금값이 되면서 그 땅값 전부를 교회에 냈다. 그러니까 얼마나 기뻤던지, 아직도 잊을 수가 없다. 목사가 먼저 앞장설 수 있다는 사실이 너무나 기뻤던 것이다. 그래서 그 돈을 교회에 내려고 하니까 형들, 누나들, 어머님이 모두 와서 이렇게 말했다.

"광기야, 너 잘못하는 거다. 목사는 얼마 있다가 병이 들거나 무슨 일이 생기면 교회에서 나가라고 할 수도 있고, 사퇴할 수도 있는 거다. 네 자식이 벌써 4명이나 되는데 그 아이들 교육도 시켜야 하고 말년에 먹고살 것(노후자금)도 마련해야 하는데, 그거 다 낼 필요가 뭐가 있냐? 일부만 내고 네가 좀 가지고 있어라."

그 말에 나는 이렇게 대답했다.

"알았어요. 내가 누나들, 형들한테 가서 돈 달란 소리 안 할 테니까, 이거 제 것이니까 마음대로 하게 신경 쓰지 마세요! 나는 이거 하나님께 다 드리는데 세 가지를 생각했어요. 첫째, '아버지가 돌아가실 때 아무것도 안 주고 가셨다' 이렇게 생각하면 되고, 둘째, '아버지가 주시고 가셨는데 그게 강으로 들어가버렸다' 그러면 되는 거고, 셋째, '내가 이거 하나님한테 내면 하나님이 거저 받으실 분이냐? 그 이상으로 축복해주실 줄 믿는다!' 하고 생각하면 돼요. 형들이 믿는 하나님과 제가 믿는 하나님이 좀 다른 것 같으니까, 내가 하는 대로 놔두세요. 그 대신 제가 형들한테 가서 손 벌리지는 않겠습니다."

그랬더니 형님과 누나들이 하나같이 말했다.

"자식, 야박하다. 말 안 듣는다."

그럼에도 불구하고 교회에 전액을 모두 바쳤다. 그러자 놀라운 일이 일어났다! 교인들이 갑자기 헌금을 하기 시작했고, 결국 1040평을 직접 살 수 있었다. 하나님께 돈을 바치고 나니 하나님이 직접 말씀하시지는 않았지만 내 마음에 이런 신념이 찾아왔다. '광기야, 돈에 대해서는 이제 더 이상 신경 쓰지 마. 내가 신경 쓸게. 네가 살아갈 동안에 물질의 복을 내가 너한테 줄게. 그 이상으로 줄게!'

그리고 정말 신념대로 이루어졌다. 단지 하나님이 주신 것을 다시 하나님 앞에 돌려드린 것인데, 그것까지도 기억하고 계셨다. 결국 하나님 앞에 드린 것만 남게 된다. 하나님 앞에 드린 것만이 천국의 보화로 남게 되는 것이다.

오직 너희를 위하여 보물을 하늘에 쌓아두라
거기는 좀이나 동록이 해하지 못하며
도둑이 구멍을 뚫지도 못하고 도둑질도 못 하느니라

마태복음 6:20

엄지손가락을 철컥 치켜들며

잠실교회 부지를 구입하려 할 때의 이야기이다. 교회 부지를 구하면서 "하나님, 저는 교회를 조금 크게 짓고 싶어요. 그러니까 1000평 미만은 안 됩니다. 1000평 이상 주셔야만 합니다" 하며 하나님께 기도를 했다. 당시에 우리 교회가 1040평의 땅을 가지고 있었지만, 서울시 정책에 의해 학원만 지어야 하는 전용부지였다. 그 때문에 교회를 세울 수 없었다. 하는 수 없이 다른 땅을 찾아다녔다. 내가 땅을 찾아보다가 마음에 드는 1000평 이상 부지가 있다 하면, 그날은 여지없이 봉고차를 타고 가서 돗자리를 깔고 밤새도록 기도를 했다. 그래서 당시에 우리 전도사, 부목사님들이 고생을 참 많이 했다. 그렇게 몇 군데를 돌아다니며 밤새 기도를 했다. 교회 부지를 찾는 것 때문에 당시에 잠실에 있는 1000평 이상의 부지는 복덕방보다도 내가 더 잘 알고 있었다.

하루는 신문을 보는데 서울시 소유의 체비지 부지를 판다는 공고가 실려 있었다. 그래서 그 공고 내용을 한번 쭉 훑어보는데, 1000평 이상 되는 부지는 없어서 "에이, 없네" 하며 실망을 하고 사무실에 앉아 있었다. 그런데 부목사 한 분이 "목사님, 여기 1000평 이상 되는 땅이 있네요" 하며 내게 말했다. 그 자리가 지금의 잠실교회 부지인데, 그곳은 사실 내가 미리 찜해두었던 곳은 아니었다. 원래 그 자리는 자동차 운전교습소가 운영되던 자리였기 때문이었다. 그런데 알고 보니 운전교습소 역시 서울시의 땅을 빌려서 운영해오고 있었다. 그리고 곧 계약 기간이 만료되어 땅을 내놓아야 할 처지였던 것이다. 그래서 서울시에서 그 부지를 팔겠다고 해서 신문에 공고가 났던 것이다.

이전부터 심방을 다니며 "저기에 우리 교회 지으면 참 좋겠다"고 했던 기억이 난다. 그 부지는 큰길 앞에 얼굴을 내밀고 있었고, 지대도 높아서 잘 보이는 곳이었다. 옆에는 아파트들이 자리하고 있어서 교회 자리로는 제격이었다. 신문에 실린 공고에는 그 부지 땅값이 평당 100만 원으로 책정되어 있었다. 그런데 서울시에 가서 물어보니 3개월 안에 현찰로 내면 20%를 할인해준다는 것이다. 그래서 3개월 안에 해결하여 좀 더 싸게 구매할 생각이었다. 하지만 현재 교회가 가진 재정은 3억 원뿐이었다. 결국 대출을 받을 수밖에 없었다.

교회의 모든 재정은 항상 농협에서만 거래를 했다. 그 때문에 농협 소장님과도 친분이 있었다. 이미 이전부터 소장님에게 이런 말을 해두었다.
"소장님, 언젠가 내가 큰돈을 쓸 날이 있을 텐데, 내가 농협하고만 계속 거래하는 것은 그때 소장님이 한번 도와주었으면 해서 이러는 겁니다."
"예, 목사님 제가 힘이 닿는 한 밀어드리겠습니다!"

계산해보니 부족한 재정이 총 6억 원이었다. 당장 3개월 안에 돈을 마련해야 했다. 그래서 소장님께 부탁을 드렸다.

"소장님, 지금 12월 31일까지 6억 원을 내야 한다고 합니다."

"아이고, 목사님 때가 잘못되었네요. 지금이 12월인데요, 12월에는 결산을 하기 때문에 은행에서 대출을 안 해줍니다. 6억은 큰돈이기 때문에 저희 지점에서는 못 하고요. 서대문 본점에나 들어가야 하는데 지금 다 결산하고 이러는 때지 돈 내주는 때가 아니에요. 좀 힘들겠네요."

그런데 나는 이미 기도를 드리고 마음에 평안을 얻고 소장님을 만나러 갔던 것이다. 기도하고 마음이 평안한 것은 하나님께서 주시겠다는 것이고, 곧 어려운 문제가 해결된다는 뜻이었기에 내가 이렇게 말했다.

"소장님, 잠깐 이리 와보시죠. 정 그러면 중앙회에 갔다 오세요! 아니, 갔다 오지도 않고 안 된다고 하면 내가 돌아섭니까? 당신이 돕겠다고 해놓고 그러면 어떻게 합니까? 돕겠다고 했으면 성의라도 보여야지요! 중앙회에 가보지도 않고 안 된다고 하면 됩니까? 일단 한번 다녀오세요!"

그랬더니 할 수 없이 나가면서 이렇게 말했다.

"목사님, 다녀오긴 하지만 기대하지 마세요. 아마 안 될 겁니다."

나는 소장이 중앙회에 다녀올 때까지 은행에 앉아 기도하며 기다리고 있었다. 점심시간이 지났을 때쯤 소장님이 입이 귀에 걸려 돌아오는 것이었다. 그러더니 엄지손가락을 철컥 치켜들면서 내게 이렇게 말했다.

"아이고, 원 목사님 정말 최고야 최고!"
그 한마디 말에 눈치를 챘다.
"아이고, 민 소장 정말 수고했어요. 뭐 좋은 소식 있나 보네?"
"아이고, 목사님! 목사님 기도 아주 끝내주네요!"

알고 보니 어느 부서에서 커미션을 톡톡히 받고 어딘가에 돈을 빌려주려고 6억 원을 챙겨놓고 있었는데, 결국 쓰겠다는 이가 없어서 연말 감사에 걸릴 처지였던 것이다. 그런데 6억 원이 필요하다고 대출해달라니까 그 돈을 얼른 가져가라고 주었던 것이다. 내가 얼마나 기분이 좋았던지 큰소리를 쳤다.

"그러니까 빨리 가봤어야지요! 소장님 내가 앞으로도 기도로 계속 밀어드릴게요."
이 일을 계기로 농협 직원이 교회에 나오게 되었다.
민 소장님은 어느 교회 집사님이었고, 그 후에는 농협중앙회 충북지부장으로 승진하셨다. '믿음은 바라는 것들의 실상'이라는 성경 말씀이 이루어진 일이었다.

구하라 그리하면 너희에게 주실 것이요

찾으라 그리하면 찾아낼 것이요

문을 두드리라 그리하면 너희에게 열릴 것이리니

구하는 이마다 받을 것이요

찾는 이가 찾아낼 것이요

두드리는 이에게는 열릴 것이니라

마태복음 7:7~8

기도를 통해 받는
해답과 기적

우여곡절 끝에 대출을 받고 교회 부지를 매입했다. 매입은 끝났으니 이제 대출받은 금액을 어떻게 상환할지가 중요했다. 그래서 은행 소장님께 물어봤다.

"돈은 얼마 뒤에 한 번에 갚는 겁니까? 아니면 매달 얼마씩 갚는 겁니까? 이자랑 원금까지 같이 내는 겁니까?"

"맞습니다. 이자와 원금을 함께 갚는 것입니다."

그러고는 내게 매달 내는 돈이 얼마인지 종이에 적어주었다. 나는 교회 부지를 구입했다는 생각에 기분이 좋아서 제직회의를 열고, 재정부장에게 그 종이를 건네주었다. 그런데 재정부장이 그 종이를 보더니 얼굴이 샛노랗게 변하는 것이다. 제직회의를 마치고 나와 단둘이 남아 있을 때 얘기했다.

"목사님, 이거 큰일 났네요."

"아니 무슨 일인데요?"

"이자가요, 만만치가 않네요. 보니까 우리 교회에 매달 들어오는 헌금하고 액수가 딱 맞네요. 그런데 목사님, 부목사님, 사찰집사, 기사 등등 돈 받을 사람이 많은데 이걸 다 어떻게 감당하지요?"

그 이야기를 듣는데, 나도 눈앞이 노래졌다. 그 소리를 들으니 가슴이 철렁 내려앉는 것이었다. 이거 뭐, 일은 저질렀는데, 나야 그럭저력 지내면 되지만 부목사, 전도사, 기사, 사찰 이런 분들 졸지에 월급 떼이면 어떻게 되겠느냐는 생각에 정신이 번쩍 드는 것이었다.

"목사님, 어떻게 해야 합니까?"
"별수 있습니까, 기도해야지요."

그러고는 새로 산 부지에서 기도를 했다. 당시 1월이었는데 땅은 얼음이 얼 정도로 차가웠다. 그래도 매일 새벽기도가 끝나면 돗자리를 들고 나와 전도사, 부목사들 할 것 없이 다 모여서 기도를 했다. 그런데 어느 날인가 기도를 하고 나니까 마음에 평안이 찾아온 것이다! 마음에 평안이 오면서 생각난 사람이 바로 '유호준 목사님'이었다. 하나님께서 마음에 평안을 주신 것은 분명히 문제 해결에 결재가 있었기 때문이었다. 그래서 제과점에 들러 케이크를 사 가지고 유호준 목사님을 찾아갔다.

"목사님, 안녕하셨어요?"
"아니, 연초에 어떻게 왔어요. 날도 추운데."
"인사드리러 왔죠. 연초니까 세배드리러 왔어요."
"그래요? 여보, 원 목사 왔는데, 차 좀 끓여와! 음, 근데 원 목사 어디 아픈가?"
"아니요. 몸은 건강합니다. 마음이 아프죠."
"무슨 일이에요?"

그래서 그동안의 일들과 사정을 다 이야기했다.

"아니 원 목사, 누울 자리를 보고 발을 뻗어야지. 어떻게 그런 일을 저질렀습니까?"

"목사님, 그런 거 아녜요. 제가 송파구 삼전동에 1040평 땅 사놓은 거 있어요. 그거 팔리면 갚으려고 하는데 그게 팔리지 않는 거예요."

"그 땅이 무슨 땅인데요?"

"그게 인구 분산책에 의해서 서울시가 사대문 안에 있는 학원 6개를 여기에 하라고 하면서 준 땅들인데, 그게 됩니까 학원이? 지은 곳은 하나도 없고, 그중에 제가 땅 1040평을 사놓았는데, 학원만 지어야 된다고 하니까 잘 안 팔려요."

이렇게 사정을 말씀드리니 갑자기 내 손을 붙잡고 이렇게 말했다.

"원 목사, 일어나! 시장한테 갑시다!"

그 자리에서 바로 시장을 찾아갔다. 갔을 때는 손님이 있어서 5분 정도 기다렸다가 유 목사님과 함께 시장님을 만났다.

"아이고, 유 목사님! 연초에 웬일이세요?"

"아니, 시장님 만날 일이 좀 있어서요. 이쪽은 원광기 목사님이라고, 우리 교단의 중견 목사예요. 서로 친해지면 나쁠 일 없지요?"

내가 금세 눈치를 채고 치고 들어갔다.

"시장님, 저 좀 도와주셔야겠어요. 제가 잠실에서 목회를 하거든요. 그런데 제가 교회를 지으려고 산 땅이 학원만 할 수 있는 곳이라고 해서 팔려고 하는데 팔리지가 않아요."

그러면서 저간의 경과와 교회 사정을 말씀드렸다

"아, 그래요? 제가 도와줄 수 있으면 도와드려야죠. 그런데 제가 그걸 잘 몰라요."

그러고는 전화를 걸어 주택과장을 불렀다.

"송파구 삼전동에 6개 학원 부지가 있다는데 맞는가?"

"예! 맞습니다."

"그거 어떻게 된 건가?"

"아, 그게 인구 분산정책에 의해서 사대문 안에 있던 학원 6개를 이전시키려고 준 땅입니다. 그런데 거기는 3년째 학생들도 안 오고, 모래밭인데 누가 거기에 학원을 짓겠습니까? 그래서 땅 주인이 경영이 안 된다고 우리 시를 상대로 행정소송을 냈습니다."

"그래? 그 소송에서 우리가 이기겠나 지겠나?"

"아이고, 당연히 우리가 지죠."

"원 목사님, 그 사람하고 같이 소송하세요. 주택과장, 그분 어떤 변호사 샀는지 한번 알아봐."

그러고는 소송을 제기한 측의 관련자 명단을 찾아왔다.

"원 목사님, 이 사람하고 같이 소송을 내세요. 그러면 제가 해결하겠습니다. 이 일에 대해서는 걱정 마세요. 제가 할 수 있는 일입니다."

그래서 고맙다는 인사를 드리고 시장실을 나왔다.

소송에 참여하고 일주일 만에 법원에서 해당 부지에 아무것이나 지어도 된다는 판결을 내렸다. 판결이 있고 나서 땅값이 치솟았다. 평당 120만 원에 사겠다며 H건설회사에서 연락이 왔다. 직원 조합주택을 짓겠다며 6개 학원 부지 6240평을 산다는 것이다. 그 땅을 팔았으니 대출 빚은 순식간에 갚을 수 있게 되었다. 대출받은 지 한 달도 되지 않아 1월 말에 6억 원을 챙겨서 은행으로 향했다.

"소장님, 계세요?"

"아이고, 목사님! 어서 오세요. 근데 어쩐 일이세요?"

"아니, 뭐 소장님 도와주러 왔지요. 저번에 얼마 꿔갔더라?"

"6억 가져갔죠."

"아하, 그랬나? 그래, 여기 있어요. 6억."

그리고는 당당하게 돈을 딱 내밀었다. 얼마나 신이 나던지 모른다. 그 돈을 다 갚고도 5억 원 정도 돈이 남았는데, 이 돈도 가지고 갔다.

"아니, 이 돈은 뭐예요?"

"어, 땅 팔았지요."

그랬더니 또 "목사님 최고"라면서 엄지손가락을 치켜세웠다. 이자도 한 달이 지나야 내는데, 한 달 안에 모든 것이 다 해결되고 남는 돈까지 입금하러 오니까 하나님이 하셨다고 말하지 않을 수 없었다.

사실 재정부장과 단둘이 이야기하고는 부목사, 전도사들에게는 일부러 말하지도 않았다. 근데 나는 정말 똥줄이 타는 것만 같았다. 20명이 넘는 사역자들에게 하루아침에 월급을 못 주겠다고 하면 그중에 몇 명이나 남겠는가. 그 생각을 하니까 하늘이 노래졌는데,

하나님이 한 방에 해결해주신 것이다. 아직도 기적이라는 말밖에는
표현할 수 없는 일이다.

기도하면 기적이 생깁니다!
기적은 하나님이 하시는 일입니다!

하나님은 우리의 피난처시요 힘이시니
환난 중에 만날 큰 도움이시라

시편 46:1

04

보 냄 2
세계를 품고 일하는 사역자로 보내셨다

예수님도 기적을 베푸시고 나서는

"아무에게도 말하지 말라"고 하셨다.

그런데 결국 입에서 입으로 많은 이들에게

전해졌다. 그렇다고 내가 하나님의

역사를 소문 내고 다니라고 얘기하는

것은 아니다. 물론 말하지 말라고도 하지

않는다. 그렇지만 성도들 개개인이 경험한

증거가 있고 체험이 있으니까, 교회 가자고

하는 전도에는 이만한 것이 없던 것이다.

하나님이 함께하시는 교회라는 증거가

나타나니까 교회도 저절로 부흥되는

역사가 이루어진 것이다.

✤ 처음이자 마지막
세계 일주

슐러 목사님을 만나러 미국에 갔을 때의 일이다. 비행기 표만 준비해 오면 숙식은 모두 책임져준다고 하셨다. 그렇게 미국에 가게 되었는데, 감사하게도 우리 교인분들이 6000달러까지 챙겨주셨다. 미국에 도착하니 슐러 목사님이 자신의 교인 집에서 민박을 하게 해주셨다. 그곳에서 지내며 슐러 목사님이 진행하는 40일간의 성공적인 목회 지도자 훈련을 받았다. 40일 동안의 교육을 마무리하고 졸업식이 열리게 되었는데, 슐러 목사님이 나를 강단으로 불렀다. 그리고는 나를 소개해주었다. "한국에서도 세미나에 왔다"고 그 나름의 홍보를 하셨던 것 같다. 졸업식을 모두 마무리하고 다시 나를 사무실로 불렀다.

"원 목사, 혹시 여기 와서 저랑 같이 목회할 생각 없습니까?"
"제가 무슨 일을 합니까?"
"소수민족 담당을 맡아서 저하고 같이 일하면 어떻겠습니까?"
"싫습니다. 전 우리 교회를 부흥시키고 싶습니다. 그런 계획을 가지고 온 것은 아니에요."
"그래요? 혹시 자녀가 몇입니까?"
"네 명입니다."
슐러 목사님은 더 이상 말씀을 하지 않으셨다. 교육비가 많이 지출될 것이라고 생각하신 것 같았다. 떠나기 전에 원하는 것이 있으면 한

가지만 말해보라 하셨다. 사실 나는 이번에 미국에 온 것이 처음이자 마지막 여행이라고 생각했다. 목회 2년 차가 미국에 왔다는 것은 당시에는 센세이션한 것이었다. 그래서 그 얘기를 듣자마자 얘기했다.

"제게 돈은 있습니다. 가능하면 이번에 세계 일주를 한번 해보고 싶습니다. 이왕 나온 김에 세계를 한번 돌아보고 싶습니다."
그러자 가고 싶은 나라 이름을 쓰라며 종이를 한 장 건네주셨다. 나는 이스라엘, 영국, 프랑스, 이탈리아, 이란, 인도 등 생각나는 나라 이름을 썼다. 그러자 비서를 불러서 내 여권을 전해주면서 비자를 받아오라고 하셨다. 슐러 목사님은 해외를 많이 다녀보았기에 어느 나라가 비자를 받아야 하고, 어느 나라가 비자를 받지 않아도 되는지 자세히 알고 있었다.

다음 날 슐러 목사님의 비서가 비자를 받아서 여권을 가져다주었다. 세계를 다 돌아본 것도 아닌데 여권만 보아도 벌써 기분이 좋았다. 젊은 2년 차 목사가 세계 일주를 한다는 것이 얼마나 행복한 일이었겠는가? 처음이자 마지막 해외여행이라고 생각하며 연신 고맙다고 인사를 한 후 뉴욕으로 향했다. 큰누나가 뉴욕에 거주해 그곳에 들렀던 것이다. 그곳에는 '퀸즈 장로교회'라는 장영춘 목사님이 목회하는 교회가 있었다. 장 목사님은 대학 시절 나를 지도하셨던 분이었다. 내가 그 교회 예배에 참석하니 무척이나 반가워하셨다. 오랜만에 만나 그동안 있었던 일들을 이야기하고, 슐러 목사님 이야기도 하니까 입이 떡 벌어지면서 오늘 저녁에 설교를 해달라고 부탁하시는 것이었다. 합동 측 교단인데 뉴욕에서는 제일 큰 교회가 바로 퀸즈 장로교회이다. 약 1000명이 넘게 모이는 교회인데, 덕분에 그곳에서도 내가 받은 은혜를 나누며 설교를 할 수 있었다.

설교를 마치고 내려오는데 우문선 목사님을 만났다. 장 목사님의 친구인데, 하와이 신학대학원(Hawaii Theological Seminary)을 졸업하고 귀국을 하려던 차에 나와 마주쳤던 것이다. 우 목사님 역시 유럽을 돌아보고 싶었는데 마침 나를 만나 우리는 함께 세계 일주를 하게 되었다. 그렇게 30대의 어린 나이에 세계 곳곳을 돌아볼 수 있었다. 그 견문이 후에 세계 선교의 비전을 갖게 하였다. 그때는 처음이자 마지막으로 비행기를 타는 것이라 생각했다. 그러나 하나님의 은혜는 차고도 넘쳐서 대한예수교장로회 통합 교단의 세계선교부장으로, 총동문회 회장으로 5대양 6대주를 돌아다니며 목회 36년 동안 200회가 넘는 선교 여행을 할 수 있었다. 참으로 하나님의 은혜가 차고 넘쳤다.

주라 그리하면 너희에게 줄 것이니 곧 후히 되어 누르고
흔들어 넘치도록 하여 너희에게 안겨주리라
너희가 헤아리는 그 헤아림으로 너희도 헤아림을
도로 받을 것이니라

누가복음 6:38

해외여행을 통해
선교의 눈을 뜨다

처음으로 세계를 돌아보고 귀국한 지 6개월쯤 지났다. 영락교회 한 경직 목사님이 김군택 목사님을 단장으로 젊은 목사 7명을 선임해 장차 한국 교회의 선교기지가 될 동남아 국가들을 순방케 하셨다. 나는 선교회에서 총무직을 맡았고, 함께 필리핀에 가게 되었다. 당시 필리핀은 대한민국보다 훨씬 잘사는 나라였다. 도심 곳곳에 좋은 차들이 분주히 지나다니고 높은 건물들이 들어서 있었다. 선교지역으로 찾아간 필리핀이었는데 오히려 자극을 받고 이렇게 기도했다.

'하나님, 우리나라는 언제 필리핀처럼 삽니까? 하나님, 우리나라도 축복해주세요!'

함께 간 목사 8명이 필리핀 곳곳을 다니며 설교를 했다. 하루는 필리핀 마닐라에 있는 연합장로교회에서 내가 설교를 하는 날이었다. 설교를 마치고 강단을 내려오는데, 예쁘장한 여성 한 분이 나를 찾아왔다. 그리고는 내게 이런 부탁을 하는 것이었다.

"목사님, 오늘 저녁에 저희 집으로 식사 초대를 하고 싶은데요. 참석하실 수 있으실까요?"

그 여자분은 김혜레라는 이름을 가진 한국에서 온 유명한 가수였는데, 동남아에 공연을 하러 왔다가 필리핀에서 한 갑부의 아들을 만나 결혼을 한 사람이었다. 엘도라도(황금의 집)라는 호텔을 하는데, 필리핀에서 제법 유명한 호텔이었다. 그 여자분이 호텔의 여주인이었다. 저녁 식사 초대를 받았지만 나 혼자 갈 수는 없었다. 그래서 여주인에게 이렇게 말했다.

"저는 개인이 아니고 단체로 와서 8명이 같이 있습니다. 그런데 저만 빠져서 대접받는다는 것은 규칙에 어긋나는 것입니다. 저희 모두를 초청해주시면 가겠지만 저 혼자만 초청해주시면 못 갑니다."

그 말을 들은 여성분은 함께 온 목사 8명 모두를 초대하겠다며 우리를 호텔로 안내했다.

엘도라도 호텔 문 앞에 이르니 으리으리한 저택이 있고 풀장도 보였다. 조명이 환하게 켜져 있고, 저택은 성벽 같은 담으로 둘러싸여 있었다. 경비원들이 상주하고 있었는데 마치 미국에 온 것 같았다. 생전 처음 보는 호화스러움에 감탄하는 것도 잠시, 산해진미로 가득한 저녁상이 차려졌다. 귀한 대접을 준비한 여주인은 내게 "목사님 이제 기도해주세요" 하며 기도를 부탁했다. 그러고는 옆에 있던 남편을 소개하며 이렇게 말했다.

"목사님, 우리 남편이에요. 목사님, 제가 부탁이 하나 있어요. 오늘 목사님께 기도 부탁하려고 모신 거예요. 제가 한국에서 온 유명 가수거든요. 동남아 순회 공연을 하다가 여기 있는 남편 만나서 결혼하여 살게 되었는데, 3년이 지나도록 아이가 없어요. 그래서 목사님께 기도 받으려고 오늘 초청하여 모신 거예요."

"아 그렇군요. 제가 기도해드리지요."

나는 그 부부를 위해 기도를 해주었다. 기도를 끝내고 나서 차린 상을 다시 보는데, 이렇게 귀한 대접을 받는 것은 태어나서 처음인 것 같았다. 그러더니 이내 자녀들과 아내, 그리고 어머니 생각이 났다. 그 생각에 갑자기 눈물이 주르륵 쏟아졌다. 그 맛있는 음식들을 앞에 두고도 입맛이 뚝 떨어졌다. 옆자리에서 그 모습을 보았는지, 신용산교회 출신인 김 목사가 말했다. "원 목사, 얼른 먹어! 원 목사가 안 먹으면 다른 사람들이 먹겠어?" 그 때문에 흐르는 눈물을 닦고 차려놓은 음식을 먹었다. 그런 귀한 대접을 받는데 '아들을 위해 낙타발이 되도록 기도해주시는 어머니, 남편을 위해 매일 밤 철야기도를 해주는 아내, 그리고 우리 아이들이 이걸 같이 먹으면 얼마나 좋을까' 하는 생각이 들었던 것이다.

이후 한국으로 귀국을 했는데 얼마 지나지 않아 필리핀 대통령이 실각당했다는 소식을 들었다. 당시 '양키 고홈(go home)'을 외치며 새로운 정권이 들어섰고 그 이후로 필리핀 경제는 침체기를 맞이했다. 그런 일이 있고 나서 몇 년쯤 지났을까. 다시 필리핀으로 선교를 갈 일이 있었다. 민도로섬에서 예배를 인도하고 돌아오는 길에 마닐라에 들렀다. 그리곤 옛날 생각이 나서 엘도라도호텔로 찾아가보았다. 그런데 호텔은 온데간데없이 사라져버린 것이다. 때마침 길 건너편에 '한국 서울식당'이라는, 한국인이 운영하는 식당이 있기에 그곳에서 식사를 하며 물어보았다.

"죄송한데, 제가 몇 년 전에 필리핀에 왔었습니다. 그때 '엘도라도'라는 호텔에서 머물렀는데 그게 없어졌네요?"
"아이고, 모르시는구나. 그 주인이 전 대통령하고 친지였는데, 다 숙청당하고 망하는 바람에 호텔도 없어졌어요."
"아 그래요? 음, 그러면 그분의 부인 김혜레라라고 하시는 분은 혹시 아시나요?"
"네, 저기 앉아 있어요."

몇년 만에 만난 그 여자분의 모습은 매우 초라했다. 남편은 죽었는데 아이는 있었다. 그때 내게 기도를 받고 딸을 하나 낳았던 모양이었다. 가서 물어보니 남아 있던 재산은 다 뺏기고 집도 헐려서 어렵게 생활을 하고 있다는 것이었다. 그래서 내가 들고 갔던 선교비를 그분께 드렸다.

"어떻게 살고 있어요?"
"제가 타갈로그어(필리핀 원어)를 잘해서 여기 선교사로 오시는 한국인들 통역을 해주며 조금씩 번 돈으로 먹고살아요. 세상이 참 허무해요. 어린 딸하고 살고 있는데 많이 힘드네요."
그 얘기를 듣는데 너무도 가슴이 아팠다.

"걱정하지 마세요. 제가 여기 민도로섬에 선교하러 왔는데, 그곳에 교회를 하나 지어줬습니다. 제가 계속 이곳에 올 거니까, 거기 가서 일하세요. 그러면 제가 생활비를 드리겠습니다."

그분은 민도로섬에서 일을 하면서 생활 형편이 점점 나아졌다. 한국 교인들이 선교 활동을 많이 간 덕에 선교본부에 있으며 경제적으로 회복되기 시작한 것이다. 다행히 재기를 잘해서 딸은 대학까지 보냈다는 소식을 들었다.

이런 일을 겪으면서 '아, 인생사가 꿈 같구나' 하는 것을 느꼈다. 세상 것은 바람 한 번에 허무하게 날아간다. 우리나라보다 잘살던 필리핀이 10년 사이에 침체되고, 오히려 한국이 더 잘사는 나라가 되었다. 비교적 젊은 시기에 선교 활동을 하면서 세계를 보는 눈이 뜨였다. 또 선교를 갈 때면 날마다 구제품 보따리를 가득 싣고 찾아갔다. 조금이라도 베풀겠다는 마음으로 무거운 짐을 메고 간 것이다. 그러면 어깨에 가방끈 자국이 파랗게 생겼다. 너무 무거워서 피가 통하지 않았기 때문이다. 하나님은 종들의 그런 모습을 보신다. 주의 종이 그렇게 선교를 하니 하나님도 좋으셨던 것이다. 이후 민도로섬에는 교회 2개가 세워지고, 목사 안수도 2명이나 받게 되었다. 더운 여름철이면 흰 물결이 출렁이는 필리핀의 민도로섬 해변이 그리워져 그곳을 위해서 기도하게 된다.

그러므로 모든 육체는 풀과 같고 그 모든 영광은 풀의
꽃과 같으니 풀은 마르고 꽃은 떨어지되 오직 주의
말씀은 세세토록 있도다 하였으니 너희에게 전한 복음이
곧 이 말씀이니라

베드로전서 1:24~25

윈 목사 어디 있냐?
잡아가겠다!

강 권사님은 우리 누님의 절친으로 예언을 잘하시는 분이셨다. 내가 목사가 된 지 얼마 되지 않은 때였다. 여느 때와 같이 아침에 출근을 하는데, 강 권사님이 내게 찾아와 이렇게 말하는 것이었다.

"목사님, 오늘 어디 가세요?"

"저 오늘 시경(시 경찰청)에 좀 갑니다."

당시 염산교회 오신주 목사님의 서울시경에 대한 영향력은 대단히 컸다. 그런데 내게 서울시경 경목회장을 하라고 제안했던 것이다. 이제 오 목사님께서 추천만 하면 내가 서울시경 경목회장이 될 수 있었다. 그 때문에 오 목사를 보러 시경에 가려던 참에 강 권사님을 만난 것이었다.

"목사님, 제가 꿈을 꿨어요."

"아니, 무슨 꿈을 꾸셨습니까?"

"목사님이 우리 집에 왔는데, 전두환 대통령이 지프를 타고 왔어요. 군인들을 데리고 왔는데 '윈 목사 어디 있냐? 잡아가겠다!' 이러고 왔어요. 그래서 목사님을 보호하려고 애를 쓰다가 깨어났어요."

얘기를 듣는 순간, 온몸에 소름이 끼쳤다. 당시에는 경목을 하면 경목증이 나온다. 이를 가지고 다니면 교통 법규를 어겨도, 어떤 범법을 해도 걸리지 않았다. 경찰들이 잡지 않고 그냥 보내주곤 했다. 경찰서도 자유로이 출입할 수 있었다. 왜냐하면 경찰청장하고 친분이 있는 사이이니 경찰들 입장에서는 어떤 일이라도 경목증을 지닌 사람에게는 협조적으로 다가왔던 것이다.

강 권사님의 말을 듣는 순간 느낌이 왔다.

'하나님이 싫어하시는구나! 정치를 싫어하시는구나!'

나는 그날 그곳에 가지 않았다. 결국 다른 사람이 경목회장이 되었다.

그날 이후 '아, 하나님은 세상과 내가 손잡는 것을 싫어하시는구나'라고 느꼈다. 그래서 정치와 야합하는 일은 하지 않겠다고 결심하게 되었다. 하나님은 자기의 종이 자기에게만 충성하는 것을 원하시지, 세속에 나가 세속에 물들고 그들과 야합하는 것을 원치 않으셨다.

나에 대한 강 권사님의 예언은 모두 이루어졌다. 그걸 알기에 나는 늘 그분의 예언을 경청한다. 지금 캐나다 토론토에 살고 계신 그분의 예언을 통해서 주의 종으로 세상과 타협하지 않는 원칙을 배우게 된 것이다.

마귀가 또 그를 데리고 지극히 높은 산으로 가서

천하 만국과 그 영광을 보여 이르되

만일 내게 엎드려 경배하면 이 모든 것을 네게 주리라

이에 예수께서 말씀하시되 사탄아 물러가라 기록되었으되

주 너의 하나님께 경배하고 다만 그를 섬기라 하였느니라

마태복음 4:8~10

이 X아,
꿇어 앉아!

심방을 갈 때 그 가정에 환자나 귀신 들린 사람이 있으면 특별히 더 많이 기도를 하고 간다. 해당 가정의 현관문 앞에 갈 때까지 계속해서 대비기도를 한다. 그래서 많은 경우 내가 그 집에 도착하기도 전에 오히려 환자들이 먼저 일어나서 "아니, 목사님 오시니까 다 나았습니다. 이상하네요" 하며 나를 기다리곤 했다. 그럴 때마다 나는 속으로 이렇게 말한다. '이상한 거 아닙니다. 기도하면서 왔으니까 고침받은 것이죠.'

어느 날은 귀신 들린 여자가 있다고 내게 심방예배를 부탁드린다는 연락을 받았다. 나는 항상 그랬듯이 그 가정에 들어가기 전에 대비기도를 했다. 한참을 기도하느라 뒤늦게 들어갔다. 그런데 함께 심방을 간 여전도사는 앞장서서 그 집으로 이미 들어간 상태였다. 집 안에 들어가 보니 벽은 습기가 차서 곰팡이가 하얗게 피어 있고, 귀신 들린 여자는 걸레가 된 이불을 뒤집어쓰고 있었다. 얼굴을 보니 머리는 산발이고, 온몸은 퍼렇게 멍이 들어 있었다. 그동안 귀신 들린 사람들을 많이 보았지만 그렇게 더러운 귀신 들린 사람은 처음이었다.

집 안 모습에 충격을 받은 상태로 방 안으로 들어가보니 귀신 들린 여자가 먼저 들어갔던 여전도사 머리채를 붙들고 발길질을 하며

"야 이 X아! 왜 왔어?" 하며 패악을 부리고 있는 것이었다. 그 순간 내가 방에 들어갔고, 귀신 들린 여자와 눈이 딱 마주쳤다. 나는 "야 이 X아, 앉아! 어디서 일어서서 설치고 있어!" 하며 기선 제압을 했다. 그랬더니 나를 힐끗 째려보더니 바로 눈을 내리까는 것이었다. "저기 앉아!" 하자 발걸음을 슬슬 뒤로 빼더니 방구석에 앉았다. "이 X아, 꿇어 앉아!" 내가 한 번 더 외치자 귀신 들린 여자가 무릎을 꿇고 앉는 것이었다. 뒤이어 축사하고 기도를 하자 그 여자에게서 귀신이 떠나갔다.

교회 안에 그 소문이 퍼지고, 그 여자도 감사한 마음으로 교회에 나오기 시작했다. 그런데 교회 사람들이 이 일을 다 알고 그 여자가 교회에 나올 때마다 '저 사람 귀신 들린 사람이었대' 하는 말을 듣다 보니 결국 그 가정이 다른 곳으로 이사를 가버렸다. 정말 애쓰고 기도를 했는데, 그래서 귀신이 떠나가고 교회도 나오게 되었는데, 별안간에 떠나버리니까 닭 쫓던 개마냥 '이게 뭐야, 이거!' 하는 생각이 났다. 하지만 마음 한편으로는 '한 영혼을 구원한 게 중요한 거지, 꼭 우리 교회 나와야 하나? 하나님의 자녀가 되었다면 그걸로 끝인 것이지' 하는 생각이 들었다. 그 이후부터는 섭섭한 마음을 훌훌 털어버릴 수 있었다.

함께 심방을 갔던 여전도사에게는 이렇게 얘기했다.
"전도사님, 그때 나는 계속 기도하고 갔어요. 전도사님은 거기 들어갈 때 기도 안 하고 갑자기 들어가서 그 여자를 제압하려고 했지요? 그게 안 되는 겁니다. 변화산을 보세요. 우리 예수님께서 베드로와 야고보, 요한 데리고 변화산에서 내려오시니까 귀신(간질) 들렸던 아이 고쳐달라고 왔지 않습니까? 그래서 주님이 고쳐서 보냈는데 제자들이 와서 '왜 우리는 그를 고칠 수 없었습니까?' 물으니 예수님께서 '기도 외에는 이런 종류가 나갈 수 없다!' 했지요? 그 말이 무슨 뜻인지 아십니까? 하나님의 도움 없이는 귀신을 쫓아내는 방법이 없다는 겁니다. 기도가 뭡니까? 하나님께 도움을 구하는 거 아니겠습니까. 하나님이 도와주셔야 되는 것이지, 인간의 힘으로 귀신을 쫓아내는 사람은 본 적이 없습니다."

아무리 하나님께 능력을 많이 받은 사람이라도 마귀가 있는 방에 그냥 들어가는 것과 기도하고 들어가는 것은 다른 것이다. 기도로 준비하고 주님을 모시고 갈 때 바로 그럴 때에 예수의 이름으로 마귀를 쫓을 수 있는 것이다. '자신의 능력이 많다' 이걸로 되는 것이 아니다. 우리의 능력은 모두 하나님으로부터 오는 것이기 때문에 하나님과 동행해야 하는 것이다. '동행하기를 구하는 것이 바로 기도이다. 하나님의 도움을 구하는 것이 바로 기도인 것이다'라고 일러주었다.

M to M(Mouth to Mouth). 제일 좋은 전도는 입에서 입으로 전달되는 것이다. 예수님 앞에도 많은 사람들이 모였다. 예수님한테 가

면 병자도, 귀신 들린 사람도 낫는다는 '입소문'이 사람들에게 퍼진 것이다. 마찬가지이다. 주의 종에게도 '하나님이 함께하는 종'이라는 입소문이 나야 하는 것이다. 이런 크고 작은 기적들이 입에서 입으로 전해지면서 많은 사람들이 잠실교회로 찾아온 것이다. 메시지도 중요하지만 하나님의 역사도 중요하다. 마차의 바퀴가 서로 조화를 이룰 때 나란히 굴러가는 것처럼, (-) 전극과 (+) 전극이 만나서 부대낄 때 스파크가 일어나는 것처럼, 설교 메시지가 좋다는 소리도 들어야 하지만 그것만으로는 부족하다. 하나님의 기적의 역사가 일어날 때 교회가 교회 되고 부흥되는 것이다.

그래서 '잠실교회' 하면 '하나님이 함께하시는 교회'라는 이미지가 떠올라야 하는 것이다. 교회도 하나님이 떠나면 교회가 교회 될 수가 없다. 출애굽한 성막에 구름 기둥과 불기둥이 늘 함께했듯이 하나님이 떠나시면 일반적인 천막이지 '성막'이 될 수 없는 것이다. 우리도 마찬가지이다. 교회도 마찬가지이다. 하나님이 함께 계셔야 하나님의 사람이고 교회인 것이다. 하나님이 떠나시고 자기 혼자서 '하나님의 사람입니다' 하고 외쳐도 하나님의 사람이 될 수 없는 것이다. 언제나 끊임없는 기도와 말씀의 순종이 있을 때 그럴 때에야 하나님과 친밀함이 있고 동행하는 것이 있는 법이다.

집에 들어가시매 제자들이 조용히 묻자오되

우리는 어찌하여 능히 그 귀신을 쫓아내지 못하였나이까?

이르시되 기도 외에 다른 것으로는 이런 종류가 나갈 수

없느니라 하시니라

마가복음 9:28~29

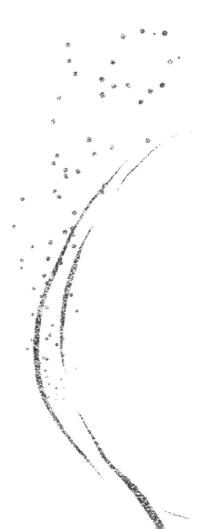

왜 이렇게
신발이 따뜻하지?

잠실교회 개척 초기에는 전도사 3명과 함께 사역을 했다. 첫 번째 전도사는 고등학교를 막 졸업하고 나의 권유로 신학교에 다니면서 전도사로 헌신했던 처녀였다. 지금은 성결교 목사 사모가 되었고 남편의 목회를 도우며 지내고 있다. 두 번째 전도사는 그보다는 나이가 조금 많은 분이었는데 담임목사인 내게 충성하며 물심양면으로 교회를 섬겼다. 마지막으로 세 번째 전도사는 우리 교회 성도로 왔는데 역시 나의 권유로 신학교에 다니면서 전도사가 되었다. 나보다 나이가 10살 정도 많아 내 큰누님 나이와 비슷했다. 남편하고 이혼한 다음 우리 교회에 나오면서 '최순옥'이라는 이름을 내가 '최진실'로 바꿔주기도 했다. 신학교도 보내드리고 전도사로 함께하면서 교회를 위해 헌신하고 충성했던 분이었다.

잠실아파트에서 교회 개척을 시작했기 때문에 당시 성도들 심방을 가면 대부분 잠실아파트로 갔다. 심방을 갈 때는 보통 전도사와 동행하는데 매번 심방예배를 드리고 나올 때 보면 신발이 항상 따뜻했다. 속으로 '어떻게 심방예배를 드리고 나오는 날마다 내 신발이 따뜻하지? 겨울철이라 신발이 차가워야 하는데, 왜 이렇게 따뜻하지? 성령이 임해서 그런가?' 그런 생각을 했을 정도였다. 그러던 어느 날, 여느 때와 마찬가지로 신을 벗어놓고 심방 가정에 들어갔다.

들어와서 살짝 현관을 바라보니 최 전도사님이 내 신발을 연탄 때는 곳 옆에 살짝 두었다가 내가 나가기 전에 먼저 가서 제자리에 가져다두었던 것이었다! 그만큼 담임목사에게 충성을 다했던 것이다.

이후 교회도 새로 짓고 교인들도 자리를 잡아가고 부흥하고 있는데, 2년도 채 안 되어 최 전도사님이 사표를 내셨다. 그래서 나는
"사표를 왜 내십니까? 죽도록 같이 일했으니 죽도록 같이 있어야지 사표를 왜 냅니까?"
그러자 최 전도사님이 이렇게 말하는 것이었다.
"우리 아이들이 이민을 갔는데 이제 저도 들어오라고 합니다. 저는 이제 나이도 60세가 넘어 예전처럼 뛸 수가 없습니다. 제가 있으면 목사님한테 누만 되지 도움이 되지 않을 것 같아서요. 그리고 아이들이 오라고 할 때 가야지요. 그래서 갑니다."
자초지종을 들어보니 자녀들에게 갈 수밖에 없는 것 같았다. 아쉬운 마음이 가득했지만 나도 잘 가시라고 인사를 드렸다. 그러더니 마지막으로 할 말이 있다며 이런 얘기를 했다.

"목사님, 제가 오래전 이야기 하나만 할게요. 잠실교회가 아파트에 있을 적에 제가 부지런히 심방을 다녔는데, 어느 집에 보니까 '순복음' 명판이 달려 있었어요. 근데 제가 잘 모르고 종을 치고 들어가니까 '누구세요?' 하시는 거예요. 그래서 제가 그랬죠. '잠실교회 전도사인데 전도하러 왔습니다!' 그랬더니 자기도 교회 다닌다며 추

우니까 들어와 차 한잔 하고 가라는 거예요. 그렇게 해서 따뜻한 차를 마시게 됐는데 그분이 이런 얘기를 하시더라고요. '전도사님, 목사님을 잘 모시세요. 하나님이 크게 쓰시는 종인데, 지금은 그래도 곧 하나님이 더 크게 쓰실 종입니다. 제 얘기는 하지 말고 잘 섬기세요.' 그런데 이제 제가 떠나는 마당에 말 못 할 이유도 없으니 이렇게 말씀드리는 거예요. 저는 목사님이 큰 교회 목사가 될 줄 알았어요. 이제 교회도 다 자리 잡고 교인도 많아졌고 제 할 몫도 다했기 때문에 저는 떠나면서 이 말씀을 드리고 떠나는 거예요!"

내가 목회자로 있는 동안 최 전도사님에게 매달 200달러씩 용돈을 보내드렸다. 사역을 마치고 가는데 퇴직금을 더 많이 줄 수는 없으니까 용돈으로 쓰시라고 보내드린 것이다. 주의 종이 된다고 하면 어느 정도 예언이 있는 것 같다. 스스로도 노력해야겠지만 하나님의 예정하심도 있는 것이다. 수많은 사람들이 내가 크게 쓰임받을 것이라고 예언을 했다. 물론 목회를 잘해냈고, 사실 내게 막연한 영감이 왔었다. 하나님에게 크게 쓰임받을 수 있다는 기대를 어느 정도 가지고 있었는데, 그 기대감이 주변 사람들의 예언과 맞아떨어졌던 것이다.

내가 붙드는 나의 종, 내 마음에 기뻐하는 자 곧 내가 택한 사람을 보라 내가 나의 영을 그에게 주었은즉 그가 이방에 정의를 베풀리라

이사야 42:1

💮 조인트 한번
까였다!

교회가 안정되고 나서는 몸에 살이 좀 쪘다. 재정적인 여유가 생기고 심방도 부목사들과 나눠서 하다 보니 시간적 여유가 생겼던 것이다. 그래서 살이 찌며 몸무게가 74kg까지 올라갔다. 그런데 갑자기 살이 찌니까 허리 디스크가 찾아왔다. 아파서 제대로 걷지도 못하고 비스듬히 걸어 다녔다. 나는 자세를 바르게 하는 걸 좋아하고, 또 그렇게 사는 사람인데 갑자기 디스크를 앓게 되니 아주 힘들었다. 그런데 아무리 손을 얹고 기도를 해도 낫질 않았다.

장미아파트 상가에 교회가 있을 때였는데 하루는 새벽예배를 가서 기도를 하고 강대상에서 내려오는 참이었다. 그런데 몸이 불편하니 발을 헛짚어서 성가대 지휘자가 올라서는 지휘대의 사각형 모서리에 정강이를 찍혔다. 허옇게 촛대뼈가 나올 정도였는데 교인들이 기도 중이라 소리도 못 지르고, 아프기는 아프고, 그래도 참고 있는데 놀라운 일이 벌어졌다. '아니, 하나님이 나한테 왜 이러시나?' 하며 고개를 들어 천장을 보며 일어서니까 허리가 펴진 것이다. 디스크가 싹 나은 것이다! 충격요법이었다. 하나님의 충격요법!
정강이야 살이 까진 거니까 약 바르고 아물면 되는 것이고, 디스크가 나았으니 이런 생각을 했다. '야, 하나님이 사람 고치면서 조인트도 까시네?' 조인트를 까이는 것 같은 기분이 들었기 때문이다. 그렇게 조인트를 까이고 나니 디스크가 나왔다.

우리 안사람은 "아이구! 디스크가 나왔네!" 하는데, 내가 바지를 걷어서 무릎을 보여주었다.

"낫긴 나았는데, 이것 좀 봐."

아이들이 놀란 기색으로 말했다.

"어이쿠! 아빠 이게 무슨 일이에요?"

"무슨 일이긴. 그냥 내려오다가 까였지. 조인트 한번 까였다!"

하며 웃으며 넘어갔다. 잠깐의 고난이 내 허리 통증을 완전히 해결해준 것이다. 그래서 '아이고, 하나님 정말 재미있으신 분이네!' 하는 생각과 함께 하나님의 조인트가 떠오른 것이다.

그렇게 충격요법으로 치료를 받고 난 후에는 가끔 디스크 환자들에게 기도해주고 난 뒤에 등허리를 한 대씩 '팍' 하고 때리곤 한다. 그때 충격이 오면서 '플라시보 효과'가 오는 것이기 때문이다. '팍' 한번 칠 때 충격에 의해서 허리도 쫙 펴지고 그러는 것이다. 하나님이 역사하실 때도 마찬가지로 그런 것을 같이 해주는 것이다. 내가 경험하고, 또 기도해주면서 느꼈던 것이다. 그게 충격요법인 것이다.

고난당한 것이 내게 유익이라
이로 말미암아 내가 주의 율례들을 배우게 되었나이다

시편 119:71

아들
다 나았다

교회 봉사를 잘하는 유 집사님 내외가 있었다. 슬하에 외동아들을 두고 있었는데 당시 초등학교 5학년이었다. 새벽기도가 끝나고 유 집사님이 나를 찾아왔다.

"목사님, 우리 아들이 이상해요."

"왜 이상해요?"

"자다가 이놈이 오줌을 싸요. 요에다."

"아니, 그거 뭐 별난 거 아니에요. 오줌 쌀 수도 있지. 꿈에서 쌀 수도 있고. 그럴 수 있어요."

그리고는 그냥 넘어가는 듯 싶었는데, 며칠 뒤에 유 집사님이 나를 또 찾아왔다.

"목사님, 이상해요. 목사님 말씀대로 그냥 그런 줄로만 알았는데, 이제는 똥도 싸요! 아들한테 물어보니까 자기는 아무것도 모르겠대요."

"아이고, 빨리 병원에 데려가요, 그건 좀 아닌 것 같으니까 빨리 데려가요!"

당시 방지거의원이 있었다. 소아 전문 치료기관이었는데 지금은 없어졌다. 그래서 빨리 거기에 가보라고 일렀다. 그래서 다녀왔는데 와서 다시 보니까 유 집사님 내외가 초주검이 되어서 오는 것이었다.

"목사님, 큰일 났어요!"

"왜요?"

"뇌에 종양이 생겨서 신경을 눌러서 똥을 싸는지, 안 싸는지 모르는 것이래요."

"아니, 그럼 어떻게 해야 합니까?"

"머리를 열고 종양을 제거해야 하는데, 성공 확률이 9 대 1, 10% 정도라고 합니다. 어떻게 하면 좋을까요?"

자식 같은 마음에, 고민을 많이 하고 얘기했다.

"하, 그거 뭐 죽어도 편히 죽게 해줘야지, 9 대 1이라는데 그거 할 수 있겠습니까? 그 대신 우리 기도합시다! 나도 기도할게요! 기도합시다!"

그래서 새벽기도만 가면 날마다 맨 앞에서 기도하고 제일 늦게 나오는 사람들은 유 집사님 내외였다. 목사인 나도 마찬가지로 제일 늦게 나오는데, 하루는 새벽기도가 끝나고 똑같은 시간에 교회를 나왔다. 당시 장미아파트 상가에 교회가 있었는데 상가 복도를 걸어 나오고 있었다. 그런데 별안간에 내가 이런 말을 하는 것이었다.

"집사님, 아들 유립이 다 나았다."

나는 아무 생각도 안 했는데, 입에서 그런 말이 튀어나오는 것이었다! '어? 나는 아무런 생각도 안 했는데 왜 그런 말이 나가지?' 하며 의아해하고 있었다. '내가 지금 무슨 소리를 하고 있는 거야?' 하며 스스로 당황했다.

그러자 유 집사님이 "진짜요?" 하며 나를 쳐다보았다.

그때 나는 정신을 좀 차리고 "병원에 갔다 와보세요" 했다.

그리고는 심방을 다니고 있는데 유 집사님에게서 전화가 왔다. 잠깐 보고 싶다는 것이다. 그래서 만났는데 부부가 달려와서 "할렐루야!" 하고 내 앞에 무릎을 꿇고 엎드리는 것이다. "목사님, 종양이 없어졌대요! 종양이 없어졌대요!!" 그 이후로 그분들이 얼마나 목회자인 나와 교회에 충성을 다했는지 모른다. 그런데 내 입만 빌린 것이지, 내가 얘기한 것이 아니다. 나는 그런 생각을 하지도 않았고, 그런 얘기를 하려고 하지도 않았다. 그런데 내 입에서 그 말이 튀어나간 것이었다. "아들 다 나았다" 하는데 그 찰나에 내가 영감을 받은 것이다. 그래서 정신을 차리고 병원에 가서 검사받고 연락을 달라고 했던 것이었다. 그 아이는 지금 대학을 졸업하고 직장인이 되었다. 유 집사님 가정은 나중에 우리 교회를 떠나기는 했지만 아플 때마다 연락을 한다. 병원에 입원할 일이 생기면 언제나 나를 부르곤 한다.

예수님도 기적을 베푸시고 나서는 '아무에게도 말하지 말라'고 하셨다. 그런데 결국 입에서 입으로 많은 이들에게 전해졌다. 그렇다고 내가 하나님의 역사를 소문 내고 다니라고 얘기하는 것은 아니다. 물론 말하지 말라고도 하지 않는다. 그렇지만 성도들 개개인이 경험한 증거가 있고 체험이 있으니까, 교회 가자고 전도를 할 때에는 이만한 것이 없던 것이다. 하나님이 함께하시는 교회라는 증거가 나타나니까 교회도 저절로 부흥되는 역사가 이루어졌던 것이다.

그래서 나는 주의 종들에게 항상 이렇게 말한다.

"우리 주의 종들은 성령의 불씨를 받고, 영력이 있어서 귀신도 쫓아내고 병도 고칠 수 있어야 한다."

예수님이 그러셨던 것처럼, 우리도 예수를 닮아야 하는 것이다. 바울이 '내가 예수를 닮는 것처럼 여러분도 나를 본받는 자가 되십시오(고전 12:1)'라고 했던 것처럼 말이다. 바울은 손수건만 얹어도 병자가 고침을 받았다. 베드로도 그림자만 스쳐도 병자가 나았다.

예수님이 왜 능력을 받고, 떠나라는 말씀을 하셨겠는가? 말만 가지고는 안 된다는 것이다. 복음 전파만 가지고는 힘든 것이다. 말씀을 따르는 표적이 있어야 되는 것이다. '따르는 표적으로 말씀을 확증지었더라(마가복음 16:20).' 말씀처럼 메시지와 함께 하나님의 능력이 따라야 하는 것이다. 다음의 말씀이 그대로 응해지는 것이었다.

내가 진실로 진실로 너희에게 이르노니

나를 믿는 자는 내가 하는 일을 그도 할 것이요 또한

그보다 큰 일도 하리니 이는 내가 아버지께로 감이라

너희가 내 이름으로 무엇을 구하든지 내가 행하리니

이는 아버지로 하여금 아들로 말미암아 영광을 받으시게

하려 함이라

내 이름으로 무엇이든지 내게 구하면 내가 행하리라

요한복음 14:12~14

기적 뒤에 남은 후회

C 집사님에겐 아들이 셋 있었다. C 집사님은 교회에서 평범하게 봉사하며 신앙생활을 하는 분이었다. 그분의 삼형제 역시 교회에 아주 열심히 나오는 아이들이었다. 그러다 보니 목사로서, 어른으로서 나는 그 아이들을 무척 귀여워했다. 그런데 어느 날 아이들이 찾아와서 이렇게 말하는 것이었다.

"목사님, 우리 아빠를 위해서 기도해주세요."
"아니, 왜 그러냐?"
"병원에 입원했는데, 간암이래요. 술을 많이 먹어서 그렇대요."
아이들의 아버지는 버스 운전을 하셨는데 일반 버스가 아니라 관광버스를 운전하는 기사였다. 사람은 좋은데 술을 엄청 좋아하는 술고래였다. 그래도 아이들 이야기만 듣고 움직일 수는 없으니까 아이들 어머니인 C 집사님을 만났다.

"애들이 그러는데 아버님이 간암이라면서요?"
"아이고, 목사님. 우리 남편이 교회를 안 나오기 때문에 목사님한테 심방해달라고 하기가 미안해서 말을 못 했어요. 죄송해요. 지금 배에 복수가 이렇게 차서 오늘내일 합니다. 그럼, 목사님 시간 좀 내주실 수 있어요?"

"아니, 시간 내줄 수 있는 게 뭡니까? 당연히 가야지요!"

병원에 도착해보니 정말로 배에 복수가 가득 차 불룩하게 올라와 있었다. 사실 복수가 줄어들 것이라고 생각하진 못했다. 다만 심방을 갔기 때문에 진심을 담아서 기도 한번 해드리고 나왔던 것이다. 그런데 다음 날 집사님이 내게 찾아왔다.

"목사님, 목사님이 어제 기도해주시고 간 뒤로 복수가 5cm나 줄었습니다. 의사들이 이변이 일어났다고 그래요! 한 번만 더 와주세요."

"그래요? 그럼, 제가 오늘은 일이 있으니까 내일 갈게요."

삼형제의 아버지는 서울대학교병원에 입원해 있었는데, 그리 먼 곳도 아니어서 한 번 더 심방을 갔다. 가서 보니까 내 눈이 의심스러울 정도로 복수가 많이 줄어들어 있는 것이다. 환자도 정말 많이 좋아했다.

"목사님이 왔다 가신 다음에 많은 차도가 있었어요. 감사해요."

환자께서 내게 고마움을 표했다. 나는 그에게 신신당부를 했다.

"선생님, 신앙생활 잘해야 해요. 술 먹고 그랬기 때문에 이러는 건데, 아이들도 잘 나오고 안사람도 잘 나오는데 교회를 나오셔야 돼요. 오늘 또 기도할 텐데 그런 결심을 하세요."

그렇게 두 번 심방을 다녀오고 나서 한동안 그 일을 잊고 있었다. 워낙 심방도 많고 바쁜 일들이 있다 보니 신경을 못 썼던 것이다. 그런데 얼마 뒤 C 집사님의 남편분이 퇴원을 했다는 소식을 들었다. 서울대학교병원에서도 이런 전례가 없었다며 난리가 났다. 복수가 다 가라앉고 정상이 되어 퇴원한 사례가 처음이라는 것이다. 나는 그 분을 불러 이렇게 말했다.

"아무리 바쁘고 그래도, 버스도 몰아야 하고 직업을 안 가질 수는 없지 않습니까? 그래도 1부 예배라는 것이 있습니다. 그건 아침 일찍 7시에 보는 거니까 예배 드리고 일하러 가세요."

"그렇게 하겠습니다."

그는 1부 예배에 곧잘 나왔다. 한 1년은 잘 다니면서 건강을 회복했는데, 결국엔 저세상으로 떠나셨다. 술을 끊지 못해 병이 도진 것이다. 그분이 돌아가신 뒤로 내가 안타까워한 것 중 하나는 좀 더 강하게 경고를 했어야 했는데 그렇게 못 한 것이었다. 그 일은 아직도 내게는 후회로 남아 있다.

예수께서 성령의 능력으로 갈릴리에 돌아가시니
그 소문이 사방에 퍼졌고
친히 그 여러 회당에서 가르치시매 뭇 사람에게
칭송을 받으시더라

누가복음 4:14~15

딱 붙어버린 입

개척 초기에 우리 교회에는 군 출신 가정이 꽤 있었는데 그중에서도 영관급 군인들이 많았다. 그래서 성도들 간에 구역을 짤 때에도 군인들끼리 붙여주곤 했다. 비슷한 일을 하는 성도들을 같은 구역에 붙여주니 호흡도 잘 맞았다. 어느 날은 원주에서 온 중령 가족이 새 신자로 왔다. 그런데 중령이 온 것은 아니고 그 부인이 왔다. 남편이 군인이라고 마침 현역 중령 부인이 구역장으로 있어서 그곳으로 보냈다.

그런데 알고 보니 원주에서 새로 온 성도는 '안기부 중령'의 부인이었고, 구역장이던 집사님 남편은 포병 중령이었다. 같은 계급이라도 가지고 있는 힘(권력)이 다르다 보니 새로 온 성도가 구역장 집사님을 우습게 보았던 것이다. 아파트도 5단지에 살았는데 잠실에서 그 나름 부자 동네라고 불리던 곳이었다. 그래서 한번 구역 예배를 드리고 나더니 이제 교회 안 나올 거라는 것이었다. 구역장 집사님한테 이렇게 연락이 왔다.

"목사님, 그 중령 부인을 저희 구역에 붙여주셨는데, 이제 우리 교회 안 나오겠대요."
"아니 왜요?"

"사실은요, 오늘 그 집에 가서 예배를 드렸거든요. 예배를 다 드리고 났더니 그 부인이 레코드판을 틀고 포도주를 들고 와서는 '마시고 춤추자!' 이러는 거예요. 그래서 제가 '우리 교회는 이런 거 안 해요. 예배 드리면 끝나는 거지, 춤추고 이러면 원 목사님한테 혼 납니다' 그랬더니 '뭐 이 따위 교회가 다 있어? 재미도 없네! 에이, 재수 없어! 다들 나가요, 나가! 나는 원주나 내려갈 거야!' 하면서 내보냈어요. 근데 이제 그분은 교회 안 나올 것 같아요."

"그냥 놔둬요! 안 나오면 그만이지. 교회 질서를 무시하고 무슨 포도주를! 그냥 놔두세요!"

말은 이렇게 했지만 나는 그 여자분이 회개하고 돌아오기를 기도했다. 구역장 집사님도 마음에 걸렸던 모양이다. 그래도 자기 구역에 맡겨줬는데 떠났으니 마음이 편치는 않았던 것이다. 다음 날 구역장 집사님이 다시 나를 찾아왔다.

"목사님, 큰일 났어요! 새로 왔던 그 중령 부인이 원주 가서 진하게 놀다가 그레이하운드라는 버스를 탔는데 그때부터 입이 딱 붙었대요! 지금까지 이틀 동안 계속 말도 못 하고 먹지도 못 하고 있어요! 목사님, 와서 예배 좀 봐주세요."

"잘되었네요. 갑시다!"

가서 예배를 드리고 보니 안기부 중령 부인이 정말로 입이 딱 붙어서 아무 말도 못 하고 있는 것이었다. 그래서 기도를 했는데 통 낫지 않는 것이다! 입이 떨어지지 않고 그대로 붙어 있는 것이다. 내가 그 부인에게 말했다.

"입은 붙었어도 차는 끓여올 수 있잖아요. 손님들 왔는데 가서 차나 끓여오세요!"

차를 다 마시고 나서 다시 한 번 예배를 드렸다. 기도를 하려고 하는데 그때 남편인 안기부 중령이 들어왔다. 그리고는 부인 옆에 앉았다. 다시 기도를 하는데 그 부인 입이 딱 떨어지면서 말을 하는 거였다. 그리고는 닭똥 같은 눈물을 흘리면서 내 앞에 꿇어 앉아 이렇게 말했다.

"목사님, 죄를 지었어요. 용서해주세요. 제가 교회를 어지럽히고 구역장님 마음에 상처도 주고, 제가 잘못했어요. 다시는 안 그럴게요."

그러더니 그 남편도 같이 무릎을 꿇고 이렇게 말했다.

"목사님, 죄송합니다. 제 안사람이 성격이 조금 과해요."

나는 차분히 말했다.

"아니, 뭐 그럴 수 있습니다. 군인 부인이다 보니 사는 환경이 좀 다르니까요."

고침을 받았지만 그 가족은 이전에 했던 일들이 부끄러웠는지 이사를 갔다. 그래도 교회 안에서는 그 일이 좋게 소문이 났다. 그 일이 있고 나서 세례요한의 아버지인 사가랴가 생각이 났다. 사가랴가 천사의 말을 의심하고 지성소에 들어갔다가 입이 붙어서 나왔다. 그러다가 서판에 요한이라고 이름을 지었을 때, 비로소 입이 열리며 말을 하기 시작했다. 마찬가지이다. 하나님은 그때나 지금이나 동일하게 역사하시는 분이다. 때로는 당나귀를 통해 말씀도 하시고, 사가랴의 사건과 중령 부인의 사건을 생각하니 하나님의 일이 놀라울 뿐이다. '세상을 지으신 이가 인간의 입도 지으신 것을 알게 하시고' 어제나 오늘이나 참 동일하신 분이라는 생각이 들었다. 그래서 나는 안기부 중령이 미안하다고 할 때 이렇게 말했다.

"아니, 왜 저한테 미안합니까? 하나님 앞에 기도하시면 되는 거지요. 제가 왜 이해를 못 하겠습니까, 저는 이해하고요. 하나님 앞에서 그러면 안 된다는 말입니다."

성도는 품위와 질서를 존중해야 한다.

이와 같이 하나님이 주의 종에게 권위를 주셔야 성도들도 잘 따르고 교회에도 질서가 생기는 것이다. 속전속결로 일을 해나가시는 분이 하나님이다. 목사도 마찬가지이고 나도 그렇다. 머뭇거리면 안 된다. 무슨 일이 있으면 빨리 밀어붙여야 성도들도 긴장하고 따라오는 것이다.

오직 성령이 너희에게 임하시면 너희가 권능을 받고
예루살렘과 온 유대와 사마리아와 땅 끝까지 이르러
내 증인이 되리라 하시니라

사도행전 1:8

🦋 10동 1001호

하루는 새벽기도를 인도하고 예배당을 나오던 참이었다. C 집사님이 내게 찾아와 기도 부탁을 했다.

"목사님, 저를 위해 기도 좀 해주세요."

"그래요. 기도해줄 건데, 제목을 줘야 기도를 하지요."

"우리 아이들 아빠가 사우디에 갔잖아요. 꼬박꼬박 달러를 많이 보내줘요. 그래서 제가 재테크로 부동산을 하거든요. 이번에 진주아파트 들어오는데 복덕방에 물어보니까 로얄층이 있거든요. 제가 둘러보니까 10동 1001호가 가장 좋더라고요. 그래서 10동 1001호를 살 수 있도록 기도 좀 해주세요."

속으로는 '참… 당치도 않는 소리를 하는구만!' 했다. 그래도 C 집사님은 믿음으로 하는 것이니 "그래요. 기도할게요. 해보세요!" 하며 응원해주었다.

그로부터 한 달 정도 지났다. 아침 새벽기도에 200만 원의 헌금이 올라왔다. 이름을 보니까 C 집사님이었다. 새벽기도 마치고 예배당을 나오는데 뒤에서 나를 툭툭 건드리며 불렀다. 뒤돌아서서 집사님을 보니 얼굴이 확 피어 있었다.

"목사님, 10동 1001호 됐어요!"

"그래서 감사헌금 냈구나?"

"그럼요, 이거는 목사님한테 드리는 거예요."

그러면서 내 주머니에 50만 원을 넣어주는 것이었다. 근데 그 돈 50만 원보다 기도에 응답되었다는 것이 중요한 일이었다. 그 큰 아파트 동 호수 중에서 10동 1001호를 살 수 있게 되다니! 나도 솔직히 어렵다고 생각했는데 하나님은 기도에 응답하신 것이다. 우리는 어렵다고 생각해도 하나님은 하시는 것이다. 물론 하나님께 넘치는 감사를 드렸다. 그리고 그때 배운 것은 '네 믿음대로 되리라'는 성경 말씀이었다.

이 소문이 교회에 또 퍼졌다. 그러다 보니 교인들이 '원 목사님이 하면 뭐든 다 된다!' 하고 생각하게 되었다. 잠실교회에는 이런 믿음이 뿌리를 내렸다. 이런 크고 작은 간증들이 내가 주의 종으로서 교인들에게 신임을 얻게 된 계기가 되었다. 그 덕분에 나는 목회가 정말 쉬웠다. '모든 것을 아시는 하나님과 동역하면 모든 멍에는 쉽고 내 짐은 가볍게 처리된다'는 교훈을 배웠다.

그러므로 내가 너희에게 말하노니
무엇이든지 기도하고 구하는 것은 받은 줄로 믿으라
그리하면 너희에게 그대로 되리라

마가복음 11:24

05

보 냄 3

권능의 종, 능력의 종으로 보내셨다

신학교에 입학하던 날, "너희는 오늘부터
십자군의 사관이다. 위관, 영관, 장군이
여기서 나올 텐데 열심히 뛰어라!" 하시던
계일승 학장님의 설교와 함께 4성 장군이
부친께 와서 "오늘부터 이 가정에 신세
좀 지겠습니다" 하셨던 나의 태몽이
생각나며 뜨거운 눈물이 흘러내렸다.
계일승 학장님의 설교를 듣고 마음속으로
'내가 설 자리는 십자군의 장성이 되는
거다. 하나님의 쓰임을 받게 해주세요' 하며
울며 기도했던 것이다. 하나님께서 그때의
일을 기억나게 하시고, 은퇴하는 그날까지
은혜를 주셨다. 감격의 눈물이 쏟아졌다.

발길만 닿아도
높여주시네

하루는 심방을 다녀왔다가 새문안교회에 갈 일이 있었다. 버스에서 내려 종로2가를 지나가고 있는데 마침 그곳에서 나이키 신발 가게를 하고 계신 A 집사님이 지나가는 나를 본 것이다. 부리나케 뛰어나와서 나를 부르셨다.

"아이고, 목사님! 어디 가세요?"

"아, 저 지금 새문안교회에 볼일이 있어서 가고 있습니다."

"아니, 목사님 여기까지 나오셨는데 더우니까 사이다나 한잔하고 가세요. 그리고 기도도 한번 해주시고 가세요."

기도 부탁을 하니 목사인 내가 안 갈 수 있겠는가.

"아, 그럼 그럴까요?"

가게에 들어가서 기도를 한 다음 나는 커피는 먹지 않기에 사이다를 한 잔 마시고 이렇게 물어봤다.

"집사님, 가게는 잘됩니까?"

"아니 뭐, 먹고살 만큼은 됩니다."

당시에 '나이키'라고 하면 정말 비싼 신발이었기에 장사가 잘되는지 궁금했다.

다음 주 주일이 되었다. 예배가 끝나고 A 집사님이 부지런히 내게 달려와서 말했다.

"목사님, 앞으로 종로2가에 자주 와주세요!"

"아니, 제가 뭐 거기 자주 나갈 시간은 없지요. 저번에는 일이 있어서 갔는데, 심방 다니고 그러면 바빠서 거기 잘 가게 되겠습니까?"

"아이고, 목사님이 오시면 제가 대접은 잘해드릴게요."

"아니, 뭐 대접은 괜찮아요. 근데 왜 그런 소리를 해요?"

"목사님, 제가요, 여기 개점한 지가 3년이 다 되어가는데 목사님 오신 날에 최고로 물건이 많이 팔렸어요!"

"많이 팔면 얼마나 팔았는데요?"

"목사님 가시고 나서 한 시간쯤 지났나? 얼마 안 돼서 관광버스가 가게 앞에 와서 섰어요. 일본인 관광객들이었는데, 전부 우리 가게로 몰려와서 신발을 거의 다 사 갔어요!"

그날 개점 이후 처음으로 거의 200만 원 가까운 매출을 올렸다는 것이다. 당시 200만 원이면 현재 가치로 몇천만 원 정도 되니 상당히 많은 액수였다. 그래서 집사님은 내가 왔다 간 날 그런 일이 있었다고, 자주 오라고 했던 것이다. 이런 이야기가 소문이 나서 심방 받으려는 가정이 줄을 서게 되었다. 나는 속으로 기도했다.

'참 좋으신 하나님, 감사합니다. 또 높여주시네!'

네가 네 하나님 여호와의 말씀을 청종하면

이 모든 복이 네게 임하며 네게 이르리니

성읍에서도 복을 받고 들에서도 복을 받을 것이며

네 몸의 자녀와 네 토지의 소산과 네 짐승의 새끼와

소와 양의 새끼가 복을 받을 것이며

네 광주리와 떡 반죽 그릇이 복을 받을 것이며

네가 들어와도 복을 받고 나가도 복을 받을 것이니라

신명기 28:2~6

난처함이
기회로

은혜를 받은 가운데 교회 부지도 매입하고 재정도 여유가 생겼다. 그러자 교인들이 먼저 나서서 "목사님, 교회 지읍시다!" 하며 제안을 했다. 그 때문에 나도 용기를 얻어서 건축 설계를 하고, 본격적으로 교회 지을 준비를 하고 있었다. 그런데 옆에 있던 미륭아파트에서 자꾸만 민원이 발생하는 것이다. '이전에 우리 아파트에서 그 땅을 사려고 했을 때는 서울시에서 안 팔고, 잠실교회는 무슨 빽이 있어서 이걸 샀느냐? 왜 우리한테는 안 팔았냐?'는 것이다. 당시에는 서울시가 운전교습소와 맺은 계약이 있었기 때문에 팔지 못했던 것이다. 그러다가 계약이 만료되어서 해당 부지 매각 공고를 냈고, 그래서 잠실교회에서 사게 된 것이었다. 서울시에서 아파트 주민들에게 공식적으로 해명을 했지만, 끝까지 민원을 넣으며 주민 집회를 지속했다. 합법적으로 구청에 건축 허가를 냈음에도 아파트 주민들의 반발 때문에 공사가 지연될 수밖에 없었다.

아파트에서는 부녀회를 앞세워서 항의를 멈추지 않았다. 부녀회가 공사 현장에 들어와서 드러눕고, 목사 나오라며 시위하는 일들이 계속해서 벌어졌던 것이다. 그렇다고 목사인 내가 그분들과 싸울 수야 있겠는가? 하는 수 없이 공사를 중지시키고 매일 공사 현장에 가서 기도를 했다. 아마 미륭아파트에서도 매일 기도하는 나를 분명히 보았을 것이다. 한동안 기도를 했는데 언제쯤인가 내 마음에 평안이 임했다. 그리고 얼마 뒤에 아파트 부녀회에서 나를 면회하겠다며 찾아왔다. 그 이유는 이렇다.

건축회사에서 공기(공사기간)를 정해서 계약을 했는데, 기간 안에 건축을 끝내지 못하면 위약금을 물어야 했다. 부녀회에서 집회를 하며 공사를 방해하는 바람에 정해진 기간 안에 건축을 못 해 손해를 보게 생겼으니 건축회사에서 부녀회를 상대로 소송을 한다는 것이었다. 그래서 오히려 나를 찾아온 부녀회 사람들에게 이렇게 말했다.

"여러분들, 정말 감사합니다. 우리 잠실교회가 넉넉한 형편에서 교회를 짓는 게 아닌데, 여러분들 덕분에 공사비를 줄일 수 있게 되었습니다. 도와주셔서 감사합니다."

사실 그렇지 않아도 공사비를 충당하기에는 재정이 부족했다. 그런데 오히려 건설회사에서 우리가 아니라 부녀회에서 돈을 받아서 지어준다니 정말 고마울 따름이었다. 이제 부녀회 여러분들 만날 일 없을 거라며 배를 탁 내밀었다. 나도 내 나름의 생각이 있었던 것이다.

다음 날 아침에 출근하니까 부녀회 사람들이 와서 울고 있는 것이었다.

"아니 자매님들, 무슨 억하심정입니까? 지난번에 공사하겠다니까 와서 드러눕고 못 짓는다고 야단을 쳐서 공사를 중단했는데, 이제 와서 또 울면서 무슨 소리를 하려는 겁니까?"

그랬더니 내 바짓가랑이를 붙잡고 이렇게 말했다.

"목사님, 용서해주세요! 부녀회장이 암에 걸려서 입원했습니다. 또 총무는 계단에서 떨어져서 다리가 부러졌습니다. 우리가 아침에 일어나서 목사님 거기서 기도하는 거 보면요, 두려워요. 그냥 교회 지으세요!"

"아니에요. 안 짓습니다. 지금은 돈이 없어서 못 짓습니다. 우리 지금 안 지어요. 여러분들이 돈 좀 보태주세요. 그러면 기꺼이 짓겠습니다. 좋잖아요, 술집이나 극장보다 교회 들어오는 게 더 좋지 않습니까? 그런데 왜 반대를 하세요."

"아니, 저희가 반대한 게 아니고요. 사실은 돈 좀 뜯어내자고 그런 건데, 이제 다들 잠잠해졌으니까 그냥 지으세요! 목사님 죄송해요."

훗날 이분들은 잠실교회에 와서 집사도 되고 구역장도 되었다. 정말 전화위복이 되었던 것이다. 하나님이 하시는 일들은 재미있고 놀랍다. 교회 부지를 구입하는 과정부터 건축하는 과정까지 하나님이 역사하신 것이다. 또 상황이 급박하게 돌아가니까 기도가 간절해졌다. 여유가 있었다면 간절하지 않았을 것이다. 급박한 상황에서 간절하게 기도하니까 하나님께서 응답하셨다. 교회 건축 문제를 순조롭게 해결해주신 것이다.

이런 일들을 옆에서 지켜본 재정부장은 내게 이런 말을 했다.

"목사님, 제가 생각해도 목사님이 두렵습니다. 이게 이렇게 될 줄 알았습니까! 그때는 제가 재정부장으로서 이거 어쩌나 싶어 걱정하다가 몸살이 났습니다. 목사님께 말씀드리면서도 죄송하고, 그런데 이렇게 목사님이 해결해주시니까 얼마나 마음이 편한지 모릅니다!"

재정부장은 이후로도 그 직책을 20년을 맡아서 하면서 교회 일에 충성하신 분이다. 지금까지도 예닮힐링아카데미에 후원하시고, 장로로 헌신하고 계신다. 이런 일들을 교인들이 듣다 보니 하나님이 없다고 할 수가 없는 것이다. 목사는 그런 것이다. 보이지 않는 하나님을 보여주는 것. 그것이 목사의 목표이자 사명이다.

예수님도 요한복음 14장 9절에서 '예수께서 가라사대 빌립아. 내가 이렇게 오래 너희와 함께 있으되 네가 나를 알지 못하느냐. 나를 본 자는 아버지를 보았거늘 어찌하여 아버지를 보이라 하느냐' 하셨다. 하나님이 하시지 않고는 그런 일이 일어날 수가 없는 것이다. 그게 바로 기적이고, 그런 이야기가 전해질 때 사람들은 '아, 하나님이 계시는구나. 잠실교회에는 하나님이 계신다!'라고 이해하고 수긍하는 것이다. 그런데 오늘날은 어떤가? 목회자들이 하나님을 보여주지를 않으니 성도들이 하나님이 두려운 줄을 모른다. 한국 교회가 하나님을 보여주지를 못하니 이 사회가 하나님이 두려운 줄을 모르는 것이다. 교회가 살아야 나라도 살고, 가정도 사는 것이다.

우리가 알거니와 하나님을 사랑하는 자 곧 그의 뜻대로 부르심을 입은 자들에게는 모든 것이 합력하여 선을 이루느니라

로마서 8:28

권능의 종,
능력의 종

예배당을 새로 짓고 상가에 있던 두 개의 교회를 합칠 때 있었던 일이다. 두 개의 교회를 하나로 모으는 날이었기에 각 교회 성도들이 떨어져나가지 않고 한곳으로 잘 모이는 것이 중요했다. 이 과정에서 모여지지 않으면 더 이상 교회에 나오지 않게 되기 때문이다. 어른 성도들은 구역장도 하고, 보통 맡은 직분이 있기 때문에 잘 따라온다. 그런데 유년 주일학교, 중·고등부 아이들이 마음에 걸렸다. 교회 버스가 있었지만 '시간 맞춰서 버스를 타고 오겠나?' 싶었기 때문이다. 그래서 첫날에는 교사들이 아침 일찍 반 아이들을 데리고 오시라고 일렀다. 맨 처음이 나오기 어렵지 한두 번 다니다 보면 알아서 잘 다니게 되기 때문이다. 그래서 초반에 특별히 당부를 해두었다.

덕분에 아이들 대부분이 예배에 잘 나왔다. 그런데 A 장로님이 맡았던 6학년 아이들은 반밖에 오지 않은 것이다. 딱 보니까 장로님이 아침에 아이들을 데리러 가지 않았던 것이다. 그래서 내가 한 소리 하며 야단을 쳤다.

"아니, 장로님! 다른 교사들은 아이들 다 데리고 왔는데, 장로님이 본을 보여야 되지 않겠습니까?"

나는 직언을 했다. A 장로님도 직장 일 때문에 계속 바빴던 것 같았다. 그래도 다른 교사들은 다 순종했는데, 그렇지 못했으니 원리를 이야기했던 것이었다.

"다른 분들은 평신도이고 집사인데, A 장로님은 장로이지 않습니까?"
그러다 보니 많이 부끄러웠던 모양이다. '아니, 목사님이 나 혼자만
불러서 이야기하면 몰라도 이렇게 여러 사람 앞에서 망신을 주시
나?' 하는 생각이 들고 섭섭했던 것이다. 보니까 얼굴이 빨개지고 표
정도 별로 좋지 않았다. 조금 화가 났던 것 같다. 그래서 내가 마지
막에 이야기를 했다.
"내가 지금 이야기하는 것은 원칙을 말하는 것입니다. 그러니까 섭
섭해하지 마세요."
나는 한번 말하고 나면 더 이상 담아두지 않는 타입이다. 'A 장로님
이 조금 충격을 받았겠구나' 하는 생각은 들었지만, 그 이후로는 잊
고 넘어갔다.

금요일이 되어 철야집회를 준비하고 있었다. 그날은 마침 은사집회
였는데, A 장로님이 나를 찾아왔다. 그리고는 내 앞에 무릎을 턱 꿇
고 이렇게 말했다.
"목사님, 살려주세요."
내가 되물었다.
"아니, 제가 언제 장로님을 죽인다 했습니까? 왜 그런 소리를 하세요?"
"목사님, 제가요 엊그제 건강검진을 받았는데, 간에 꺼풀이 생겼대요."
그러고는 저를 보고 배를 긁는데, 정말로 배에서 '북, 북' 하고 소리가 나

는 것이다! 지난 주일에 있었던 일을 알기 때문에 내가 이렇게 말했다.

"그럼, 일단 준비기도 하세요. 지금은 내가 기도 안 해드릴 것이고, 이따 철야예배 다 끝나고 기도할 때 그때 오시면 해드리겠습니다."

그렇게 이야기했지만 이내 걱정이 되었다. 내가 의분을 내면 그 사람이 해를 받기 때문이었다. 정화여고에서도 그렇고 수많은 일들이 있었기 때문에 걱정이 되었다. 나는 크게 미워하는 게 아닌데도 하나님이 미워하셨던 것이다. 하나님의 일에 방해가 되니까 그랬던 것이다. 하나님께서는 하나님의 일을 막는 방해꾼이 있으면 제거하시기 때문이다. 그래서 A 장로님이 와서 기도 부탁을 할 때 그런 생각이 딱 났던 것이다.

그래서 일단 기도하고 오시라고 하고는 성도들을 모두 보내고 제일 마지막에 기도를 해드렸다. 손을 얹고 기도하고, 다시 한 번 배를 만져보라고 했다. 그런데 '북, 북' 하던 소리가 사라졌다! 없어진 것이었다! 내일 꼭 병원에 다시 가보시라고 하며 보냈다. 그리고 다음 날 병원에 가보니 정말로 없어진 것이다. 간에 꺼풀이 덮여 있었는데 그게 없어졌다는 것이다.

그 이후로 A 장로님은 교회에서 대표기도를 할 때마다 하는 말이 있다. 설교자인 나를 위해 먼저 기도할 때마다

"권능의 종 원광기 목사님, 능력의 종 원광기 목사님, 오늘도 성령의 충만함을 주사 말씀을 잘 증거하게 하여주옵소서!"

하시는 것이다. 항상 내 앞에 '권능의 종, 능력의 종'이라는 말을 붙인다. 그러다 보니 교인들이 A 장로님이 왜 그렇게 기도하는지도 다 알게 되었다. 왜 '권능의 종'이라고 말하는지 소문이 난 것이다.

그래서 나는 교회에서 목회하기가 쉬웠다. 교인들이 순종을 잘해주셨기 때문이다. 목회자에게는 하나님이 주신 '권위'가 있어야 한다. 그래야 목회하기가 쉽다. 도리어 교인들이 반발했다면 목회자가 어떻게 설 수 있었겠는가? 모세한테도 반발하는 백성들이 있었다. 하지만 하나님께서 권위를 주셔서 응당 벌을 받고 난 후에는 백성들이 모세를 전적으로 따랐다. 이처럼 하나님은 그가 하시는 일에 방해가 되는 것들을 모두 제거하신다. 그래서 모세에게 권위를 주셨고, 놀라운 역사와 기적들이 일어날 수 있었던 것이다. 그 때문에 우리 교회에도 '잠실교회'라는 이름 앞에 '하나님이 함께하시는 교회'라는 모토가 붙은 것이다. 또한 교인들은 '잠실교회'라는 프라이드가 생겼던 것이다. '잠실교회' 명패를 현관문에 붙였다는 것 자체를 영광으로 생각하게 되었다. 그런 권위가 있고 역사가 일어나야 목회가 순조로워지게 된다.

그를 높이라 그리하면 그가 너를 높이 들리라
만일 그를 품으면 그가 너를 영화롭게 하리라

잠언 4:8

세상에 이런
목사가 다 있나!

교회를 새로 건축하고 나서부터는 한 주에 50가정씩 새 신자가 밀려왔다. 개척교회가 매주 하나씩 생기는 격이었다. 그래서 일주일 동안 심방만 다녀도 너무 바쁜 것이다. 보통 심방을 간다고 하면 여전도사들이 미리 각 가정에 가서 약속을 잡는다. 몇 월 며칠 몇 시에 가서 예배드리겠다는 심방 카드가 올라오면 그걸 가지고 심방을 다녔다. 내가 잠실 5단지에 살 때였다. 일과가 끝나고 집에 와서 목욕을 하고 옷도 갈아입었는데, 여전도사님한테서 전화가 온 것이다.

"목사님, 여기 훼미리아파트예요. 그런데 지금 중학교 2학년 여학생이 귀신이 들려서 10층 베란다에서 뛰어내리려고 해요! 애 엄마하고 저하고 지금 붙잡고 있는데 힘드네요. 빨리 와주세요."

'목욕도 다 하고 옷도 갈아입었는데 옷이나 벗기 전에 연락하지' 한편으로는 귀찮은 생각이 들었다. 그런데 다른 한편에서는 '오죽 급하면 지금 전화했겠나?' 하는 생각이 들었다. 급히 옷을 갈아입고 택시를 타고 훼미리아파트로 갔다. 가서 문을 열고 들어가보니 중학교 2학년인데 성인만큼 키가 큰 아이가 베란다에 서 있는 것이다. 그러고는 베란다 바깥으로 발을 하나 내놓고 떨어지려 하고 있었다. 그 모습을 보고 내가 소리쳤다.

"야, 이 X아! 내려와!"

나를 힐끗 쳐다보더니 베란다에서 내려왔다.

"저기 가서 앉아!"

이 말을 듣자 눈을 마주치더니 가서 앉는 것이다. 그 모습을 본 순간, '이건 끝났다!' 이런 확신이 들었다.

예배를 드리고 축사를 했다. 그리고 그 중학교 2학년 여자 아이에게서 귀신이 완전히 떠나게 되었다. 다음 날 그 집에 심방을 갔다. 심방 예배를 드리는데 아이 아버지도 참석했다. 첫인상을 보니 거친 사람이라는 느낌이 들었다. 예배를 다 보고 나니까 돈 한 뭉치를 봉투에 넣어서 "이거 십일조인데요" 하며 내 앞에 갖다 놓는 것이다. 봉투의 두께를 보니까 대충 2000만 원 정도는 되어 보였다. 당시 2000만 원은 정말 큰돈이었다. 그래서 이런 생각이 들었다. '아니, 이 사람이 얼마나 교회를 안 나갔으면 이만큼이나 모아뒀다가 한 번에 내나?' 그러고는 교인 등록을 해야 하니까 카드를 작성하고 예배를 마쳤다. 그때 아이 아버지가 이렇게 말했다.

"목사님, 제가요. 옥한흠 목사님의 사랑의교회를 다니거든요."

"아, 그렇군요."

"근데, 제가요. 지금 계속 사랑의교회 나갈지 잠실교회 나갈지 결정을 못 했습니다."

그 말을 듣고 나는 그 돈을 다시 갖다가 밀어주면서

"십일조는 자기가 섬기는 교회에 갖다 내는 겁니다. 사랑의교회에 나갈 것 같으면 거기다 내고, 잠실교회 오겠다고 생각되면 결심한 다음에 잠실교회에 와서 내세요. 그건 자기 교회가 되는 것이니까, 자기가 섬기는 교회에 내는 겁니다."

아이 아버지 앞으로 돈을 갖다 내밀고 그 집을 나왔다.

그러고 나니 그분이 기분이 조금 상했던 모양이다. 자기 딸도 보고 있는데 이렇게 거절을 해버리나 싶어 부인도 민망해하는 기색이 역력했다. 다음 주일날 교회에 와보니 이 가족이 둘째 딸까지 데리고 와서 맨 앞에 앉아 있는 것이었다. 나는 속으로 이런 생각이 들었다. '저 사람 웃기고 앉았네. 뭐 사랑의교회 나간다더니, 와서는 맨 앞줄에 앉아가지고 말이야.'

예배가 다 끝나고 그 집 부인이 나를 찾아왔다. 그리고는 이렇게 애기하는 것이다.

"이변이 생겼어요. 목사님, 우리 남편이 괴짜예요. 그래서 말도 막 하고 결례도 하고 그래요. 목사님도 보셨겠지만 그래요."

"그래요? 무슨 이변이 생겼습니까?"

"목사님이 가신 다음에요. 제 남편 김 집사가 '야, 우리 한국에 저런 목사가 있나? 돈 갖다 내면 다들 기가 죽는데, 아니 이분은 돈을 줘도 밀치더니 우리 교회는 돈에 대해 신경 쓰는 교회 아니다, 십일조는 자기가 섬기는 교회에 내야 된다, 사랑의교회 가려면 거기다 갖다 내라! 이러고 딱 나가네? 멋지다. 야, 저런 목사가 다 있나! 나 잠실교회 나가야겠다!' 이러고 선언을 하고는 오늘 이 교회에 나왔어요!"

목사가 단호할 때는 단호해야 한다는 생각이 들었다. 헌금 봉투를 보면 대충 얼마 정도 들어 있는지 목사는 알 수 있다. 그래서 계수실(헌금계수실)에서 "목사님, 아니 웬 돈 2000만 원이 헌금으로 들어왔어요!" 하는데, "알고 있어요. 그거 김 집사가 냈을 겁니다" 했다. 나는 이미 다 알고 있었기 때문이다. 그 집사님은 잘나가는 회사 사장님으로 매달 2000만 원의 십일조를 헌금하셨다.

집 하인이 두 주인을 섬길 수 없나니
혹 이를 미워하고 저를 사랑하거나
혹 이를 중히 여기고 저를 경히 여길 것임이니라
너희는 하나님과 재물을 겸하여 섬길 수 없느니라

누가복음 16:13

처음으로
풀(Full)로 찼어요!

교회 개척 초기였다. 이제 막 개척을 시작해 정말 바빴다. 성가대를 조직해야 하는데, 바쁘다 보니 그러지 못하고 있었다. 때마침 L 집사님이 내게 찾아왔다. 미국에서 대학을 나오고 운동을 좋아하던 집사님이었다. 찾아와서는 이렇게 말했다.

"목사님, 우리도 교회가 컸으니까 성가대 하나 만들었으면 좋겠어요. 제가 지휘를 해도 될까요?"

"아, 지휘하는 거 말고도 성가대를 한번 다 구성해보세요!"

그랬더니 친화력이 좋은 L 집사님은 단번에 20명을 불러서 성가대를 조직했다. 집사님이 성가대 가운도 사서 입히고 지휘도 하기 시작했다. 나보다 나이는 일곱여덟 살 정도 아래이다 보니 내가 동생처럼 대하면서 속으로 '아, 저 친구 나중에 장로 시켜야겠다' 하는 마음을 먹고 있었다. 그런데 얼마 지나지 않아서 미국으로 이민을 간다는 것이다. 나와 교회를 잘 도와줄 수 있는 사람이 떠나야 한다니 아쉬운 마음이 컸다. 그래도 간호사 아내를 따라 미국에 가야 한다고 하니 섭섭한 마음이 들었지만 미국에 가서도 신앙생활 하면서 잘 살라고 축복해주었다.

나중에 나의 아들 종관이가 중학생이던 때였다. 아들은 당시에 샌디에이고 이종범 목사님 교회 집에 머물고 있었는데, 내가 아들을 보러 샌디에이고에 간 것을 알고 L 집사가 찾아왔다.

"아니 L 집사, 어떻게 왔어요?"

"목사님, 제가요, 샌디에이고에서 호텔을 합니다. 여기에는 해병대 훈련 기지가 있어서 주말이 되면 면회도 하고 그럽니다. 그래서 호텔 운영이 잘됩니다."

샌디에이고는 휴양도시였다. 경치도 좋고 해군 훈련소도 있어서 발전된 도시였다. 그래서 이곳에 호텔을 샀다며 나보고 와서 구경도 하고, 로즈홀(VIP 객실)에서 하룻밤 묵고 가라는 것이다. 그런데 당시 내 아들은 중학교 3학년이었고, 아들 보러 왔는데 혼자 로즈홀에서 잘 수는 없었다. 미안하지만 L 집사님께 이야기했다.

"우리 아들이랑 있어야지, 내가 거기서 어떻게 잡니까?"

그래도 L 집사님은 계속 와달라고 부탁했다.

"목사님, 와서 예배 좀 봐주세요."

예배 봐달라고 부탁하는데 목사로서 안 갈 수가 없었다. 그래서 결국엔 L 집사님의 호텔에 들르게 되었는데 로즈홀에 가보니 전망이 아주 좋았다. 호텔이 잘되는지 궁금하기도 해서 물어보았다.

"집사님, 이 호텔에는 객실이 몇 개나 되나요?"

"120개입니다."

"호텔은 잘됩니까?"

"그럭저럭 돼요. 이걸 팔아야 하는데, 팔려면 호텔 객실이 만실 된 경력이 있어야 고가(高價)로 거래가 되거든요. 그런데 한 번도 채워진 적이 없어서 잘 안 팔려요."

우리는 예배를 같이 드렸다. 나는 이렇게 기도했다. '하나님, 오늘 이 호텔 객실 다 차게 해주세요'라고. 예배를 다 드리고 나서도 L 집사님이 내게 부탁했다.

"목사님, 오늘 하루만이라도 로즈홀에서 주무시고 가세요."

하도 간곡하게 부탁을 해서 나는 그곳에서 묵을 수밖에 없었다. 아들 종관이는 집에서 잔다고 하니 나는 혼자 남아 로즈홀에 묵었다.

하룻밤을 로즈홀에서 묵고, 아침에 일어나서 샤워를 하려는데 L 집사님이 헐레벌떡 뛰어오더니 이렇게 말하는 것이다.

"목사님, 기도 끝내주네요! 어젯밤에 저희 호텔 객실이 풀(full)로 다 찼습니다!"

그러면서 내게 봉투를 하나 건네주는 것이었다. 봉투 안에는 4000 달러가 들어 있었다. 당시에는 정말 큰돈이었다. 그걸 내게 주면서 말했다.

"목사님, 이렇게 만실이 한번 되고 나면 호텔값이 확 올라갑니다! 그러니까 4000달러는 문제가 아니에요! 아들 종관이를 위해서 쓰세요!"

나는 고맙다고 하며 호텔을 나왔다. 나오면서 속으로 이런 생각을 했다.

'하나님이 함께하시네….
구한 것은 받은 줄로 믿어라.
아멘, 할렐루야, 감사합니다.'

그 후에 L 집사님은 샌디에이고 호텔을 팔고 다른 곳에서 호텔을
하는데 아주 잘되고 있다. 또한 근처 교회에서 장로로 지내고 있기
도 하다. 하루는 내게 연락을 해서 이런 말을 했다.
"목사님, 한국 사면하고 오세요! 제가 돈을 들여서 LA나 샌디에이
고에 교회를 할 테니까, 목사님 오세요!"
"그래요. 집사님 말은 제가 잘 받았습니다. 근데 다음번에 한국 오면
우리 교회 한번 와보세요."
나중에 L 집사님이 한국에 다니러 왔다. 와서 새로 지은 교회를 보
더니,
"아이고, 목사님 못 오시겠구나. 이렇게 교회가 부흥되었는지 몰랐
어요."
"하나님이 축복해주셨지요."

 L 집사님의 바람대로 내가 미국에 가는 일은 없었지만, 그의 아
들이 목사가 되고 지금까지도 신앙생활 잘하며 LA에 살고 있다고
한다.

내가 산을 향하여 눈을 들리라 나의 도움이 어디서 올꼬

나의 도움은 천지를 지으신 여호와에게서로다

여호와께서 너를 실족하지 아니하게 하시며

너를 지키시는 이가 졸지 아니하시리로다

이스라엘을 지키시는 이는 졸지도 아니하시고

주무시지도 아니하시리로다

여호와는 너를 지키시는 이시라

여호와께서 네 오른쪽에서 네 그늘이 되시나니

낮의 해가 너를 상하게 하지 아니하며

밤의 달도 너를 해치지 아니하리로다

시편 121:1~6

기도는
예언(豫言)이다

잠실교회가 계속 부흥되고 있을 때였다. 교회 옆에 경찰병원이 있는데, 마침 경찰병원 원목이 내 후배였다. 그가 내게 연락을 해서 이런 부탁을 했다.

"목사님, 환자들이 와서 예배를 보는데 성가대가 없으니까 조금 조촐해요. 혹시 성가대를 좀 보내주시면 안 될까요?"

"뭐, 안 될 것 없지. 그럼 내가 보내줄게!"

그리고는 교회에 광고를 했다.

"경찰병원에서 요청이 왔는데, 한 스무 명 정도 성가대원을 조직해서 시간 되시는 분들이 가서 한번 도와주시면 좋겠습니다."

교인들이 자발적으로 스무 명을 채워서 성가대를 조직했다. 그런데 단 하나, 피아니스트가 없다는 것이다. 마침 안 장로님 딸이 피아노를 잘 치는데 중학교 3학년이었다. 그 아이를 데리고 가라고 말해주었다. 다행히 그 아이도 좋아해서 경찰병원 성가대를 아주 잘 마무리할 수 있었다. 경찰병원에서도 성가대를 보내주셔서 감사하다며 피아노를 쳤던 아이가 정말 잘했다는 칭찬을 받았다. 그래서 그 자리에서 중학교 3학년 어린 여자 아이에게 '세계적인 피아니스트가 될 것이다' 하며 축복과 예언의 기도를 해주었다. 함께 있던 교인들도 모두 "아멘!" 하고 기도를 받았다.

이후에 그 아이가 성장을 하여 한국에서 예술대학을 졸업하고, 바르셀로나 세계 피아니스트 대회에 나가 당당히 1등을 했다. 내가 예언하고 교인들이 "아멘!" 하니까 정말로 그렇게 된 것이었다. 그래서 교인들이 모두 은혜를 받았다. '원 목사님이 예언하시면 된다!' 하며 감동을 받고, 믿음의 분량도 더욱 커지게 되었다. 피아니스트 안수정이 그 주인공이며, 지금까지도 해외에서 활발한 활동을 하며 한국의 이름을 빛내고 있다. 그 여자 아이는 영국 황실 대학에서 음악 공부도 하면서 세계적인 피아니스트로 명성을 떨치며 신앙생활도 열심히 하고 있다.

또 다른 한 아이가 있었다. 그 아이도 서울대학교 음악대학에서 성악을 전공했는데 내가 예배 시간에 "위대한 성악가가 될 것이다"라고 축복하며 기도를 해주었다. 그녀의 이름은 양귀이인데, 현재는 독일에서 활발하게 활동하며 유명한 성악가가 되었다.

또 다른 이야기도 있다. 잠실교회는 매년 1월 1일에 교인 전체가 기도원에 가서 기도회를 한다. 그리고는 이렇게 말하곤 한다.

"연초에는 여기저기 문안 인사를 드리러 다닐 텐데, 제일 먼저 하나님 앞에 인사를 드려야 합니다. 하나님 앞에 먼저 경배드리고, 그런 다음에 인사드리러 다니십시오. 1월 1일은 제가 집회를 인도하고 그날은 각자 품은 기도 제목을 들고 나오세요. 제가 다 읽어보고 축복 기도를 해드리겠습니다."

그중에서 서울대 공대 재료공학과를 나온 정원준 학생이 있었다. 키가 엄청 큰 아이였는데 대학을 졸업하고 LG전자에 다니다가 공부를 더 하고 싶어서 회사를 나온 아이였다. 새해 첫날, 미국 유학을 가고 싶다고 기도 제목을 가지고 내게 오더니 이렇게 말했다.

"목사님, 제가 미국의 MIT공대에 가서 공부하고 싶은데 기도해주세요!"

그 말을 듣고 온 교인들이 듣는 앞에서 축복기도를 해주었다.

"이 아이의 기도 제목대로 미국에 가서 공부할 수 있게 해주소서."

그 후 정원준 학생은 6개월 만에 MIT공대 입학 허락을 받았다. 그리고는 예배 때 나를 찾아와서 감사헌금을 내며 인사를 했던 기억이 난다. 지금은 MIT에서 박사 학위를 취득하고 미국 IT 회사에서 연구원으로 재직하고 있다.

이처럼 하나님께서는 꿈을 갖고 함께 기도하면 언제나 이루게 하시는 분이셨다. 그리고 이러한 축복과 예언의 기적들을 통해 주의 종의 권위가 서고, 교인들은 교회와 목회자에게 충성하며, 교회가 더욱 부흥하고 발전할 수 있게 되었다. 기도하고 응답받고 간증할 때 하나님은 영광을 받으시고, 들은 교우들은 믿음으로 도전을 받아 새로운 기적의 역사를 이어간다.

네가 네 하나님 여호와의 말씀을 삼가 듣고
내가 오늘 네게 명령하는 그의 모든 명령을 지켜 행하면
네 하나님 여호와께서 너를 세계 모든 민족 위에 뛰어나게
하실 것이라

신명기 28:1

의사가
환자를 보듯이

새로 지은 교회로 이전하고 교회가 번창하던 때였다. 근처에 감리교 목사가 한 분 왔는데, 성막 강의로 유명하신 분으로 설교를 잘하기로 소문 난 목사였다. 그런데 그 교회의 교인들이 언제부터인가 우리 교회를 다니기 시작했다. 바로 옆에 있던 교회였고, 내가 알고 지내던 목사였기 때문에 괜히 민망스러웠다. 그래서 감리교회에서 온 교인들에게 "그 교회 목사님이 설교도 잘하시는데 도대체 왜 우리 교회로 오십니까?" 하고 물어봤다.

그랬더니 두 가지 이야기를 들을 수 있었다. 첫째는 그 목사님이 금으로 교회를 짓겠다고 한다는 것이다. 성막 강의를 하던 사람이니까 성막처럼 금으로 교회를 짓겠다는 것이었다. 근데 그거는 둘째고, 또 하나 중요한 이유는 심방을 할 때 목사님이 매번 같은 말씀을 하고 그 가정에 전혀 상관이 없는 소리를 한다는 것이다. 나는 속으로 이런 생각이 들었다. '아이고, 헛짓을 하고 다니는구나!'

심방 설교는 그 가정에 적합하게 해야 은혜가 된다. 그냥 어림잡아서 대충 한다고 되는 것이 아니다. 의사가 환자를 진단할 때 문진, 시진, 후진, 청진, 타진 이렇게 다양한 방법으로 건강을 확인하듯이 목사도 영적인 의사로서 영적 상태를 적절하게 확인할 수 있어야 한다. 교인들을 심방할 때 그 사람의 얼굴이 밝지 않으면 근심이 있다는 것이다. 굳이 말로 묻지 않아도 눈으로 보는 것만으로도 금방 알 수 있다. 혹여나 남편을 먼저 보낸 분이라면 남편에 대한 얘기를 하지 않는다. 남편의 사랑을 받지 못하기 때문에 다른 사람과 달리 피부색에 미묘한 차이도 있다. 이렇게 여러 가지 경로로 교인들의 상황을 읽을 줄 알아야 한다.

나는 교인들을 만날 때마다 심방노트에 가정 형편, 건강, 자녀들까지 모두 기록해둔다. 그렇기 때문에 어떤 교인이 와서 기도 부탁을 하더라도 아버지부터 자녀들까지 자세하게 기도를 해줄 수가 있는 것이다. 그럴 때 교인들이 '아, 우리 목사님은 우리 가정에 대해서 잘 아시는구나' 하고 "아멘! 아멘!" 하며 목회자를 따르게 된다. 말하지 않는 것을 찾아내는 것이 더 중요하다. 빙산 위쪽만이 아니라 아래까지도 모두 읽을 줄 아는 사람이라야 리더가 될 수 있다. 그래야 목회자로서 성공할 수 있게 된다. 교인들의 영적 상태를 점검할 줄 알아야 훌륭한 목회를 할 수 있다.

여자가 물동이를 버려두고 동네로 들어가서

사람들에게 이르되

내가 행한 모든 일을 내게 말한 사람을 와서 보라

이는 그리스도가 아니냐 하니

그들이 동네에서 나와 예수께로 오더라

요한복음 4:28~30

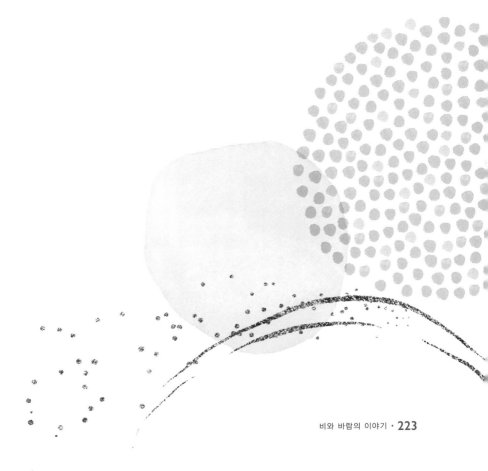

우리가
욕심을 냈습니다

예배당을 건축하고 사역을 하던 중에 기도원이 하나 있었으면 좋겠다는 생각이 들었다. 개척 초기부터 기도원에 가서 기도를 하고 내려올 때마다 맘속으로 '하나님, 제게도 기도원을 주세요. 이보다도 더 좋은 기도원을 주세요' 하며 기도하곤 했다. 하나님은 그런 작은 신음에도 응답하셨다. 멀리서도 내가 앉고 서 있음과 나의 생각을 통촉하시는 분, 그분이 바로 하나님이시다. 그것을 알기 때문에 하나님 앞에 기도하는 것이다. 교회를 짓기 전에도 마찬가지였다. 잘 지은 교회를 보면 '하나님, 이보다 더 좋은 교회를 주세요' 하며 기도하고, 심방을 다니다가도 교회 기둥들을 붙잡고 '이것보다 더 크고 아름다운 교회를 주세요' 하며 기도했다. 그런 기도가 있었기에 하나님께서 지금의 잠실교회를 주셨던 것이다.

그래서 기도원 자리를 찾아보기 위해 부목사님들과 경기도 광주, 강원도 원주 이런 곳에 차를 타고 다니며 이곳저곳 알아보기 시작했다. 많은 곳을 돌아다녔지만 적당한 곳은 거의 없고, 광주 곤지암에 3000평짜리 괜찮은 부지가 있었다. 그래서 그곳으로 정하고 기도원을 다 지어놓은 상태였다. 그런데 얼마 뒤에 기도원에 계시는 장로님이 그러시는 것이었다.

"목사님, 이상해요. 요새 누가 와서 이 주변을 둘러보면서 땅을 사는 것 같아요."

"그래요? 그냥 놔두세요. 어차피 우리는 기도원을 더 넓힐 필요는 없습니다."

그러더니 얼마 지나지 않아 IMF 외환위기 사태가 벌어졌다.

가끔 기도원에 예배를 보러 다닐 때였다. 홀쭉하게 생긴 두 남자가 나를 보려고 찾아왔다. 내 사무실로 안내하고 편히 앉으라고 했더니 갑자기 내 앞으로 와서 꿇어 앉았다. 그러더니 내게 이렇게 말했다.

"목사님, 저희 좀 살려주십시오!"

"아니, 제가 무슨 해를 끼친 게 있나요? 잘못한 게 있나요?"

"아니에요. 목사님이 잘못하신 게 아니고, 우리가 욕심을 냈습니다."

"무슨 욕심을 내셨는데요?"

"사실은 저희들이 부동산을 합니다. 그런데 잠실교회 기도원이 들어온다고 하니까 큰 교회라서 땅을 더 살 것이라고 예상을 했습니다. 그래서 주변에 붙어 있는 땅 1만7000평을 샀습니다. 그런데 우리 돈으로 산 건 아니고요, 은행에 가서 돈을 빌려서 샀는데 IMF가 터지면서 은행 대출금 이자가 확 올라갔습니다. 저희 거덜나게 생겼습니다. 그래서요 목사님, 이걸 좀 사주세요."

내가 웃으면서 물었다.

"그래서, 평당 얼마에 사셨습니까?"

"12만 원, 8만 원, 7만 원, 각각 다르게 샀습니다."

그 얘기를 듣고 딱 잘라 말했다.

"그런데 선생님들 번지수를 잘못 찾아오셨어요. 내가 그거 살 만한 돈이 있었으면 여러분들 손에 들어갔겠습니까? 그 전에 내가 샀지. 안 그래요? 저 부동산에 대해서는 아주 도사입니다. 잘 알아요. 그런데 내가 살 의욕이 있었으면 벌써 다 샀지, 당신들 손에 들어가도록 놔뒀겠습니까? 당신들이 이전부터 이 근방을 왔다 갔다 하는 거다 알고 있었어요. 근데 우리는 살 계획이 없어요."

이 말을 듣고는 그 남자들이 낙심을 하면서 계속해서 간청을 하는 것이었다.

"목사님, 그래도 저희 좀 살려주세요."

"아니, 생각해봐요. 바꿔서 생각해봐요. 내가 부동산에도 훤한 사람인데, 내가 땅 살 돈이 있거나 살 의사가 있었으면 내가 먼저 샀지, 당신들 손에 가도록 놔뒀겠습니까? 이전부터 부동산 알아보고 다닌 것도 다 들었는데!"

그랬더니 두 남자가 내가 아주 보통이 아니라고 느꼈던지 움찔하는 것이었다. 나는 못 사겠다고 거듭 강조했다. 그러자 두 남자가 잠깐 밖에 나갔다가는 금세 다시 들어와서 이렇게 말했다.

"목사님, 제가 한 말씀만 드리겠습니다. 이거 평당 8만 원에 사주시면 안 됩니까? 저희 그렇게 해도 망하는 겁니다. 그래도 8만 원이면 빚은 해결되니까. 그냥 8만 원에 사주시면 안 되겠습니까?"

"근데, 교회라는 게 목사 혼자 모든 것을 결정하는 게 아니에요. 우리는 당회라는 것이 있어서 당회에서 결정하기 때문에 당회에 가서 한번 상의해볼게요. 다음에 오시죠. 그렇게 말씀하는 거 보니 급하신 것 같은데, 제가 한번 얘기해보죠."

당회와 제직들과 이야기를 나누어봤다.
"됐네요! 그거 평당 12만 원에도 샀다고 하는데, 자기들이 망하는 거라고 8만 원에라도 판다고 하니까 그냥 사죠."
그래서 처음에 3000평만 매입했던 기도원 부지가 2만 평으로 늘어나게 되었다. 그 땅이 지금은 10배 이상 가격이 올랐다. 하나님의 축복은 시작은 미약해도 나중은 창대케 하신다. 할렐루야!

네가 만일 하나님을 찾으며 전능하신 이에게 간구하고
또 청결하고 정직하면 반드시 너를 돌보시고
네 의로운 처소를 평안하게 하실 것이라
네 시작은 미약하였으나 네 나중은 심히 창대하리라

욥기 8:5~7

🦋 선교지에서 만난
경이로움

은퇴하기 10년 전쯤 있었던 일이다. 회사에 다니거나 공무원으로 일하던 장로님들이 60세가 넘으면서 하나둘씩 현직에서 은퇴를 하게 되었다. 막상 수십 년 동안 일해오던 직장에서 은퇴를 하고 나니 아무것도 할 일이 없었다. 은퇴 이후 바쁘게만 살아오던 삶이 끝나면서 많은 장로님들이 인생의 무료함을 느끼고 계시는 것 같았다. 그 모습을 보면서 목회자로서 안타까운 마음이 들었다. 그리고 장로님들께 다시 힘을 드리고 싶어 주일예배 시간에 이런 얘기를 했다.

"우리네 인생은 1기(전반기)가 있고, 2기(후반기)가 있습니다. 제2의 삶이라는 것이 있지 않습니까? 우리가 여태까지는 나라를 위해서, 가정을 위해서 열심히 일하고 돈도 벌며 살았습니다. 이제는 은퇴를 해서 어느 정도 시간이 흐르고 퇴직금도 받았으니 각자의 인생을 살기 좋은 시기 아니겠습니까? 은퇴를 하고 봉사도 하고 섬기는 사람들도 많은데, 우리도 그렇게 살 때가 왔습니다. 우리 잠실교회 성도님들도 제2의 인생을 설계해봅시다!"

이 한마디 말이 교인들에게 힘이 되고, 큰 호응을 얻었다. 어떤 장로님은 은행 지점장을 하다가 은퇴를 하고 신학교에 가서 목사가 되셨다. 또 H 장로님은 사업을 접고 캄보디아 선교를 떠나기도 하셨다.

캄보디아 선교를 떠나신 장로님은 캄보디아 제2의 도시인 바탐방에서 땅 6000평을 매입해 신학교를 지으셨다. 그래서 어느 날 내게 이렇게 말했다.

"목사님, 제가 은퇴하고 캄보디아에서 신학교를 합니다."

"아이고! 잘되었네요. 잘하셨습니다!"

"목사님이 한번 오셔서 기도해주시고 후원도 해주세요."

목사가 기도 부탁을 받았는데 가지 않을 수가 없었다. 그래서 한두 차례 캄보디아 바탐방 신학교에 방문을 했다. 초대를 받아 가려고 하니 장로님이 애써 캄보디아까지 가서 선교를 하는데 나 혼자 가면 안 될 것 같다는 생각이 들었다. 때마침 시간이 되시는 장로님 여러 분과 함께 캄보디아를 찾았다. 그랬더니 캄보디아에 계신 장로님이 예상치 못한 방문에 정말 좋아하시는 것이다. 단체로 캄보디아에 방문한 김에 해당 지역에 장로님이 세우신 교회들도 탐방하기로 했다.

큰 차를 하나 빌려서 바탐방 이곳저곳을 돌아다녔다. 운전기사로는 덩치가 산만 한 현지 원주민이 왔는데 당시에 200달러 정도를 주고 2박 3일 동안 고용했다. 해당 지역 곳곳을 돌며 구경하다가 마약을 많이 하는 동네를 방문하게 되었다. 차를 타고 그 지역을 지나가는데 마약 중독자 한 사람이 우리에게 돈을 달라고 했다. 그런데 그걸 줄 사람이 몇이나 되겠는가? 안 주고 버텼더니 이 사람이 우리 차를 발로 뻥 차는 것이었다! 그걸 보고는 차 주인인 현지인 운전기사가 화가 나서 그 마약 중독자를 주먹으로 한 대 때렸다. 그랬더니 마약 중독자가 털썩 쓰러졌는데 나가서 확인해보니 죽어버린 것이었다. 때렸던 기사도 너무 놀라 당황하고, 함께 있던 우리도 깜짝 놀랐다. 마약에 찌들어 살다 보니 몸이 허약해져 있었기에 주먹 한 방에 죽고 만 것이었다.

큰일이 난 것이다. 운전기사가 저지른 순간의 실수로 벌어진 일이지만, 우리가 캄보디아 선교를 하러 와서 이런 끔찍한 일이 발생한 것이니 눈앞이 캄캄해졌다. 벌써부터 뉴스에 '잠실교회 선교팀, 캄보디아에서 살인 저질러'라고 보도가 될 것을 생각하니 한국 교회의 망신이고, 선교에 누가 되고, 잠실교회 이미지에 큰 타격을 입게 될 것 같았다. 그 생각을 하는 순간 정신이 아찔했다.

마약 중독자의 가족들이 집에서 나와서 캄보디아어로 뭐라고 말을 하더니 얼마 안 돼 경찰차가 왔다. 마약 중독자의 매형이 경찰이라서 경찰차가 빨리 왔다는데, 심장이 벌렁벌렁거리고 기도가 절로 나오는 것이었다. 우선 병원에 가봐야 하니까 쓰러진 마약 중독자를 경찰차에 태우고 근처 병원으로 갔다. 병원에 도착해 의료진이 살펴보더니 "이 사람은 죽었다"고 하는 것이다. 그 얘기를 듣고 돈으로 해결할 수 있는 문제도 아니고 해서 장로님들도 얼굴이 사색이 되고 모두가 정신이 없었다. 매형이라는 경찰이 옆에 와서는 "사람을 죽였으니까 가서 조사를 받아야 하고, 돈을 내야 합니다"라고 하는데, 잘못하면 경찰서에 잡혀가고 큰일이 나겠다는 생각이 들었다.

정말 급박한 상황이었다. 그 찰나의 순간에 내게 '바울'이 생각났다. 장로님들을 불러모아서는 이렇게 말했다.

"누워 있는 이 사람을 둘러섭시다! 제가 기도할 테니 '아멘'을 크게 하세요. 기도합시다!"

그리고는 그 사람에게 손을 얹고는 이렇게 기도했다.

"하나님, 유두고라는 청년을 살리신 주님, 이전과 동일하신 주님, 선교의 길이 막히고 여태까지 여기 와서 우리가 헌신한 것도 다 물거품이 됩니다. 선교하러 왔다가 그렇게 되면 되겠습니까?"

이렇게 한참을 기도하고는 "아멘! 아멘! 아멘!" 세 번을 외치면서 충격요법으로 그 죽어 있는 마약 중독자를 손바닥으로 세 번 쳤다. 그러자 놀라운 일이 벌어졌다. 누워 있던 그 마약 중독자가 "쿨럭 쿨럭" 기침을 하면서 일어나는 것이었다. 주변에 있던 운전기사도, 경찰들도, 마약 중독자의 가족들도 깜짝 놀라서 뒤로 물러섰다.

그 일을 보고 운전기사가 내 앞에 와서 무릎을 꿇고 바짓가랑이를 잡더니 눈물을 쏟았다. 그리고는 내게 이렇게 말했다.

"목사님, 저 이제부터 교회 나가겠습니다!"

생애 처음으로 그런 고백을 한 것이다. 그러자 매형이라는 경찰이 와서 200달러를 달라고 하는 것이다. 일단 살아나긴 했지만 사람에게 해를 끼쳤으니까 200달러를 줘야 한다는 것이었다. 그런데 운전기사는 그 200달러를 그들에게 주고 나면 2박 3일 동안 일을 하며 우리에게 받은 돈이 그대로 나가는 것과 마찬가지였다. 나는 그

운전기사가 딱하기도 하고 고마워서 주머니에서 200달러를 꺼내서 경찰에게 주었다. 그러고는 이렇게 말했다.

"기사님은 낼 거 없어요. 2박 3일 동안 수고했으니까 그냥 가도 돼요."

이후에 그 운전기사는 교인이 되어서 신앙생활을 잘하고 있다.

선교지에 가면 꼭 이런 일들이 발생한다. 내가 처음으로 선교사를 파견한 카자흐스탄에 갔을 때의 일이다. 길이 아스팔트로 되어 있었는데 군데군데 구덩이가 파여 있었다. 버스가 그 구덩이를 피하면서 가는데 갑자기 중간에 타이어가 펑크 나는 일이 발생하곤 했다. 그러면 또 그 자리에서 몇 시간을 기다렸다가 가고, 이런 식으로 마귀가 방해를 했다. 선교지에 못 들어오게 하려고 발악을 하는 것이다. 그럴 때 마귀의 방해를 이겨내야 하는 것이다. 그렇지 못하면 선교의 문이 닫혀버린다.

캄보디아 바탐방에서 있었던 일도 마찬가지이다. 그 지역에서 본격적으로 신학교를 하려고 하니 마귀가 방해를 해서 운전기사를 화나게 만들고 그런 문제가 생겼던 것이다. 내 생애에 기도하여 죽은 자를 살린 일은 이때가 처음이었다. 그러니까 같이 갔던 장로님들이 긴장감을 풀고 함께 감사하며 웃을 수가 있었다.

'야, 이거 아찔하다. 신문에도 나고 뉴스에도 나면, 이제 어떻게 선

교를 하나? 이제까지 쏟아부은 노력들이 다 허사가 되게 생겼구나!'
이런 생각이 들었는데 급한 나머지 하나님을 향하여 기도하니까 하
나님이 역사하신 것이었다. 이처럼 급박한 상황에서 간절한 기도가
나온다. 이런 에피소드는 교회에서 소문이 나고, 듣는 이들은 도전
이 되고 은혜가 되는 것이다.

가끔 우리에게 시련이 찾아오지만 그것을 극복하면 하나님의 축복
이 기다리고 있다. 나는 삶을 통해 항상 느끼기 때문에 '물러서지
않고 마귀를 대적하라! 그리하면 피하리라'라고 권면하는 것이다.
'Don't hesitate'. 머뭇거리지 말고 항상 나아가야 하는 것이다. 자동
문은 늘 닫혀 있지만 그 앞에 다가가면 열리듯이, 믿음으로 나아갈
때 문이 열리는 것이다. 믿음과 용기로 하나님을 의지하고 '열릴 것
이다!' 하는 믿음으로 일어나 '문들아, 머리를 들지어다!' 하고 간절
히 기도하면 열리게 되는 것이다. 이런 수많은 은혜의 경험들 때문
에 문제가 생기면 '아, 이번에는 하나님이 어떻게 역사하실까?' 하는
기대감을 가지고 도전하게 된다.

환난 날에 나를 부르라 내가 너를 건지리니
네가 나를 영화롭게 하리로다

시편 50:15

이번에
총회장 출마해라

하루는 선배 목사님들께서 나를 부르셨다.

"원 목사, 이번에 부총회장에 출마해봐."

"예? 제가 부총회장에요?"

"그래, 총회장이 되어서 우리 심부름 좀 해줘."

총회에는 750명의 목사와 750명의 장로가 참석한다. 그중에 호남과 영남이 450표씩 가지고 있고, 나머지 충청·경기·강원 지역이 600표를 가지고 있다. 총회장이 되려면 우선 투표를 통해 부총회장에 당선이 되어야 하는데 우리 지역(경기·서울) 표는 150표뿐이었으니 내가 나간다고 한들 당선되겠는가? 그런데 선배 목사님들은 이북 표나 전에 가지고 있던 조직을 활용하면 된다는 생각을 했던 것 같다. 또한 '원 목사를 내보내면 잘하겠다' 싶어서 내게 출마를 권유한 것이다. 총회장을 하려면 사실 5년 정도는 지역을 돌아다니면서 표심을 사야 한다. 그런데 1년밖에 안 남은 시점에서 나보고 부총회장 선거에 출마하라고 하시니 이게 될까 싶었다. 그래도 부탁을 하시니 순종하고 한번 나가보기로 했다.

출마한 사람들을 보니까 총 4명이었다. 그중에서 내가 가장 어렸다. 전부 대선배들이었는데 경상도, 전라도 등 각 지역에서 나오신 분들이었다. 선거 때까지 시간이 1년밖에 남지 않았지만 그래도 열심히 전국을 돌아다니며 일종의 선거운동을 했다. 선거 방식은 이랬다. 1 차 투표는 4인 중에 2인만 택하고, 2차 투표는 1차 투표 1위와 2위 후보자가 재투표를 해서 더 많이 득표한 사람이 당선되는 방식이었 다. 보통 1차 투표에는 후보자가 여러 명이기 때문에 당선되기가 어 렵다. 그래서 2차 투표까지 진행되는데, 우리 교단의 경우 1차 투표 에서 1등을 하면 2차 투표에서도 거의 1등을 하곤 했다.

그런데 내가 1차 투표에서 1등을 한 것이다! 주변에서는 내가 결국 총회장이 될 것이라고 확신하고 미리 화환까지 준비하고 있었다. 그 러나 이어진 2차 투표에서 11표 차이로 부총회장에 당선되지 못했 다. 1차 투표에서 떨어진 후보가 거래를 한 것이다. 내부 사정을 알 고는 있지만 말을 아끼겠다. 나는 큰 실망이나 충격이 없었다. 기분 도 안 나쁘고 화도 나지 않았다. 이상할 정도였다. 오히려 주변에서 나를 위로했다.

"원 목사님, 얼마나 충격을 받았어요. 병 나지 않았어요? 다음에 나 오면 꼭 될 거니까 준비하세요"
"아니에요. 한 번 했으면 되었지, 두 번은 안 하죠."
그 주 주일에는 교인들 분위기가 가라앉아 있었다. 혹여나 내가 상심 한 것은 아닐까 걱정했던 것이다. 그런데 나는 웃으면서 설교를 했다.
"여러분들이 저를 밀어주셔서 좋은 경험을 했습니다. 비록 11표가 모자라서 안 되긴 했지만 이것도 하나님의 뜻인 줄 압니다! 모든 것을 제가 다 해야겠습니까? 이다음에는 제가 아예 안 하겠습니다!"

그랬더니 교인분들이 기립 박수를 하면서 오히려 이렇게 말했다.

"우리는 이제부터 목사님이 총회장 되신 것으로 여기고 해외 나갈 때마다 비즈니스석으로 모시고 좋은 차도 사드리겠습니다."

정말로 좋은 차는 선물받았지만 비즈니스석은 타지 않았다.

안타깝게 부총회장에 당선되지 못했지만 마음은 오히려 편안했다. 만약 내가 그때 부총회장을 거쳐 총회장까지 했다면 목회를 제대로 못 했을 것이다. 총회장 임기가 끝나고 바로 NCC 총무직을 맡을 차례였는데, 그러면 내가 4년 동안 목회에 집중하지 못했을 것이다. 그러면 교인들과 멀어지고 오히려 '우리 목사님은 정치만 하신다!' 하며 안 좋은 말만 들었을 것이다. 그 때문에 내가 부총회장 선거에서 낙선하고 '앞으로는 다시는 안 하겠습니다!'라고 선언했고, 이후 교회 정치에 일절 관여를 하지 않았다. 그랬더니 교인들이 '우리 목사님은 역시 다르시다. 교회만을 위해 헌신하셨다' 하며 존경을 했던 것 같다. 그래서 은퇴할 때에도 교인들에게 축복을 받으면서 교회를 떠날 수 있었다. 총회장을 한 사람 중에서 교회에서 제대로 은퇴한 사람은 몇 명 없다. 다들 안 좋은 일들로 마침표를 찍었다. 나는 총회장을 하지 못했지만 그 이상으로 사랑과 축복을 받으며 목회를 마무리할 수 있었다.

그래도 부총회장 선거를 한번 경험해봤기 때문에 한국 교회의 대부분을 꿰뚫어볼 수 있게 되었다. 개척교회, 미자립 교회, 농어촌 교회, 모든 교회들을 살펴보았으니 총회에서 누가 발언을 해도 '아, 저분은 이런 이유로 저런 말을 하는구나' 하며 이해할 수 있게 된 것이다. 가만히 앉아서도 한국 교회를 꿰뚫어볼 수 있는 혜안이 생긴 것이다. 요즘도 어느 교단에서 무슨 일이 일어났다고 하면 다른 목사들은 잘 모르는 경우가 많다. 그러나 나는 경험을 해봤기 때문에 내부 사정과 이야기를 다 이해할 수 있는 것이다. 처음만 보아도 결론까지 알 수 있는 진단의 능력이 생긴 것이다.

솔직하게 얘기하면 국가 정치보다 교회 정치가 더 앞서 있다. 그만큼 더 치열하다는 의미이다. 그래서 국가 정치도 한눈에 읽을 수 있게 되었다. 또 목회를 하다 보면 교회에 경제인, 정치인, 연예인 등 모든 종류의 사람이 오게 된다. 그분들을 접하다 보면 세상을 폭넓게 이해할 수 있는 안목도 생긴다. 목회를 하면서 그런 지혜와 능력이 생기고 눈이 열린 것이다. 사람을 이해하는 능력도 탁월해진다. 1시간만 만나서 얘기하면 처음 보는 사람과도 오랜 친구처럼 이야기할 수 있다. 하나님께서 그런 능력들을 목회를 하면서 겪은 많은 경험들을 통해 갖추게 하셨다.

하나님께 가까이함이 내게 복이라 내가 주 여호와를
나의 피난처로 삼아 주의 모든 행적을 전파하리이다

시편 73:28

그냥 다 사주시면
안 되겠습니까?

잠실교회는 내가 직접 디자인해서 지은 건물이라고 해도 과언이 아니다. ACTS(아신대, 전 아세아연합신학대학교)에서 목회학 박사 과정을 하면서 교회 건축 신학을 ACTS 학위 논문으로 정해놓았기 때문에 그 이후에 해외에 나갈 일이 있을 때마다 잘 지은 교회 건물들을 사진으로 남겨놓곤 했었다. 많은 사례들을 보면서 내 머릿속에 떠오르는 모습이 있었고, 그것을 공간사에 적을 둔 우시용 설계사에게 전하여 디자인한 것이다. 그리고 잠실교회는 서울시 건축상을 받았다. 문화재로 보호받기 때문에 교회가 부흥되어도 헐거나 증축할 수가 없다.

우리 교회 길 건너편에 강현교회라는 합동측 교단의 교회가 있었다. 강현교회는 우리 교회가 들어오기 전부터 그 자리에서 사역을 해왔는데, 3년쯤 되었을 때 우리 교회가 들어온 것이었다. 그런데 잠실교회의 교세에 눌려서 강현교회로 가는 사람들이 없었다. 결국 강현교회는 건설회사에 교회와 부지를 팔고 용인, 수서쪽으로 이사를 갔다. 나는 솔직한 심정으로는 우리에게 팔았으면 했다. 심지어 강현교회 목사님과 아는 사이인데 내겐 아무 말도 없이 건설회사에 350여 평 되는 땅을 팔고 가버린 것이다. '우리 교회 교육관 자리로 사용하면 좋을 텐데' 하는 아쉬움이 남았지만, 이미 땅은 건설회사의 소유가 되었던 것이다.

건설회사는 그 부지에 단독 아파트를 짓기로 계획했다. 이미 근방에 아파트 세 동을 지어서 80억 원을 번 이력이 있는 회사였다. 한번 경험이 있었고 자리도 좋으니 주저없이 교회를 샀던 것이다. 너무도 안타까운 마음에 매일 강현교회 기둥을 붙잡고 기도했다.

'하나님, 이거 저 주세요. 우리 교육관이 없잖아요.'

그렇게 기도하고 교회로 향하면 교인들이 내게 이렇게 물어본다.

"목사님, 어디를 그렇게 다녀오세요?"

"아, 요새 제가 기도하고 있어요. 결정되면 발표할게요!"

이후로도 얼마 정도 계속해서 강현교회 기둥을 붙잡고 기도를 하는데 내 마음에 평안함이 찾아왔다. 그래서 누구한테 팔았는가 찾아보니 A 건설회사였다. 구청에 가보고 싶다는 생각이 들었고 구청장님을 만났다.

"구청장님, 계세요?"

"아이고, 어떻게 오셨어요? 제가 도와드릴 게 있나요?"

"오늘 심방 다녀오는 길에 구청장님 뵙고 싶어서 왔어요. 강현교회 아시죠? 그게 뭐 팔렸다면서요?"

"예, 팔렸어요. A 회사에서 샀다고 그러더라고요."

"근데, 우리가 교육관이 모자라서 교육관 자리로 그걸 사야 하는데, A 회사에서 샀다고 하니까, 그거 우리가 살 방법이 없을까요?"

"아, 그렇죠, 잠실교회가 그거 사면 참 좋을 텐데. 음, 제가 방법을 한번 찾아볼게요."

그러더니 사무실을 들락날락거리다가 이내 들어와서 내게 그러는 것이다.

"목사님, 당분간은 주택법에 의해서 적법이기 때문에 건축 허가를 내줄 수밖에 없어요. 그런데 단서가 하나 있어요. 주변 주택가에서 동의서를 받아와야 건축이 가능해요! 그래서 아마 건축이 어려울 겁니다."

건축을 하기 위해서는 이웃 주민들의 동의서가 필요하다는 조건부 허가 때문에 A 건설회사에서 건축을 할 수 없을 것이라는 말이었다. 그리고 또 한 가지 제안을 했다.

"목사님, 주택가에 단독 아파트를 지을 경우 주변에서 반대하면 짓기 어렵습니다."

"아무리 그래도 제가 그런 짓을 어떻게 할 수 있겠습니까!"

이상하게도 하루가 지나고 나니 플래카드가 내걸렸다. 누가 시킨 것도 아닌데! 그 내용은 이렇다.

'단독 아파트 웬 말이냐! 결사 반대!' 이런 내용의 플래카드가 나붙은 것이다. 강현교회 교인들이 담임목사가 용인으로 이사를 간다고 하니 '우리가 헌금 내서 지었는데 거기까지 어떻게 갑니까? 못 갑니다!' 하는 뜻으로 하며 플래카드를 내걸었던 것이다. 그러다 보니 건축이 지연될 수밖에 없었다.

하루는 구청장님에게서 전화가 왔다.

"원 목사님, 해결되었습니다. 이제 건축법이 바뀌었습니다. 이전에는 아파트 건폐율이 300%였는데 200%로 줄어들었습니다. 그래서 이제는 아파트를 지어도 돈을 거의 못 법니다!"

300채를 지을 수 있었는데 200채밖에 못 짓는다는 말이었다. 그래서 아파트를 짓더라도 이익이 발생하지 않을 것이라는 말이었다. 그 이야기를 듣고 현장에 가서 현장소장에게 물어보았다.

"아파트 건축은 잘됩니까?"

"아니, 되긴 뭐가 됩니까? 망했습니다, 우리."

"아니, 왜요?"

"300% 건폐율로 지었던 것이 이제 200%로 축소되니까, 타산이 맞겠습니까? 아주 골치 아픕니다 이거!"

"아이고, 그럼 잘됐네요! 우리 교회 교육관도 지어야 하는데 이 땅 우리 교회한테 파시죠? 얼마 주고 사셨는지는 모르겠지만 5억 원을 더 붙여드릴게요."

그렇게 해서 강현교회 부지를 사겠다고 구두로 계약을 했다. 그렇게 몇 달이 지났을까. 건설회사 사장이 나를 찾아왔다.

"목사님, 교회 부지 뒤에 있는 주택까지 사시죠. 세 필지 250평입니다. 그래서 교회 부지 350평과 합이 600평이거든요."

"아니, 그건 돈 있었으면 다 샀지요. 그런데 우리는 돈이 그렇게 준비되어 있지는 않습니다. 앞쪽 교회 부지만 살 수 있는 돈이라서 제가

5억 원을 더 드린다는 것 아닙니까?"

"목사님, 이거 내놓아도 주택 안 팔려요. 이것까지 인수를 하세요. 그러면 제가 그대로 1원 한 장 붙이지 않고 저번에 우리가 샀던 그 가격대로 목사님한테 드릴 테니까요. 5억 원은 가져가시고 그대로 사가세요. 건설회사는 돈이 회전이 되어야 하거든요. 그런데 목사님한테 5억 원을 받아도 이 뒤에 주택이 안 팔리면 누가 삽니까? 그러면 우리 회사는 아예 돌아가지를 않으니 그냥 다 사주시면 안 되겠습니까?"

"아, 그래요? 그런데 교회는 목사 맘대로 결정할 수는 없어요. 당회하고 이야기해야 하니까, 일주일만 시간을 더 주세요."

속으로는 '되었다!' 생각했지만, 당회에서 논의해야 한다며 일부로 한발 물러섰던 거였다. 당회에서 제직들과 회의하며 이야기했다.

"여러분, 해결되었네요. 그 땅 그대로 평당 800만 원 가격에 준다고 합니다!"

"아이고, 목사님! 잘되었습니다! 그냥 다 사시죠!"

그래서 평당 800만 원에 강현교회 부지와 주택 세 채를 모두 샀다. 그 땅이 지금은 평당 3000만 원가량 될 것이다. 남의 입에 거의 들어갔던 것을 가져온 셈이었다. 하나님은 그것마저도 가능하게 하셨다. 불가능을 가능케 하시는 분이 바로 하나님이셨다. 교육관 이름은 모리아 성전으로 명명했다. '우리 자녀들을 하나님께 드린다'는 뜻이다.

이러한 일들 때문에 교인들은 "이야! 목사님 기도는 죽은 것도 살아나게 하네" 하며 목회자를 신뢰하고 교회에 더 충성하게 되었다. 강현교회 부지를 매입해 새로 지은 교육관은 우리 교회의 한 집사님이 디자인하셨는데, 국민일보에서 선정하는 건축대상을 받았다. 그래서 잠실교회는 2개의 성전 모두 건축상을 받게 된 것이다.

이런 일들 때문에 선배 목사님도 종종 나를 찾곤 했다. 어떤 일을 하다가도 문제가 발생하고 막히면 "원 목사, 좀 해결해줘" 하는 것이다. 그러면 나는 또 "네! 제가 해보겠습니다!" 하며 어떤 방법으로라도 문제를 해결해내고야 말았다.

**여호와께 능하지 못한 일이 있겠느냐 기한이 이를 때에
내가 네게로 돌아오리니 사라에게 아들이 있으리라**

창세기 18:14

🐾 무엇이든지
'찬스'가 있는 것

한국, 일본, 대만 목사들로 이루어진 동북아시아선교회가 있다. 한국은 기장(한국기독교장로회), 예장통합(대한예수교장로회), 감리교(기독교대한감리회) 목사들로 구성되어 있다. 하루는 국내 목사들끼리 백두산 관광을 가기로 했다. 각 교단의 어른들만 가는 자리였다. 나는 유호준 목사님 가방을 들고 가야 했기 때문에 백두산에 따라가기로 했다. 그런데 출발하기 며칠 전에 갑자기 유 목사님이 못 간다고 하시는 것이다. 이미 내 이름은 명단에 올라가 있으니 할 수 없이 따라가게 되었다.

목사님들과 백두산 곳곳을 둘러보고 내려왔다. 그리고 중국 심양에 있는 교회에 가서 설교를 하기로 되어 있었다. 그런데 기장 목사들이 슬쩍 눈치를 보더니 그 교단 총회장을 설교자로 세우려고 하는 것이다. 내가 빠르게 눈치를 채고 이렇게 치고 나갔다.
"목사님들, 지금 뭐 하는 겁니까? 아니 설교를 하려면 우리 한완석 목사님이 총회장(예장통합)도 하셨는데, 이분이 하셔야지 다른 목사님이 하면 됩니까? 한 목사님, 설교 준비하세요!"
그랬더니 중진 목사님들이 다들 수그러들고 뒤로 빠지는 것이었다. 그리고 그날 설교는 한 목사님께서 할 수 있었다. 다들 중진이시고, 사실 내가 제일 어린 목사인데, 그래도 한완석 목사님을 뒷받침해야 했다. 한강교회 정운상 목사님도 오셨고, 다들 중진이셨지만 내가 치고 나갔던 것이었다.

설교가 다 끝나고 한 목사님이 내게 찾아와 옆구리를 쿡쿡 찌르시며 "원 목사, 대단해! 다른 사람 같으면 못 할 텐데, 원 목사는 아주 순발력이 있구만!"
그 얘기를 듣고 내가 이렇게 말했다.
"아니, 그거 뭐 제가 괜히 따라왔겠습니까? 우리 교단 어른이 하셔야지, 우리 노회 정도밖에 안 되는 교단 목사들이 하면 되겠습니까?"

비슷한 사례로 이런 일도 있었다. ACTS 이사장을 뽑는데 영락교회 박조준 목사님이 참석했다. 또 존경받는 원로 목사님들이 많이 오셨다. 곧 있으면 이사장 선거가 시작되는데 당시 나는 나이가 어려 상, 중, 하 가운데 '하반'이었다. 이사장 투표가 시작되기 직전에 그 많은 목사님들 앞에서 내가 이렇게 얘기했다.
"아이고, 박조준 목사님도 오셨네?"
그랬더니 거기 있던 분들이 다 나와 박 목사님 쪽을 쳐다보는 것이다.
"박조준 목사님이 오셨으니 이거 박조준 목사님이 하셔야지 누가 하겠습니까? 박조준 목사님 제가 추천합니다!"

그 한마디 말로 이미 투표는 끝난 것이나 마찬가지였다. 그날 박 목사님이 이사장으로 확정되고 제게 찾아오셨다. 제 어깨에 손을 얹고

"원 목사 대단해!" 그러셨다. 나는 "아니, 목사님! 그래서 후배가 좋다는 것 아닙니까?" 하며 축하했다. 이처럼 무엇이든지 '찬스'가 있는 것이다. 때가 되면 확 휘어잡는 것이다. 하나님의 타이밍에 적절하게 액션을 취하는, 그런 은사가 내게 있었다. 기장 출신 목사들이 총회장을 하기도 하지만, 기장 출신 목사들끼리 뭉쳐서 뭐라도 해보려고 하니까 내가 한 방에 끝내놓은 것이다. 그래서 결국 해내는 것이다. 설령 문제가 내 능력 밖의 일이라면 안 된다고 하겠지만, 맡은 일은 끝까지 책임을 다해 하는 기질이 나에겐 있었다.

다윗이 사울에게 말하되
그로 말미암아 사람이 낙담하지 말 것이라
주의 종이 가서 저 블레셋 사람과 싸우리이다 하니
사울이 다윗에게 이르되
네가 가서 저 블레셋 사람과 싸울 수 없으리니
너는 소년이요 그는 어려서부터 용사임이니라
다윗이 사울에게 말하되 주의 종이 아버지의 양을 지킬
때에 사자나 곰이 와서 양 떼에서 새끼를 물어가면
내가 따라가서 그것을 치고 그 입에서 새끼를 건져내었고
그것이 일어나 나를 해하고자 하면
내가 그 수염을 잡고 그것을 쳐죽였나이다

사무엘상 17:32~35

목회하기 전에
우선 능력을 받으라!

병든 자가 고침을 받고 귀신이 떠나가는 기적들은 잠실교회에서는
일상적인 일이 되었다. 그래서 교인들이 질병이 생겼을 때면 병원에
가기 전에 먼저 목사를 찾아와 기도를 받는다.

목사에게 그런 권위가 있으려면 사도행전 1장 4절과 8절 말씀처럼
성령을 기다리고 성령 충만을 받아야 하는 것이다.

> 사도와 함께 모이사 그들에게 분부하여 이르시되 예루살렘을
> 떠나지 말고 내게서 들은 바 아버지께서 약속하신 것을 기다
> 리라 (사도행전 1:4).
> 오직 성령이 너희에게 임하시면 너희가 권능을 받고 예루살렘
> 과 온 유대와 사마리아와 땅 끝까지 이르러 내 증인이 되리라
> 하시니라 (사도행전 1:8).

그런데 많은 목사들이 너무 빨리 하산을 한다. 그렇기 때문에 은혜
를 받지 못하고, 물세례만 받고 일을 하려고 뛰어들게 된다. 무엇이
든지 때가 있다. 밥을 할 때에도 밥이 다 된 다음에 먹어야지, 설익
은 상태로 먹으면 되겠는가? 뜸이 다 든 다음에 먹어야 제대로 된
밥을 먹는 것이다. 마찬가지로 하나님께 받을 걸 다 받고 난 뒤에 하
나님의 일을 해야 하는 것이다.

목회를 하는 것은 정말 중요한 일이다. 그러나 빨리 하고 늦게 하는 것은 중요하지 않다. 성령 충만함을 받고 하느냐, 안 받고 하느냐가 중요한 것이다. 은혜를 받고 1년 동안 목회하는 것이 은혜를 받지 않고 20년 동안 목회를 하는 것보다 낫기 때문이다. 성령 충만과 은혜를 받았을 때 비로소 열매가 맺히게 되기 때문이다. 열매가 없는 나무가 20년 동안 서 있으면 무엇에 쓰겠는가? 1년이 되었더라도 열매를 맺으면 그것이 중요하지 않겠는가? 따라서 성령 충만을 받고 열매를 맺어야 하는 것이다.

나무는 무엇으로 그것을 알게 되는가? 바로 '열매'이다. 열매가 없다면 더 이상 할 얘기도 없는 것이다. 그런 나무는 찍어 없애버려야 한다. 가지에 열매가 달려야 더 많이 열매 맺도록 두둑도 높이고 거름도 주고 가지도 치는 것이다. 그래야 나무도 실해지고 '나는 포도나무요 너희는 가지라(요한복음 15:5)'는 말씀처럼 풍성한 열매 맺는 가지가 되는 것이다.

목회자들도 이런 원리를 알아야 한다. 빨리 하는 것이 중요한 게 아니다. 나도 많이 늦었다. 또래들보다는 7년 정도가 늦었다. 그러나 나중에 보면 결코 늦은 것이 아니었다. 오히려 뒤를 돌아보았을 때는 내가 더 많이 앞서 있었다. 늦게 시작했어도 업스타트를 했던 것이다. 강릉 예닮에서 목회자를 위한 '힐링아카데미'를 할 때도 그런 이야기를 종종 한다.

"빨리 출발하려고 하지 마세요. 뭐든지 '속성'이라는 것은 좋을 수도 있지만 때로는 독이 될 수도 있습니다. 준비가 안 된 상태에서 뛰면 안 되는 것처럼, 만반의 준비가 된 상태에서 시작이 되어야 그 기반도 탄탄해져서 흔들리지 않고 요동하지 않으며 제대로 나아갈 수 있는 것입니다."

나는 가끔 이런 생각을 한다. '내가 신학교 3학년 때 그런 은혜를 받지 못했다면 내가 어떻게 되었을까?' 상상하기가 힘들었다. 만약 은혜를 받지 못했다면 정말 실패했을 거라는 생각이 들기 때문이다. 그래서 '하나님께서 나에게 마지막 기회를 주셨구나, 하나님 감사합니다!' 이런 생각을 하게 되는 것이다. 그리고 늘 '하나님 감사해요. 부족한 종을 살려주셔서 감사해요' 하는 기도를 하게 되는 것이다. 감사도 넘치게 해야 한다. 적당하게 하는 것이 아니라 넘치게 해야 한다. 그럴 때 하나님이 그 감사를 기쁘게 받으시기 때문이다.

너희는 이 모든 일의 증인이라 볼지어다
내가 내 아버지께서 약속하신 것을
너희에게 보내리니
너희는 위로부터 능력으로 입혀질 때까지
이 성에 머물라 하시니라

누가복음 24:48~49

믿음은
들음에서 납니다

서울여상에서 교사 생활을 할 때 재미난 일이 있었다. 그날따라 퇴근하는 길에 남산타워에 올라가고 싶다는 생각이 들었다. 갑자기 그런 생각이 들어서 남산 정상으로 이어진 계단을 올라갔다. 한참을 가고 있는데 어떤 분이 내게 와서 "선생님" 하며 깍듯이 인사를 하는 것이었다. 언뜻 훑어보니까 아는 사람은 아니었다. 그러고는 내게 이렇게 말하는 것이다.

"선생님, 선생님의 귀를 보니 아주 용하게 생겼습니다! 오늘 서울 시내 전체를 다 돌아다녀도 선생님 같은 귀한 귀는 만날 수가 없었습니다."

그 말을 듣고 단번에 눈치를 챘다. 보아하니 '사주'를 보는 사람인 것 같았다. 사주를 보게 만들려고 나를 끌어들이고 있던 것이었다. 한마디로 호객 행위를 하는 것이었다. 그래서 내가 웃으면서 말했다.

"선생님 귀도 보통 귀는 아닌데, 오늘 하루 종일 서울을 헤매고 다녀도 그런 귀는 만나지 못하겠네요."

이 말인즉, '사람마다 귀가 다 제각각이고 얼굴이 각각 다른데 무슨 소리를 하느냐!' 하는 의미였다. 그랬더니 그 사주 보는 사람이 '이 사람은 안 되겠구나' 하는 눈치였다. 나는 그 모습을 보고 씨익 웃고 갔다.

남산 등산을 잘 다녀오고 집에 도착했다. 그런데 갑자기 거울이 보고 싶었다. 그리고는 거울 앞에 서서 내 귀를 유심히 살펴보았다. 나는 그때까지만 해도 내 귀가 이렇게 잘생긴 줄을 몰랐다. 그런데 보니까 아주 잘생긴 것이다! 그래도 그 사람도 귀를 한두 개 본 게 아니기 때문에 그 나름의 경험이 있었던 것이다. 내 귀를 보고 꽤 괜찮게 생겼다고 판단하고 접근한 것이었다.

우스갯소리로 이렇게도 말할 수 있다. '내 귀가 그렇게 예뻤던 것을 예전에는 미처 몰랐슈.' 거울을 보니 정말로 귀가 잘생긴 것이었다! 그걸 느끼고 나서 마음속에 이런 생각이 딱 들었다. '아, 믿음은 들음에서 오는구나!' 남산 올라가는 계단에서 그 사람이 그 얘기를 안 했으면 과연 내가 나의 귀를 쳐다보기나 했을까? 그래서 듣는다는 것이 이만큼이나 중요한 것을 깨닫게 된 것이다.

교육의 측면에서도 마찬가지이다. 미국 시카고대학의 스미스(Smith)라는 심리학 교수는 사람은 오감을 통해서 배운다고 한다. 시각, 청각, 후각, 촉각, 미각 이렇게 오감을 통해서 말이다. 그리고 그중에서 보고 배우는 것이 83%라고 한다. 듣고 배우는 것은 11%이고, 나머지 감각(촉각, 미각, 후각)으로 배우는 지식이 6%라고 한다. 그래서 교육에서 가장 중요한 것이 '시청각 교육'이라는 것이다. 오늘날에도 시청각 교육이 가장 중요하게 다뤄지고 있지 않은가? 마찬가지이다. 우리가 정보를 얻고 움직이는 데는 보고 듣는 것이 중요하듯이 성경에서도 보고 듣는 것이 중요하다고 말한다. 'Come and See!' 예수님도 '와서 보라!'고 말씀하셨다. 제자들을 불러서 예수님과 함께 있게 했다. 함께 있으면 같이 보고, 같이 듣게 되기 때문이다.

교육은 크게 두 가지로 나누어진다. 즉, 두 가지만 잘하면 교육이 되는 것이다. 첫째는 '관리 능력의 극대화'이다. 시간 관리, 재물 관리, 건강 관리 등을 잘하면 어디에 가서도 환영받는 사람이 되는 것이다. 둘째는 '관계 능력의 극대화'이다. 윗사람, 아랫사람, 동등한 사람 등 모든 사람과 친해질 수 있으면 어딜 가나 인정받게 된다. 우리 그리스도인의 교육은 가장 첫째가 바로 '하나님과의 관계'라는 점이 조금 다르기도 하다. 그러나 크게 두 가지, 관리 능력과 관계 능력을 잘 교육받으면 사회성도 좋아지고 어느 조직에 가서도 뛰어난 사람(리더)이 될 수 있다.

다시 하던 이야기로 돌아가서, '들음'은 정말 중요하다. 신앙생활이 그렇다. 하나님의 소리를 잘 들으면 신앙생활을 잘하는 것이고, 마귀의 소리를 들으면 이단이 되고 벌 받는 사람이 되는 것이다. 누구의 소리를 듣느냐가 중요하다. 누구를 가까이하느냐에 따라 각 사람이 듣는 음성이 달라진다. 하나님을 가까이하면 하나님의 음성을 듣고 하나님의 사람이 되는 것이고, 마귀와 가까이하면 마귀의 소리를 듣고 탐욕 가득한 거짓말쟁이가 되는 것이다.

기독교 교육의 최우선은 '하나님과의 관계'에 있다. 대신(對神) 관계가 바로잡힐 때 하나님의 사람이 되는 것이다. 무엇보다도 먼저 예수님을 닮으면 어딜 가서도 예수님처럼 환영받는 사람이 될 수 있다.

그러므로 믿음은 들음에서 나며
들음은 그리스도의 말씀으로 말미암았느니라

로마서 10:17

선배님,
저 죽고 싶어요

약수교회에서 시무하다가 사직하고, 필리핀 사역을 마치고 온 후배 강군열 목사의 이야기이다. 선교사를 하려고 필리핀에 가긴 갔지만 생각처럼 쉽진 않았던 모양이다. 그렇게 다시 한국에 들어왔는데 막상 돌아와서도 갈 곳이 없었던 것이다. 그래서 결국 잠실교회를 찾아오게 된 것이다. 그때 처음 강 목사를 만났다.

"목사님, 저는 집이 없어요."
강 목사를 만나서 이야기하는데 당장 머물 곳이 없다는 것이다. 내가 양평 후배, 경신 후배, 고대 후배는 각별히 돌보았다. 그리고 때마침 교회 교육관 부지를 사면서 그 옆에 붙어 있던 집 세 채를 부목사들 사택으로 구매해놓은 게 있었다. 그래서 강 목사에게 "여유가 있으니까, 너 거기 가서 살아라" 하며 머물 곳을 마련해주었다. 사택에 사니까 교회는 잠실교회로 출석하고, 특별히 맡은 직분은 없었다. 그래서인지 강 목사가 '민목(민간인 신분으로 군 교회에 가서 설교해주는 목사)'을 하겠다는 것이다. 그래서 잠실교회에서 강 목사를 민목으로 파견하고, 매달 월급을 주었다. 그 때문에 잠실교회에 출석하지는 않았다. 사역하는 군 부대의 교회에 있었다.

그 후 어느 날인가 교육관을 지나다가 강 목사를 만났다. 그런데 얼굴이 아주 초췌해져 있었다.

"목사님…"

"아니, 네가 웬일이냐?"

"아, 지금 병원에 갔다 오는 길이에요."

"아니, 왜 그러냐?"

"제가 후두암이래요. 그런데 톱으로 턱을 썰고 수술을 해야 한다는 데 수술하고 나면 말을 못 할 거래요. 그리고 지금 항암 치료를 받는데 너무 고통스럽고요. 선배님, 저 죽고 싶어요."

그렇게 말하는데 얼마나 안타깝고 마음이 아프던지 눈물이 뚝 떨어졌다. 왜 그런 소리를 진작에 안 했냐며 야단을 치고는 바로 그 길에서서 기도를 했다.

"하나님, 지금 강군열 목사가 후두암이라는데 불쌍히 여겨주세요. 고쳐주세요."

간절한 기도를 드렸다.

그 순간 후두암이 싹 나은 것이다! 수술도 하지 않았으니 목청도 나가지 않고, 그대로 나은 것이다! 그 때문에 강 목사가 ROTC 모임, 고목회(고려대 교우 목회자회) 등 이곳저곳에 간증을 하고 다녔다. 또 민목으로 있는 몇 년간 월급을 주었으니 사역도 활발하게 할 수 있었다. 그래서인지 고마움을 더 많이 느꼈던 것 같았다.

후두암을 치료하기 위해서는 수술을 해야 하는데, 그러면 턱을 잘

라내야 했다. 그러고 나면 말을 못 하게 되니 목사가 말을 못 하면 죽는 것이나 마찬가지였다. 또 항암 치료가 너무 힘들다는 것이다. 그래서 그 고통을 견딜 바에는 차라리 죽는 게 낫다는 것이었다. 그런 말을 들으니 눈물이 나면서 안타까운 마음이 들었던 것이다. 지금 생각하면 그 마음은 '긍휼의 마음'이었다. 사랑해서 불쌍히 여기는 마음이었다. 예수님도 그분께 찾아오는 병자들이나 귀신 들린 자들을 목자 없는 양같이 여기시고 고쳐주셨다. 마찬가지이다. 긍휼히 여기는 마음과 진심 어린 사랑으로 불쌍히 여기는 마음, 이 마음에 하나님께서 공감하시는 것이다. 그럴 때 기도가 응답이 되는 것이다.

강 목사의 진솔한 간증 때문인지, 얼마 전에도 강릉장로교회 성도가 찾아와서 기도를 받고 갔다. 고침받은 이야기를 듣고 나를 찾아온 것이다. 이처럼 듣는 것은 파장이 퍼진다. 비단 우리 교회만 미치는 것이 아니라 다른 교회에까지도 전달되는 것이다. '거기 가면 고칠 수 있다!' 이런 소문이 들어가야 그런 말들이 전해지고, 그런 말을 듣고 와야 목사도 기도하기가 수월한 것이다. 왜냐하면? 믿음을 갖고 들어오기 때문이다. 품속에 간직해온 믿음의 씨를 목사가 터뜨려주는 것은 수월하지만 없는 씨를 터뜨리는 것은 힘들다. 그 믿음의 씨를 만들어서 심어주는 과정이 필요해지기 때문이다.

그래서 강 목사의 간증을 듣고 온 강릉장로교회 성도님은 한 시간 정도 말씀을 듣고 기도를 받고 갔다. 문제가 있어서 나를 찾아온 것이었는데, 그 이후로 다시 오지 않은 것을 보니 잘 해결된 것 같다. 이처럼 믿음을 가지는 것은 중요하다. 그리고 그 믿음은 많은 이들의 간증과 또 하나님의 말씀을 들음에서 나게 된다.

그러므로 내가 그리스도 예수 안에서 하나님의 일에
대하여 자랑하는 것이 있거니와
그리스도께서 이방인들을 순종하게 하기 위하여
나를 통하여 역사하신 것 외에는
내가 감히 말하지 아니하노라
그 일은 말과 행위로 표적과 기사의 능력으로
성령의 능력으로 이루어졌으며
그리하여 내가 예루살렘으로부터 두루 행하여
일루리곤까지 그리스도의 복음을 편만하게 전하였노라

로마서 15:17~19

뉴욕에 있는 퀸즈장로교회 장영춘 목사님은 잠실교회가 성장하고 있으니까 부흥회 강사 목사님으로 오고 싶었던 모양이었다.

"원 목사님, 로버트 슐러 목사님 만나러 미국 왔을 때 우리 교회에서 설교했잖아. 나도 잠실교회 구경 좀 시켜줘요."

"아, 그러면 한번 오세요!"

그래서 장 목사님을 초청했다. 잠실교회에 한번 와보시더니 교회가 너무 좋다면서 1년쯤 뒤에 한 번 더 오고 싶다고 간청을 하셨다. 그런데 저번에 부른 부흥사는 다음에 또 부르진 않는다. 그래도 나는 장 목사님을 한 번 더 초청했다. 그 때문에 장 목사님도 내게 조금 미안했던 것 같았다. 나를 한 번 더 미국 퀸즈장로교회에 불러주셨다.

"원 목사님, 우리 교회 와서 부흥회 한번 해줘요."

"예, 목사님이 부르시면 가야지요."

그렇게 해서 퀸즈장로교회 부흥회를 인도하게 되었다. 뉴욕에서 그렇게 부흥회를 잘 마무리하고, 장 목사님이 브라질 상파울루에서 사역하는 성광교회 박재호 목사님을 소개해주었다. 상파울루에서 제일 큰 교회를 하는데 성결교 목사였다. 그런데 그분이 내게 이런 부탁을 하시는 거였다.

"목사님, 죄송하지만 상파울루에 와서 부흥회 한번 해줄 수 없을까요?"

그렇지 않아도 나는 남미를 한번 가보고는 싶어서 긍정적으로 답변을 해드렸다.

"예, 한번 가면 좋겠네요."

그러자 내게 또 다른 부탁을 하셨다.

"목사님, 죄송하지만요. 오실 때 2만 달러만 가지고 오세요."

그런데 내가 성격이 조금 센 편이지 않은가. 그 얘기를 듣자마자 이렇게 말했다.

"돈 가지고 거길 갑니까? 아니, 내가 부흥회를 가면 돈을 받아야지, 오히려 돈을 가지고 가요? 못 갑니다. 아니 안 갑니다."

"아니, 목사님. 목사님이 오시면 제가 6000달러는 드릴게요. 그리고 그 2만 달러라는 것은 목사님이 우리 교회에 오셔서 부흥회만 하고 가시는 게 아니잖아요? 그때는 보통 원주민 목사님들을 초청해서 세미나를 여는데, 브라질이 워낙 큰 나라여서 3000리, 5000리 밖에서도 옵니다. 그렇게 100여 명이 모이는데, 그분들에게 차비도 주고, 세미나 기간 동안 먹여주고 재워줘야 하는데 그런 데 한 2만 달러 정도가 필요합니다. 저번에 박종순 목사님도 오셔서 2만 달러를 주고 가셨습니다."

그 말을 듣고 보니 선교하는 것이고 의미가 있는 일이었다. 또 한국 교회가 어떻게 부흥했는지 현지인들이 세미나를 들으러 온다니까 어느 정도 이해가 갔다. 그렇지만 얼마 전에 미국 갔다가 왔는데 다시 브라질에 간다고 2만 달러가 필요하다고 하면 교인들이 어떻게 생각할까. 나는 교회 재정을 내 마음대로 막 쓰는 사람이 아니었다. 그래서 고민을 하다가 이렇게 얘기했다.

"제가 이번에 브라질 상파울루로 부흥회를 가는데 처음으로 가는 남미 선교입니다. 그래서 제가 이번에 저와 함께할 단기 선교단 20명을 모집하겠습니다. 차비, 식비, 숙박비 등으로 3000달러. 그리고 우리가 선교하러 가는데 그냥 갈 수 없지 않습니까? 선교비 1000달러. 이렇게 해서 4000달러씩 받고 선착순으로 20명 모으겠습니다."

그러자 순식간에 20명이 모집되었다. 그래서 20명한테서 선교비 1000달러씩 모아서 2만 달러를 준비할 수 있게 되었다.

상파울루에 도착해서 먼저 원주민 사역자 세미나를 하는데 100여 명이 모였다. 그 지역은 포르투갈어를 사용하다 보니 장로님 한 분이 통역을 맡아주셨다. 다음 날은 자고 일어났더니 현지인 목사님들이 모여서 생일 축하를 하고 있었다. 신나게 춤도 추고 노래도 하면서 생일 축하를 하고 있는 것이었다. 그런데 정작 선물은 하나도 없었다. 입으로만 축하해주고 끝이었다. 그래서 그때 내가 차고 있던 시계를 선물로 주었다. 한국에서는 그렇게 비싼 시계는 아니었다. 그래도 선물이라고 너무도 좋아했는데, 그 모습이 아직도 눈에 선하다. 그 모습을 뿌듯하게 바라보고 있는데 박재호 목사님이 내게 와서 부탁이 있다며 한마디를 더했다.

"목사님, 여기 상파울루에 원주민 2만 명이 모이는 교회가 있었어요. 담임목사님이 강력한 신유의 은사도 있고 영력이 있었는데, 그분이 돌아가시고 아들이 물려받으면서부터는 교인이 8000명으로 줄었습니다. 아들은 그런 능력이 없어서요. 근데 한국에서 원 목사님이 부흥회를 하러 온다니까 한 이틀 정도만 부흥회 해줄 수 없느냐고 연락이 왔네요. 해주실 수 있겠어요?"
"아이고, 뭐 못 할 거 있습니까! 하지요."

그래서 단기 선교단 20명과 함께 갔는데 덩치가 내 두 배만 한 사람들 8000명이 모여서 준비찬송만 2시간을 서서 부르는 것이다. 찬송만 불렀는데 진땀이 주르륵 흘러내렸다. 찬송을 부르다가 끝나겠지 하면 또 시작하고, 또 시작하고, 그렇게 2시간을 쉬지 않고 서서 찬송만 부르는 것이었다. 나는 말씀을 증거하러 왔는데, 말씀을 전하기도 전에 지쳐서 죽을 맛이었다. 같이 왔던 단기 선교단 20명의 표정을 봐도 아주 죽을 맛이었다. 한 2시간 찬양을 하고 이제 말씀을 전하려는데 힘도 빠지고 맥도 풀렸다.

그런데 신기하게도 외국에 나가니까 성령께서 강력하게 역사를 했다. 설교를 듣고 막 은혜를 받고, 병자들이 전부 고침을 받는 것이다.

그래서 병자들이 예배가 끝나니까 다 내게 몰려와서 고맙다고 포옹을 하는데, 그 큰 덩치로 포옹을 하니까 숨을 못 쉴 지경이었다. 게다가 아래에서 바짓가랑이를 막 잡아당기는데 벗겨질 뻔하였다. 그날 정말 많은 사람이 고침을 받고 성령이 역사하시니까 함께 간 20명의 교인들이 비디오로 현장을 찍으며 그 기적의 순간들을 기록하였다.

그다음 날 저녁을 먹고 가는데 박재호 목사님이 이런 말을 했다.
"목사님, 어제 부흥회 하셨지 않습니까? 그래서 많은 사람이 낫지 않았습니까? 목사님 소문이 상파울루에 쫙 퍼졌습니다. 그래서 우리 교회에 S 장로가 있는데 한국에 있던 여동생을 데리고 왔어요. 한국에서 들어와 브라질에서 의류사업을 했는데 너무 열심히 하다가 남편이 세상을 떠났답니다. 그래서 자기 동생 혼자 남아서 돈을 벌어야겠다고 일하다가 영양실조로 앉은뱅이가 되었는데 벌써 3년이 되었답니다. 그래서 원 목사님이 오신다니까 S 장로가 동생 기도를 좀 해달라고 하는데 해주실 수 있겠어요?"

"아, 뭐 그거 돈 드는 거 아니지 않습니까? 당연히 해드리지요."
본당에 들어가는데 뒷자리 끝에 앉은 하얀 머리에 흰 옷을 입은 여자분을 보았다. 정말로 "후~" 하고 불면 날아갈 것만 같은 여성분이 앉아 계셨다. 보자마자 눈치를 챘다. '아, 저 여자분이구나!' 그래서 내가 그 모습을 보고 "아니, 근데 저분이 어떻게 일어서지?" 이런 말을 해버렸다. 그 순간 내가 말을 잘못했다는 생각이 딱 드는 것이었다. 기도해주기가 갑자기 두려워졌다. 그래서 속으로 하나님께 기도했다.

'주님, 제가 아까 큰소리 친 것도 다 하나님 믿고 친 건데 자신이 없네요' 그러면서도 마음 한쪽에서는 이런 음성이 들렸다. '야, 네가 하냐? 내가 하지!' 그 음성에 담력이 생겼다. 그리고 터벅터벅 그 여자에게로 다가갔다.

"권사님이세요? 아니면 집사님이세요?"
"아직, 권사 아니에요. 집사예요."
짧게 인사를 마친 후에 조용기 목사님처럼 그대로 기도했다.
"제가 기도하면 나을 줄로 믿습니까?"
"예, 믿습니다."
"그러면 제가 기도하고 '아멘' 하면요, 일어나 걸어서 나가세요!"
그러고 나서 기도를 딱 하고, 나는 "아멘!" 하고는 차마 뒤를 돌아보지 못하고 앞으로 나갔다. 솔직히 자신이 없었기 때문이었다. 그런데 몇 발자국 발을 디뎠을까, 교인들이 박수를 치고 함성을 지르고 있는 것이었다. 뒤를 돌아보니 이 여자분이 일어나 걸어가고 있었다. 이때 다시 한 번 느꼈다.

'네가 하는 거냐? 내가 하는 거지.'
이런 하나님의 음성이 들리면서 새로운 힘이 났다. 하나님이 영광을 받으려고 놀라운 기적을 일으키시고, 부흥회도 잘 마무리할 수 있었다.

오늘도 하나님은 새로운 일을 행하기를 원하신다. 믿음으로 기도하는 자마다 함께하신다. 내가 누구를 보내며, 누가 우리를 위하여 갈까? 주여, 내가 여기 있사오니 나를 보내소서. 이사야 선지자처럼 일어나 빛을 발해보자. 예수님은 '너희는 세상의 빛이 되라'고 말씀하셨다.

내가 여호와께 간구하매 내게 응답하시고
내 모든 두려움에서 나를 건지셨도다
그들이 주를 앙망하고 광채를 내었으니
그들의 얼굴은 부끄럽지 아니하리로다
이 곤고한 자가 부르짖으매 여호와께서 들으시고
그의 모든 환난에서 구원하셨도다
여호와의 천사가 주를 경외하는 자를 둘러
진 치고 그들을 건지시는도다

시편 34:4~8

'아' 다르고
'어' 다른 법

브라질에서 부흥회가 끝나고 주일이 되었다. 예배를 마치고 나오는데 장로님 한 분이 나를 찾아왔다.

"목사님, 제가 시계방을 하는데 목사님 모시고 점심을 대접하고 싶습니다. 목사님 저희 시계방에 오셔서 기도 좀 해주세요."

"장로님, 그런 말씀은 저한테 하지 마세요. 저는 고용되어온 사람이기 때문에 담임목사님한테 먼저 얘기해서 동의해야 갈 수 있지, 제 마음대로는 갈 수가 없습니다. 박 목사님한테 먼저 말씀드리세요. 그게 절차입니다."

"아, 그래요? 그럼 제가 가서 말씀드리겠습니다."

박 목사님이 그 이야기를 듣고 동의해서 같이 장로님 가게에 갔다. 식사 대접도 잘 받고, 가게에서 기도도 잘하고 나오려는데 장로님이 나를 부르는 것이었다.

"목사님! 박재호 목사님이 그러시던데 시계 차고 오셨다가 원주민에게 주셔서 이제 없으시다고요?"

"아 뭐, 그거 비싼 거 아니에요. 그래서 드렸는데 뭐 제가 시계 볼 일이 있나요?"

"목사님, 제가 여기 오신 기념으로 시계 하나 선물해드리겠습니다!"

당시에는 몰랐는데 그때 롤렉스 시계를 선물로 받았다. 받고 나니까 괜찮게 생겨서 그 이후로 시계를 차고 다녔다.

다시 교회로 돌아왔는데 박 목사님이 그러시는 것이었다.

"에라이! 그 장로, 너무하네!"

"아니, 왜 그러세요?"

"아니, 내가 22년을 같이 있으면서 장로까지 시켜줬는데 원 목사님은 부흥회 한번 해주고 갈 사람이고, 나는 담임목사인데 나한테는 한 번도 시계 안 주던 사람이 원 목사한테는 시계를 주네요. 너무하네!"

"아, 그건 좀 그렇긴 하네요."

그 소리를 듣는데 내가 가만히 있을 수가 없었다.

"박 목사님, 손 좀 내밀어보세요."

"아니, 손은 왜요?"

"이거, 시계 차요!"

내 손에 있는 시계를 빼서 박 목사에게 주었다.

"아니, 원 목사님한테 준 거를 제가 왜 차요? 그 장로가 알면 나를 욕하지. 안 돼요, 안 돼. 원 목사 준 거니까 원 목사가 차요."

"에이, 차시라니까. 내가 하나 더 얻어낼 테니까 걱정 말고 차세요!"

"진짜로?"

"아이고, 원 목사를 우습게 아네? 얼른 차요!"

결국 박 목사님께 시계를 주고, 내가 저녁 설교 시간에 이런 얘기를 했다.

"오늘 아무개 장로님이 저를 초청해주셔서 점심도 잘 먹고 가게에서 기도도 했습니다. 그래서 좋은 시계를 저에게 주셨는데, 박 목사님을 보니까 시계를 안 찼길래 제가 그 시계를 박 목사님께 드렸습니다! 제가 이곳까지 와서 형인 박 목사님께 좋은 시계를 선물하게 하신 아무개 장로님께 정말 감사드립니다! 우리 다 같이 박수 한번 쳐드립시다!"

그랬더니 그 장로님이 얼른 가서 시계 하나를 더 챙겨오셨다.

"목사님! 목사님도 하나 차고 가셔야지요!"

그 모습을 보고 박 목사님이 감탄을 했다.

"이야, 원 목사님 대단하다."

"아니 뭐, 그거 하나 받아낼 능력이 없으면 부흥회를 왜 다닙니까?"

"이야, 원 목사님 교회가 부흥된 게 저절로 된 것이 아니었구나. 능력도 있지만 정말 대단해."

"아니, 그렇잖아요. 말만 하면 되는 건데 뭐가 어렵습니까? 내가 시계를 박 목사님께 드리고 없다고 하면 그분이 안 가져오시겠어요?"

장로님도 높여드리고, 박 목사님도 시계를 받고, 나도 다시 시계를 받고, 여러모로 많은 이들을 기쁘게 해주었던 것이다. 말도 '아' 다르고 '어' 다른 법이다. 목회를 할 때도 이 말을 잘해야 하는 것이다.

우리 가운데서 역사하시는 능력대로 우리가 구하거나
생각하는 모든 것에 넘치도록 능히 하실 이에게
교회 안에서와 그리스도 예수 안에서 영광이 대대로
영원 무궁하기를 원하노라 아멘

에베소서 3:20~21

녹이 슨
접시

남미에서 선교를 잘 마무리하고 20명의 교인들과 함께 다시 한국으로 돌아왔다. 귀국 후 첫 예배를 드릴 때 남미에서 있었던 기적의 일들과 부흥회 모습들을 영상으로 띄웠다. 그런데 그 영상을 보더니 우리 교인들이 모두 불평을 했다.

"목사님! 왜 다른 데 가서는 병을 고쳐주시고, 우리 교회는 신유집회를 안 해주십니까?"

그 말을 듣는데 일리 있는 말이었다. 사실 그동안 목회하기 바쁘고, 교회도 잘 성장하고 있기에 신유집회를 따로 할 필요는 없다고 생각했다. 그래서 안 했던 것이다. 이를 계기로 '아! 그것도 맞는 말이다. 신유집회도 해야겠다.' 이런 생각을 다시금 품게 되었다.

하루는 새벽기도가 끝나고 한 여집사님이 내게 찾아와 이런 말을 했다.

"목사님, 제가요. 어제 꿈을 꿨어요."

"그래요? 무슨 꿈입니까?"

"목사님이요, 브라질 다녀오셨다고 저한테 선물을 주시더라고요? 목사님이 주신 선물이라 기쁘게 받아서 집에 가져가 열어보니까 접시예요. 이 접시가 사기로 된 게 아니라 쇠로 된 접시였어요. 그런데 중간중간에 녹이 슬었더라고요. 받긴 받았지만 '아니, 우리 목사님

성격에 이런 후진 거는 안 주시는 분인데' 하는 생각이 살짝 들더라고요. 그래서 수세미로 닦아보니까 아주 말끔하게 빛이 반짝반짝 나는 좋은 그릇이었어요! 그래서 '거봐! 그럼 그렇지! 우리 목사님이 이런 걸 주지, 이상한 걸 주시겠나?' 하며 무릎을 탁 쳤어요."

"그렇군요, 그건 집사님 꿈이 아니라 제 꿈입니다."

이 꿈이 무슨 뜻이냐면, 하나님이 제게 능력을 주셨는데 안 써서 녹이 슬었다는 것이다. 그러니까 빨리 써야 하고, 그래야 빛을 발할 수 있다는 뜻이다. 그래서 그날 이후로는 주일마다 축도하기 전에 신유 기도의 시간을 가졌다. 내가 일어나서 이렇게 기도했다.

"여러분 병은 정신적인(영적인) 병도 있고 육체적인 병도 있습니다. 브라질 부흥회 영상 다 보셨지요? 그곳에서 역사하신 하나님, 오늘 이곳에도 우리와 함께하시는 줄 믿습니다! 다 아픈 곳에 손을 얹으세요."

성도들이 각자 자기 아픈 부위에 손을 대기 시작했다. 그리고 이렇게 기도했다.

> "내가 진실로 진실로 너희에게 이르노니, 나를 믿는 자는 나의 하는 일을 저도 할 것이요, 또한 이보다 큰 것도 하리니 이는 내가 아버지께로 감이니라. 너희가 내 이름으로 무엇을 구하든지 내가 시행하리라." (요한복음 14:12~14).

"믿는 자들에게는 이런 표적이 따르리니, 곧 그들이 내 이름으로 귀신을 쫓아내며, 새 방언을 말하며 뱀을 집어올리며 무슨 독을 마실지라도 해를 받지 아니하며, 병든 자에게 손을 얹은즉 나으리라! 나으리라! 나으리라!" (마가복음 16:17~18).

기도를 마치자 교인들의 "아멘! 아멘! 아멘!" 하는 소리가 어찌나 큰지 교회 천장을 뚫고 나가는 듯했다. 그렇게 교인들 모두 한마음으로 성령의 치유하심을 간구할 그때 기적의 역사가 일어나는 것이다. 어떤 사람은 기도하다가 낫고, 어떤 사람은 집에 가다가 낫고, 어떤 사람은 며칠 있다가 낫고 그러는 것이다. 그래서 이러한 치유의 놀라운 역사들이 전해지기 시작하고, 병을 고침받은 교인들은 사진과 더불어 성명, 나이, 병명 등을 적어서 기록을 해두었다. 그리고 그 놀라운 기적과 간증들을 교회 신문에 게재하여 교회 주보와 함께 나눠주고 신유집회를 많은 이들에게 널리 알렸던 기억이 난다.

4년 동안 매주 신문을 펴냈는데 그 기간 동안 치유받은 교인들의 사진과 이름과 간증이 신문 앞·뒷면에 가득 채워졌다. 항상 신문 앞·뒷면에 놀라운 기적의 역사들이 빽빽하게 기록되었다. 그래서 주변 이웃들에게도 '잠실교회에 가면 병이 낫는다!'라는 소문이 퍼졌던 것이다. 신유집회를 알렸던 그 신문은 아직까지도 차례대로 보관되어 있다. 그동안 잠실교회에 역사하신 하나님의 일들이 흔적으로 남아 있는 것이다.

한 여집사님을 통해 하나님이 주신 달란트를 사용하지 않고 있다가 금세 '녹이 슨 접시'가 되어버렸다는 것을 깨달을 수 있었다. 주님께서 주신 은사를 마음껏 발휘하는 것이 참된 '그릇'으로서, '종'으로서의 사명을 다하는 것일 것이다. 은사는 쓰지 아니하면 소멸된다. 주신 은사를 잘 활용하여 불을 일구듯 해야 하며, 그렇게 점점 왕성하게 일상이 되도록 사용하여 보이지 않는 하나님을 보여주는 사역자가 될 때 하나님의 영광이 가득한 교회를 이어갈 것이다.

우리 가운데서 역사하시는 능력대로 우리가 구하거나
생각하는 모든 것에 넘치도록 능히 하실 이에게
교회 안에서와 그리스도 예수 안에서 영광이 대대로
영원 무궁하기를 원하노라 아멘

에베소서 3:20~21

기도할 때
눈 감는지 몰랐어요

보통 성가대 지휘하시는 분이나 성가대원들은 나이 많은 성가대원이 오는 것을 좋아하진 않는다. 음량도 적고, 소리도 약하고, 가끔은 화음에 방해도 되니까 빼고는 싶은데 그럴 수는 없으니까 눈치를 많이 주었던 모양이다. 하루는 나이 드신 성가대원들이 힘들어하는 것이 내 눈에 보이는 것이었다. 그래서 설교를 하며 공공연히 얘기를 했다.

"성가대가 찬양하는 것은 하나님 앞에 영광을 돌리는 것이기 때문에 얼마나 음악을 잘하고 화음이 잘 맞느냐는 중요하지 않습니다. 얼마나 정성이 들어가고 최선을 다했느냐. 하나님은 그것을 보시는 것이지, 하나님께서 우리의 기술이나 능력을 보시는 게 아닙니다. 그렇기 때문에 나이 드신 분들에게 부담 주지 마십시오."

"하나님이 주신 성대를 가지고 죽기까지 찬양하며 봉사하겠다는데 좋게 받아야지, 우리는 세상의 합창단이 아니지 않습니까"라며 모든 게 하나님께 영광 올려드리는 것이니까 눈치 주지 말라고 했다. 그랬더니 나이 많은 성도들이 모두 "할렐루야" 했던 것이다. 날마다 성가대에서 눈치가 보였는데 담임목사님이 전 성도들 앞에서 공식적으로 선포해주니까 이제 떳떳했던 것이다.

그분들 중에서 D 집사님이 내게 찾아와 고마움을 표했다. 그러면서 이런 이야기를 했다.

"목사님, 그런 말씀 해주셔서 고마워요. 왜 제가 성가대 앞을 때 있잖아요, 사실 뭐 제가 음대를 나오기를 했겠습니까, 아니면 특별히 찬양을 잘합니까? 그래도 하고 싶어서 하는 건데 가끔씩 옆 사람이 면박을 주는 것 같아서 기분이 나빴어요. 그런데 목사님이 그 얘기 하시고 나서부터는 그런 게 없어서 좋습니다."

그러더니 이런 말을 덧붙였다.

"아, 목사님! 그리고 우리 남편을 위해서 기도를 좀 해주세요."

"어떤 걸 기도해드립니까?"

"아이고, 우리 남편이 얼마나 거친 사람이냐면요. 교회 갔다 오면 어디 갔다 왔느냐면서 고함을 치고요. 제 성경과 찬송집을 다 연탄불에 태우고 그래요. 지금은 아니지만 젊었을 때는 머리채도 뜯고 그런 사람이에요."

"아니, 지금도 그런 남편이 있습니까? 제가 가서 혼을 내주고 싶네요!"

그 여집사의 부탁을 받고 그때는 기도해주겠다고 말했지만 다른 일들로 잊어버리고 제대로 기도해주지는 못했다.

그리고는 추운 겨울이 지났다. 하루는 예배가 끝나고 문 앞에 나가서 인사를 받는데, 한쪽에서 누가 막 뛰어나오는 것이다. 성가대복을 입은 어떤 여자 성도가 달려오는 것이었다. 살펴보니까 D 집사님

이었다. 그분이 부랴부랴 달려오더니

"목사님, 우리 남편이 오늘 교회 나왔어요!"

나는 속으로 '아니, 그 괴짜 같은 남편이 어떻게 교회를 나왔지?' 하는 생각이 들었다. 또 D 집사님의 표정을 보니 썩 밝은 편은 아니었다.

"어떻게 나오게 되었습니까?"

"목사님, 제 남편은 폐암 환자예요. 그것도 말기예요. 그래서 목사님께 기도 받으러 나왔어요."

그 얘기를 듣고야 '아, 그래서 나왔구나?' 하는 생각이 들었다.

잠시 뒤쪽에 계시라고, 교인들 다 나가면 기도해주겠다고, 앉아서 조금만 기다리라고 했다. 한참 있다 보니 머리가 허옇고 약해 보이는 사람이 내 쪽으로 천천히 걸어오고 있었다. 교인들과 인사를 다 마치고 다가가니 기운이 다 빠진 채로 앉아 있는 것이었다. 그 모습을 보고 내가 이야기를 했다.

"교회 나와줘서 고마워요. 나오시느라 수고했어요."

그랬더니 말은 못 하고 고개만 끄덕끄덕 하는 것이었다.

"제가 기도할 테니까 기도한 다음에는 '아멘!' 하면 됩니다. 그대로 이루어달라는 뜻이에요. 그러면 기도할게요."

그다음에 바로 예배가 있었기 때문에 성경을 왼손에 들고 오른손을 머리에 얹고 기도를 해주었다. 그리고는 "아멘!" 하고 눈을 떴는데 D 집사님 남편이 눈을 말똥말똥 뜨고 있는 것이었다. 이분이 교회를 안 다니다 보니 눈을 감고 기도한다는 것을 몰랐던 것이다. 그런데 갑자기 말을 하는 것이었다.

"목사님, 다 나았어요."

"아니, 어떻게 말을 하십니까?"

"목사님 기도하실 때요, 목사님 성경책에서 모락모락 김이 피어나왔어요. 그 김이 제 코에 들어가 호흡하는 순간 숨이 탁 트이고 나았다는 확신이 왔습니다. 보세요, 지금 다 나았다고 제가 말을 하고 있잖아요!"

어떻게 김이 피어나는 걸 보았느냐고 물어보았다.

"저는 눈을 뜨고 있었어요. 기도할 때 눈을 감는지 몰랐어요."

내 왼손에 있던 성경책에서 연기 같은 것이 피어 오르더니 코에 들어온 순간 온몸에 생기가 돌으면서, 팍 터지면서, 나았다는 확신이 왔다는 것이다. 그분은 그 후로 1년 정도를 더 살다가 가셨다. 치유를 받고 잠깐 교회에 나오다가 다시 신앙생활을 소홀히 했기 때문이었다.

이런 일들이 여럿 있었기 때문에 요즘은 안수기도를 해주면서도 꼭 이 말을 한다. '교회에 나오지 않으면 당신은 세상 뜹니다.' 이전에는 이 말을 차마 하지 못했다. 그랬더니 사람들이 하나님에 대한 두려움을 모르고 다시 세상으로 돌아갔던 것이다. 고집을 꺾고, 무릎을 꿇고, 끝까지 하나님께 순종해야 하는데, 가다가 돌아오면 아니 간만 못하다는 말이 딱 맞는다. 그래서 내가 조금 충격을 받고 요즘은 이렇게 박아둔다.

"이번에는 나았는데 하나님이 도우셔서 나았습니다. 저한테는 거짓말해도 되지만 하나님에게는 거짓말이 안 통합니다. 하나님 앞에서 꼭 신앙생활 계속하셔야 천수를 사는 것이고, 그렇지 않으면 하나님이 데려가십니다."

이런 말을 해주어야 내가 마지막까지 책임을 다하는 것이다. 그렇지 않았을 때 일어나는 일들을 많이 경험했기 때문에 꼭 이 말을 해주는 것이다. 귀하게 고침을 받았는데 그 은혜를 모르면 되겠는가. 그러나 사람들은 은혜를 빨리 잊어버리고 감사를 못 하곤 한다. 그렇기 때문에 내가 이런 이야기를 해주는 것이다.

**여호와께 감사하고 그의 이름을 불러 아뢰며
그가 하는 일을 만민 중에 알게 할지어다**

시편 105:1

손을 잡고
힘을 한번 꽉

어느 날 한 집사님에게서 전화가 왔다.

"목사님, 제가 오늘 교회 나가고요. 내일부터 병원에 입원하게 되었어요."

"아니, 왜 그럽니까?"

"제가 옆구리가 결려서 병원에 갔더니 결핵성 늑막염이라고 하는데 물이 찼대요. 그냥 늑막염이면 치료가 잘되는데, 이건 결핵성이라고 해서 좀 위험성이 있다네요. 그래서 입원을 하래요."

"아, 그렇군요."

그렇게 얘기하고는 깜빡 잊어버리고 있었다. 그리고 예배 후에 문 앞에서 성도들에게 인사를 하는데 그 집사님이 나오는 것이 눈에 띄었다. 그래서 내가 속으로 '내일 입원할 분이 오는구나' 생각하고 있었다.

"오셨군요, 내일 입원하지요?"

"예."

"이리 와보세요."

그러고는 손을 잡고 힘을 한번 꽉 줬다. 내가 아귀 힘이 좀 세서 사람들이 내 손을 잡으면 아프다고 할 정도였다. 그 집사님은 내일 입원을 한다고 하니까 친근감을 주려고 다른 사람들보다는 조금 더 세게 손을 잡았다. 뒤이어 나오는 성도들도 인사를 해야 하니까 그 집사님을 보내고 인사하고 있는데, 한참 뒤에 저를 다시 찾아온 것이었다.

"집사님, 무슨 할 말 있습니까?"

"목사님. 나았어요."

"아니, 그 나은 거를 어떻게 압니까? 내일 입원한다고 하지 않았습니까?"

"나았어요!"

"아니, 어떻게 나았습니까?"

"목사님이 악수할 때요, 저한테 '짜릿' 하고 전기가 왔거든요. 그 순간에 옆구리가 나았다는 확신이 왔어요."

"그럼 내일 병원에 한번 가보세요."

병원에서 검사를 받아보니 말끔하게 나았다는 것이다. 그 집사님이 또 기적을 체험하고 소문을 내고 다니다 보니 전도가 되고 교회가 부흥이 되었다. '악수만 해도 낫네?' 하는 생각을 가지고 우리 교회를 찾아오는 것이었다. 그러니까 주의 종의 권위가 설 수 있었던 것이다. 그런 소리를 듣고 오니 먼저 머리를 숙이고 들어왔던 것이다.

소문도 내가 직접 내는 것보다 본인 스스로가 말하는 것이 훨씬 더 신뢰가 가는 법이다. 그래서 항상 신유집회에서 제일 먼저 경험한 사람에게 '생생한 간증'을 시키는 것이다. 믿음은 들음에서 나는 것이기 때문에 '이것도 낫네? 저렇게도 낫네?' 하며 소망과 열정이 점점 커져 믿음으로 나오게 되는 것이다.

'믿음은 들음에서, 들음은 그리스도의 말씀으로 말미암았느니라(로마서 10:10)'라는 성경 말씀처럼 믿음은 들음에서 나게 되어 있는 것이다. 그래서 간증이 필요한 것이다. 신유집회에서 간증을 하게 되면 교인들이 "아~ 그렇구나!" 하며 동감하는 것이다. 조용기 목사님도 "오늘 나으신 분, 손 드세요!"라고 꼭 물어보는 이유가 있다. 여기저기서 사람들이 손을 들면 그 사람이 정말 나았는지 확인할 수는 없지만, '저 사람들도 나았으니 나도 낫겠다!' 하는 신념이 드는 것이다. 그럴 때 가서 기도하면 믿음대로 치유받게 된다. 성령의 역사는 그렇게 일어나는 것이다.

누구든지 주의 이름을 부르는 자는 구원을 받으리라
그런즉 그들이 믿지 아니하는 이를 어찌 부르리요
듣지도 못한 이를 어찌 믿으리요
전파하는 자가 없이 어찌 들으리요
보내심을 받지 아니하였으면 어찌 전파하리요
기록된 바 아름답도다
좋은 소식을 전하는 자들의 발이여 함과 같으니라
그러나 그들이 다 복음을 순종하지 아니하였도다
이사야가 이르되 주여 우리가 전한 것을
누가 믿었나이까 하였으니
그러므로 믿음은 들음에서 나며
들음은 그리스도의 말씀으로 말미암았느니라

로마서 10:13~17

권위(Authority)

잠실교회에는 20여 개의 여전도회가 있다. 나이별로 층층이 있다 보니 20개 정도 되었던 것이다. 여전도회 전체를 총괄하는 회장이 있었다. 그분은 주의 종의 말을 잘 따라주는 편이었다.

어느 주일 아침이었다. 그분이 내게 와서 이렇게 말하는 것이었다.

"목사님, 내일 저 병원에 입원해요."

"아니, 어디 아파요?"

"자궁에 종양이 생겼거든요."

"아, 그렇구나. 근데 왜 그런 얘기를 안 했어요?"

"음, 제가 병원에 가봤더니 상당히 악성 종양이래요. 근데 목사님, 제가 꼭 죽을 것만 같아요. 내일 아침 8시에 병원에 입원해서 수술을 받는데 목사님이 저 수술받기 전에 꼭 한번 기도해주세요."

교회를 위해 헌신하고 목사에게 충성을 다하는 여전도회 회장님이 질병으로 죽었다고 하면 잠실교회에 흠이 되는 것이었다. 그래서 이렇게 기도했다.

'하나님, S 권사님이 병원에서 수술을 한다는데, 그래서 내일 아침에 기도하러 가는데, 그분이 죽었다고 하면 우리 교회가 시험에 듭니다. 그렇게 충성하던 사람이 하루아침에 죽었다고 하면 제가 어떻게 일을 하겠습니까? 하나님, 살려주세요. 살려주세요.'

더 열심히 기도를 하고, 그다음 날 새벽기도를 마치고 강남성모병원으로 향했다. 아침 8시에 차를 타고 가면 금방 병원에 도착할 줄 알았다. 그런데 출근 시간과 겹쳐서 길이 막히는 것이었다! 저 앞에 병원은 보이는데 차는 움직일 기미가 보이지 않았다. 결국에는 택시비를 주고 중간에 내려서 병원으로 뛰었다.

병원에서는 시간이 다 되어서 환자운반침대에 권사님을 눕히고 수술실로 들어가려고 하고 있었다. 그런데 S 권사님은 "목사님 안수기도를 받지 않으면 안 들어가요!" 하면서 문 앞에서 의료진과 실랑이를 벌이고 있었다. 그 시간에 내가 병원에 도착한 것이다. 옆에 있던 S 권사님 남편이 나를 보고 "저기 목사님 오시네요" 하자 그제서야 실랑이가 끝났다. 권사님은 드러누워서 내게 손을 내밀고 얼른 기도해달라며 기다리고 있었다. 나는 의료진에게 목례를 한 후 아침에 이렇게 차가 밀리는 줄 몰랐다고 미안하다며 사과를 했다. 그러고는 잠깐 기도하겠다며 운반침대 모서리 난간을 딱 붙잡고 기도했다.

"하나님, 이번에 S 권사님 병 좀 꼭 낫게 해주세요. 교회에서 충성 많이 했는데 이 사람이 죽었다는 소리 들으면 교회가 덕이 될 게 없습니다. 저도 얼마나 힘이 빠지겠습니까?"
이렇게 기도를 하는데 그 순간 권사님이 순종하며 봉사했던 모습이 떠올랐다. 그러면서 내 눈에서 눈물 한 방울이 뚝 떨어졌다. 고개를 숙이고 기도를 했기 때문에 누워 있던 권사님 얼굴 위에 내 눈물

한 방울이 뚝 떨어졌다. 나는 느낌으로만 내 눈물이 떨어지는 것을 알고, 눈을 감고 기도하다가 "아멘!" 하고 눈을 떴다. 그랬더니 방금 전까지만 해도 파리했던 S 권사님 얼굴에 화기가 싹 돌면서 몸이 불덩어리처럼 뜨거워진 것이다! 그러자 그 권사님이 내게 이렇게 말했다.

"목사님, 저 나았습니다. 퇴원하겠습니다."
그 말을 듣고 남편분도 깜짝 놀라서 나를 보고는 물었다.
"목사님, 제가 어떻게 해야 합니까?"
"왜 저를 보세요? 당사자가 나았다고 하지 않습니까. 당사자 말을 들으세요. 조금 전에 보셨죠? 지금 얼굴 보세요!"

S 권사님은 그 자리에서 퇴원했다. 그 병원에서도 이변이 일어난 것이다. 그 이후로 권사님은 지금까지도 건강하게 봉사하고 계신다. 이런 소문들이 교회에 퍼졌던 것이다. 전해지면 전해질수록 교회 전도의 문이 열리게 되는 것이다. 이런 일들이 반복되다 보니 길거리에서 교인들이 나를 만나면 내 앞에 와서 기도해달라고 한다. 민망할 때도 있지만 하나님께 감사한다. 권위 있는 종이 되라고 하시던 말씀이 새삼 떠오르기 때문이다. 이런 것이 바로 하나님께서 주신 'Authority', 즉 '권위'일 것이다.

이스라엘이 여호와께서 애굽 사람들에게 행하신

그 큰 능력을 보았으므로

백성이 여호와를 경외하며 여호와와

그의 종 모세를 믿었더라

출애굽기 14:31

꿩 먹고
알 먹는 것

먼저 본을 보이니 교인들이 목사인 나를 존경하고 인정해주었다. 은퇴 날이 가까워지자 어떤 장로님이 "목사님, 그거(예닮글로벌학교) 목사님 가지세요" 하며 내게 예닮 땅을 준다는 것이었다. 그래서 장로님께 말씀드렸다.

"장로님, 그걸 저한테 주겠다고요? 생각은 고마운데 그게 누구 땅입니까? 교회 소유 아닙니까? 그런데 장로님이 왜 교회 것을 가지고 저한테 인심 쓰겠다고 합니까? 장로님이 사서 주면 '감사합니다' 하고 받겠지만 교회 것을 가지고 그런다면, 교인이 동의도 안 했는데 그런 소리 하는 것 보면 장로 자격이 없는 것 같네요. 제 말이 맞지 않습니까? 교인들이 낸 헌금은 다 하나님 것이지요. 장로님이 직접 사서 '목사님 가지세요' 하면 제가 감사하게 받겠습니다. 그런데 하나님의 것을 가지고 그걸 주겠다니요. 그런 소리 앞으로 하지 마세요!"

이렇게 말하고 나니 장로님이 민망해하셨다.

그러자 나보고 은퇴금으로 30억 원을 받으라고 제안했다. 그래서 내가 말했다.

"여러분들이 걷어서 주십시오. 그러면 제가 받겠습니다. 그리고 그냥 10억 원만 받겠습니다. 왜 10억 원을 받느냐? 내가 자녀들한테 목사 된 이후로 크게 용돈을 줘본 적도 없고, 우리 안사람이 나를 위해 평생 기도를 해주고 도와줬는데 한 번도 용돈 쓰라고 뭘 준 적이 없습니다. 그래서 우리 자녀들 4명, 안사람까지 각각 2억 원씩 주고 싶습니다. 그리고 담임목사인데 십일조는 내야 되지 않겠습니까. 그리고 37년 목회를 했는데 감사헌금도 드려야 하지 않겠습니까?"

그래서 자녀들과 안사람에게 줄 용돈으로 10억 원, 십일조 1억 원, 감사헌금 1억 원, 그리고 37년 일하면서 퇴직금으로 받을 수 있는 급여가 4억 원이었다. 그래서 총 16억 원을 받고, 자녀들과 안사람에게 나눠주고 헌금도 하면서 은퇴 마지막까지 보람을 느끼게 해주셨다. 교회가 직접 결정해서 준 것이었기에 하나님 앞에서 받았던 것이다. 그렇게 퇴직금을 제안한 것보다 적게 받은 대신, 은퇴한 뒤에는 차기 시무할 담임목사님과 동등한 대우를 해달라고 했다.

보통 교회 형편이 좋으면 담임목사 월급의 70~80% 정도를 원로목사에게 준다. 일반적으로는 50% 정도이다. 교회 형편이 좀 어려우면 30% 정도이고, 아주 어려우면 안 주는 경우도 있다. 그럼에도 나는 후임 담임목사와 동등한 대우를 받는 원로목사가 되었다. 원로목사들 중에서는 상위 1%에 해당할 정도인 것이다. 그뿐만 아니라 목회자들에게는 월급과 함께 심방비, 도서비, 의료비, 사택관리비, 전화비, 주유비 등이 다 나온다. 그런데 원로목사는 심방을 안 하니까 심방비는 제외하고, 설교를 위해 책을 보는 것도 아니니까 도서비도 제외하고, 나머지 사택관리비, 의료비 등은 담임목사와 동등한 대우를 받게 되었다.

거기에 보너스가 분기별로 한 번씩 있다. 그런데 3개월이 지나고 나서도 보너스를 안 주는 것이었다. 그래서 장로님들을 불러서 이야기했다.

"장로님들, 제가 잘못 들었나요? 후임 목사님하고 동등하게 대접해 주기로 한 거 아니었습니까? 제가 심방은 안 하니까 심방비 안 받아, 설교도 안 하니까 도서비 안 받아, 그런데 보너스는 담임목사님이 필요하면 나도 필요한 거지요. 보너스를 빼겠다는 단서를 하나 더 넣든지, 아니면 그걸 파기하든지, 둘 중에 하나를 하세요!"

"죄송합니다, 몰랐습니다."

장로님들이 미안해하면서 말했다.

"제가 돈을 더 받기 위해서 이러는 것이 아닙니다. 원칙을 정했으면 원칙을 따라야 하지 않겠습니까?"

그 이후로 보너스도 후임 목사님과 동일하게 받게 되었다.

만약에 만나서 이야기하지 않고 사석에서 "에이, 장로님들 아주 고약해. 약속을 해놓고 보너스도 안 줘!" 이렇게 말하고 다니면 나는 쪼잔한 사람이 되는 것이다. 할 말이 있을 때는 확실하게 대화를 해야 하고, 아닌 건 아니라고 논리적으로 설명할 수 있어야 한다. 장로님들이 당회록에 기록한 대로 하는 것이 옳기 때문이다. 보통 목사들 같으면 "에이, 그걸 돈 때문에 치사스럽게 어떻게 말합니까?" 하고는 뒤에서 장로님들 흉보고 그럴 테지만 나는 그러고 싶지가 않았던 것이다. 오히려 장로님들께 이렇게 말했다.

"제가 지금 이런 말을 하는 것은 우리 교회 장로님들 뒤에서 비난하는 거 하고 싶지 않아서입니다. 장로님들 존중해주려고 그런 것입니다."

그랬더니 장로님들이 죄송하다며 "얘기해줘서 고맙다"고 그러셨다. 아무리 교인들 앞이라고 해도 목사는 할 말은 해야 하는 것이다. 말도 못 하고 뒤에서 욕하면 오히려 목사가 스스로 치사한 사람이 되는 것이다.

은퇴 이후에 이런 대우를 받는 원로목사가 된 것은 전적으로 하나님의 은혜가 있었기 때문이다. 하나님께선 그 앞에 드린 '300평 땅'을 지금까지도 기억하시고, 갑절의 은혜로 더해주시는 것이다. '주라, 그리하면 너희에게 줄 것이니 곧 후히 되어 누르고 흔들어 넘치도록 하여 너희에게 안겨주리라' 하신 성경 말씀처럼 주는 것은 다른 사람에게 베푸는 것도 주는 것이고, 하나님 앞에 드리는 것도 주는 것이다. 그렇게 하면 하나님은 언제나 흔들고 꾹꾹 눌러 넘치게 하여 우리에게 안겨주시는 것이다. 나는 그것을 지금까지도 체험하고 있다.

유명한 설교자인 찰스 스펄전은 이렇게 말했다. '지갑이 열려 있지 않은 헌신이라는 것은 거짓된 헌신이다.' 재물이 있는 곳에 우리의 마음이 있는 법이다. 입으로는 하나님을 사랑한다고 하는 사람이 많지만, 행위가 살아 있는 사람은 거의 없다. 우리의 것을 드려야 주의 종이 되는 것이지, 자꾸 쌓아두고 있으면 종이 아닌 것이다. 종은 언제나 주인의 것을 받아먹고 살아야 하는 것이지, 자기의 것을 먹는다면 종이라고 생각하지 않게 된다. 그렇지 않겠는가? 많은 목회자들이 실수를 하는 것이 있다. 하나님은 은밀한 중에 다 보고 계신다는 것을 모르는 것이다. 하나님 앞에 마음을 다 드리고 나서 "주님!" 하면 다 들어주시는데, 아나니아와 삽비라처럼 자기 영역을 미리 만들어놓고 나머지 것을 드리면 아무리 많아도 하나님이 기뻐하시지 않는 것이다.

인간적인 생각으로 아나니아와 삽비라는 축복받을 만하다. 아무것도 안 드리는 사람도 있는데, 그 정도 드렸으면 많이 드린 것 아닌가. 하지만 하나님이 보시기에는 아닌 것이다. 하나님을 속이는 것이다. 진정한 헌신이 아닌 '반 토막 헌신'인 것이다. 하나님은 온전한 헌신과 순종을 원하시지, 반 토막짜리를 원하지 않으신다.

나는 그렇게 생각한다. 하나님께 온전히 다 드리는 것이 오히려 '꿩 먹고 알 먹는 것'이다. 하나님께 맡기는 것이 바로 주인에게 맡기는 것이기 때문이다. 은도, 금도, 천산의 모든 것이 다 주의 것이기에 인간이 주는 것은 감질나고 조그마한 것들이지만, 하나님은 한 번에 부어주시는 것이다.

한번은 이런 일이 있었다. 자녀들이 외국에서 공부하느라 등록금이 많이 들어갈 때였다. 교육비는 지원을 받았지만 생활비도 많이 들었기 때문에 그걸 가지고 기도하고 있었다. 잠깐 기도하고 있는데 집사 한 분이 당회실에 들어왔다.

"A 집사님, 웬일이에요?"

"목사님, 요즘 제가 사업이 잘돼요. 그래서 목사님 용돈 좀 드리려고 왔어요."

"아, 그렇군요. 그럼 500만 원 가져왔지요?"

"아니! 목사님, 어떻게 아셨어요?"

"제가 지금 하나님한테 500만 원 기도했거든요."

이처럼 하나님은 필요한 것들을 때에 맞게 채워주신다.

우리 교인들은 내게 이렇게 말하곤 한다. "목사님에겐 축복권이 있습니다." 그리고 우스갯소리로 이렇게 얘기하기도 한다. "목사님이 하시는 일은 뭐든 잘되니까 어디 땅을 사시게 되면 저희들도 같이 사야겠습니다!" 그 얘기를 들으면 잠깐 웃으며 반응하지만 이내 나는 이렇게 대답한다. "그래도 그것은 아닙니다. 나는 모든 것을 할 때 하나님의 영광을 위해서 합니다. 제 개인적인 탐심은 들어가 있지 않습니다. 그래서 하나님이 축복해주시는 것이지요. 만약 그곳에 탐심이 들어가 있으면 '사(詐)'입니다. '사(詐)'가 끼면 안 되는 것입니다."

그렇게 목회 기간 동안 내가 하는 것은 무엇이든 잘되었다. 그래서 교인들은 내가 팥으로 메주를 쑨다고 해도 믿고 따를 정도였다.

주라 그리하면 너희에게 줄 것이니 곧 후히 되어 누르고
흔들어 넘치도록 하여 너희에게 안겨주리라
너희가 헤아리는 그 헤아림으로 너희도 헤아림을
도로 받을 것이니라

누가복음 6:38

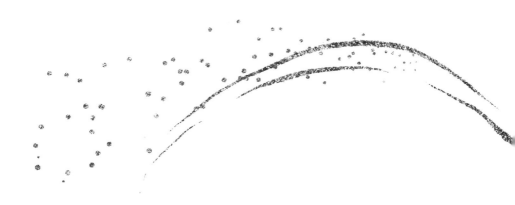

하나님,
제가 이제 떠나야 합니다

목사는 법적으로 만 70세까지 일할 수 있다. 그런데 보통 목사님들이 실수하는 것이 있다. 만약에 어느 목사가 65세에 은퇴를 하겠다는 말을 꺼내면 교인들은 다 기억하고 있다가 65세가 되면 은퇴하라는 말을 꺼낸다. 이렇게 교회에서 쫓겨난 목사들이 꽤 있다. 그 때문에 나는 무심코 흘러가는 말이라도 은퇴에 대한 이야기를 일절 꺼내지 않았다. 만약 미리 은퇴하는 해를 정해놓고 공표하면 교인들이 이전처럼 충성하지 않게 된다. 대통령도 6개월 정도 임기가 남으면 레임덕이 오듯이 목사도 마찬가지인 것이다.

만으로 70세가 되는 날, "이제 저는 은퇴하겠습니다"라고 공표했다. 그러자 주변 친구들이 자꾸 연락을 했다. "원 목사, 우리 아들 영국에 가서 박사 학위도 받았는데 원 목사 대를 잇게 하면 어떨까? 내가 아버지처럼 모시라고 할게!" 그런가 하면 또 다른 쪽에서는 뇌물까지 가져오면서 후임 목사 자리를 달라고 내게 자꾸만 부탁을 했다. 그래서 내가 이렇게 말했다.
"잠실교회가 내 교회 같으면 당신이 주는 것 받고 대를 잇게 해줄 수도 있습니다. 당신 아들이나 내 아들이나 다 같은 아들이라고 생각합니다. 그런데 내가 섬기는 잠실교회는 하나님의 것이지 내 것이 아닙니다. 하나님께서 원하시는 사람이 와야지 내가 원하거나 다른 사람이 원해서 오면 되겠습니까? 기도해보세요! 기도해서 하나님이 원하시는 사람이면 내가 당신 주겠습니다."

많은 곳에서 유혹이 있었지만 단칼에 거절하고 나는 날마다 기도만 할 뿐이었다.

'하나님, 제가 이제 떠나야 합니다.'

교회에서 제일 중요한 시기가 목사가 바뀔 때이다. 교회가 가장 위험할 시기이기 때문이다. 많은 한국 교회가 이 시기에 무너졌다. 자기 자녀에게 교회를 물려주려고 하거나, 아는 사람에게 물려주려고 하다가 마찰이 많이 생겼기 때문이다. 그래서 나도 늘 기도하고 있었다. '하나님, 잠실교회는 그런 교회가 되지 않게 하여주옵소서!' 이렇게 계속해서 기도하고 있을 때였다.

내가 담임목사로 시무하는 마지막 부흥회를 한번 해야겠다는 생각이 들었다. 보통 1년에 두 차례(봄과 가을) 부흥회를 여는데, 강사들에게 연락을 해보니 이미 다른 부흥회 일정으로 시간을 내기가 어렵다는 것이다. 그래서 누구를 초청할까 고민하고 있을 때 림인식 목사님과 짧은 안부 전화를 주고받을 일이 있었다. 마침 잘된 것 같아서 사정을 이야기했다.

"목사님, 저도 이제 내년이면 은퇴하는데 이번에 마지막 부흥회를 하려고 하니 부흥사들이 시간이 다 안 맞네요."

"아, 그래? 우리 아들이 LA 영락교회에 있는데 지금 오사카에서 부흥회 하고 있어. 그런데 미국으로 가기 전에 일주일 더 시간을 냈다고 하던데 내가 한번 전화해볼까?"

"그럼, 한번 부탁드릴게요."

전화가 연결이 돼서 물어보니까 부흥회에 올 수 있다는 것이다. 그분이 현재 잠실교회 담임목사인 림형천 목사이다. 부흥사 때문에 걱정했는데 한시름 놓고는 교인들에게 "이번 부흥회는 림형천 목사님이 오셔서 인도하십니다" 하며 안내를 했다. 그래서 마지막 부흥회를 은혜롭게 잘 마쳤다. 성도들도 좋아하고 많은 은혜를 받았다. 잘 끝마쳐서 다행이라는 생각에 한숨 놓고 있는데 교인들 사이에서 이런 소문이 난 것이다. '이번에 오신 목사님이 원 목사님이 후임으로 찍은 목사님이래!' 나는 아무런 말도 하지 않았고 정하지도 않았는데 그런 소문이 나기 시작한 것이다. 림형천 목사가 나와 같은 고려대학교를 나왔고, 목사 아들이라는 이유로 후임 목사일 것이라고 소문이 난 것이었다. 그리고 며칠 뒤에 장로님들이 나를 찾아오더니 또 말하는 것이다.

"목사님, 림 목사님이에요?"

"아니요? 저는 정하지도 않았는데요? 장로님들은 어떠신데요?"

"아이, 그만하면 괜찮죠!"

교회에서 그렇게 소문이 퍼지니까 나도 '림 목사인가?' 하는 생각이 문득 들었다. 혹시나 하는 마음에 전화를 걸었다.

"림 목사, 혹시 우리 교회에서 청빙(교회법에서 위임목사를 구하는 행위를 뜻함)을 하면 올 생각 있어요?"

"아니, 목사님 임지를 옮기는 거야 제 맘대로 합니까? 기도하고 하나님이 허락해야 오시는 거 아닙니까?"

"그렇죠. 맞죠."

"세 달만 제게 시간을 주세요. 기도해보겠습니다!"

"좋습니다."

그렇게 말을 하고 계속해서 기도하고 있었는데 교회 내에서는 림 목사가 후임 목사라는 소문이 일파만파로 퍼지는 것이었다. 더 이상은 안 되겠다 싶어 장로님들과 당회를 열어 정식으로 모였다. 그리고 공식적으로 후임 목사에 대한 이야기를 했다.

"림 목사님이 세 달만 기다려달라고 하는데, 기도해보고 응답을 받겠다고 그러는데, 누가 와도 빨리 와야 하지 않습니까? 여러분들이 후임 목사 뽑으시겠어요, 아니면 제가 뽑을까요?"

장로님 한 분, 한 분 눈을 마주치면서 다시 한 번 말했다.

"목사는 목사가 잘 압니다. 여러분들이 하시겠어요, 아니면 제가 할까요? 어떻게 하겠습니까? 여러분들 의견에 따르겠습니다."

그랬더니 장로님 한 분이

"당연히 목사님이 정하셔야지요! 우리가 어떻게 합니까?"

내가 한 번 더 확인했다.

"그럼 다들 동의하시는 거예요?"

"아이고, 목사님 당연히 그래야지요! 목사님 마음에 드셔야죠!"

"제 마음에 드는 게 아니고, 하나님 마음에 들어야 합니다. 제가 그렇게 기도했어요. 그러면 저한테 위임한 겁니다. 나중에 다른 소리하면 안 됩니다."

"그럼요, 알겠습니다."

"그럼, 좋습니다. 그래도 혹시 어떤 목사가 왔으면 좋은지 하는 바람이 있으면 얘기해보세요. 원 목사가 마음대로 뽑았다는 말 나오면 좀 그러니까! 어느 정도 기준이 있어야 하니까 얘기해보세요."

"목사님, 저희는 50세 미만은 싫습니다. 너무 젊은 목사는 안 될 것 같아요."

"그리고요, 이름 얘기하면 그래도 우리나라에서 알 만한 사람이면 좋겠습니다."

"이왕이면 박사 학위가 있는 사람이면 좋겠네요."

"알겠어요. 그렇게 세 가지 조건은 제가 꼭 약속할게요."

그렇게 결정을 하고는 며칠 지나지 않아 림형천 목사에게 전화가 왔다.

"목사님! 하나님이 허락하십니다. 제가 가겠습니다!"

내가 LA까지 두 사람을 보내서 청빙을 하고, LA 영락교회에도 잘 알리고 림 목사를 모셔왔다. 당시에 림 목사 나이가 55세였으니까 첫 번째 조건은 충족되었고, 시무하던 LA 영락교회는 외국에 있는 한인교회 중 가장 큰 교회이기도 하고 이전에 롱아일랜드 아름다운교회에서 성공적으로 목회를 잘 마친 경험이 있어서 어느 정도 알 만한 사람이었다. 그래서 두 번째 조건도 충족되었고, 마지막은 보스턴신학교에서 박사 과정은 다 수료했는데 목회와 병행하다 보니 졸업 논문을 못 써서 박사 학위는 없었다. 세 번째 조건이 충족이 안 되었는데, 내가 장로님들과 약속한 바가 있어서 그 때문에 계속 고민을 하고 있었다. 그 무렵 내가 이사로 여러 가지 사역을 함께한 ACTS(아신대) 총장님한테서 연락이 왔다.

"목사님, 이제 은퇴할 때가 얼마 안 남았잖아요. 그런데 여태까지 목사님이 기둥이 되셔서 우리 학교를 잘 이끌어주셨는데, 은퇴 앞두고 명예 박사 학위 받으시는 거 어때요?"

"저는 그런 거 싫습니다. 이미 풀러신학교에서 목회학 박사 학위 받았고, 장신대에서도 명예 박사 학위 받았는데, 그런 거 주렁주렁 다 받아서 뭐 합니까?"

명예 박사 학위를 준다는 말은 나의 공로가 일정 부분 있기 때문이기도 하지만 학교에 후원을 좀 해달라는 말이기도 했다. 그런데 이 말을 듣는데 림 목사가 딱 생각이 났다.

"총장님, 그럼 제가 부탁 하나만 할게요. 나는 필요 없는데, 혹시 LA 영락교회 림형천 목사한테 주면 어떻겠습니까?"

"음, 그 정도면 드릴 수 있죠. 그런데 그분이 받겠다고 해야 주지요."

"그럼 한번 연락해보세요. 학교에서 이렇게 모신다고 하면서 연락해봐요."

전화를 해봤더니 림 목사가 학위를 안 받겠다고 했다는 것이다. 그래서 내가 직접 전화를 걸었다.

"목사님, 한국에서 목회하려면 박사 학위도 필요합니다. 준다고 하는데 거절할 필요는 없지요? 받으세요."

림 목사가 학위를 받기로 결정하고, 나는 은퇴를 3개월 늦추게 되었다. ACTS에서 졸업식 날에 학위를 주기 때문에 그날에 맞춰서 은퇴를 했던 것이다. 림 목사가 명예 박사 학위를 받고, 세 가지 기준이 모두 충족되고 나서야 우리 교회에 오게 되었다. 후임 목사를 결정하는 일로 많은 고민을 했는데, 하나님께서 하나씩 착착 해결해주셨다. 그리고 교인들에게도 명확하게 이야기했다.

"제가 부흥회 때 림 목사님을 모신 것은 후임을 정하기 위해서 한 것이 아닙니다. 연례 행사이기 때문에 부흥사로 초청을 한 것인데, 당시에 다른 강사들이 다 바쁘다고 해서 림 목사님이 부흥사로 왔던 것입니다."

이렇게 이야기를 하니까 교인들도 '원 목사님이 계획적으로 한 것이 아니구나' 하고 이해를 할 수 있었던 것이다. 그리고 그게 사실이기도 했다. 하나님께서 우연한 일들을 통해 기도한 대로 하나씩 이루어주셨다. 그 덕분에 후임 목사님이 오신 지 10여 년이 지나가는 지금까지도 큰 어려움 없이 교회가 잘 성장하고 있는 것이다.

목사는 약속을 하면 지켜야 한다. 장로들이 원했던 세 가지 조건도 충족시키고 문제도 다 해결이 되었던 것이다. 그래서 교인들도 교회에 충성하고 지금까지 큰 말썽 없이 부흥되고 있는 것이다. 이런 일들을 보면 모든 것이 '여호와 이레(여호와가 준비하신다)'라고 찬송할 수 있는 것이다. 만약에 내가 일부 교회들같이 자녀에게 세습을 하려고 했다면 교회가 지금까지 잘 성장할 수 있었겠는가. 오히려 지금은 '원 목사님은 깨끗하게 후임을 찾았다'며 교인들에게 존경을 받을 수 있게 된 것이다. 총회에 나가도 마찬가지이다. 후배 목사들이 나를 존중해주고, 교단과 한국 교회에 본을 끼치는 사심 없는 목회를 했다고 인정을 해준다. 이처럼 목사는, 그리고 지도자는 정도 (正道)를 걸어야 하는 법이다. 상식에 벗어나는 일을 하는 것은 지도자의 도리가 아니다. 정도를 걸을 때 비로소 존경을 받는 것이다.

너의 행사를 여호와께 맡기라 그리하면
네가 경영하는 것이 이루어지리라

잠언 16:3

5성 장군으로
은퇴하는 날

잠실교회 목회를 마무리하고 퇴임하는 날이었다. 김병철 고려대 총장님도 오셔서 축사도 하고, 림인식 목사님이 설교도 해주시고, ACTS에서도 축사하러 오고, 하루 일정이 계획표에 따라서 흘러갈 예정이었다. 예배당 안은 교인분들로 꽉 차 있었고, 내빈분들도 많이 오셨는데 뜻밖에 ROTC 선배 이병호 목사님이 오셨다.

"아이고, 선배님 오셨어요?"
"원 목사님, 나 말이야. 시간 남으면 축사 한 번만 하게 해줘요! 3분이면 돼요, 3분."
계획표가 이미 다 짜여 있어서 시간이 없는데, 계속해서 부탁을 하시니 내가 잠시 시간을 드렸다.
"여러분, 갑자기 죄송합니다. 우리 ROTC 선배인 이병호 목사님이 여기 오셨는데, 딱 3분만 축사를 하겠답니다. 제가 시간을 잠시 드리겠습니다."
선배를 올려보내긴 했는데 사실 속으로 걱정이 되긴 했다. 나를 잘 모르고 나도 잘 모르는 사람인데 와서 다른 소리 하는 건 아닌지 조심스러웠던 것이다. 교인들만 있는 것도 아니고 내빈들도 많이 오셔서 더 부담이 되었다. 그런데 올라가더니 이렇게 이야기하는 것이었다.

"우리 후배 원광기 목사님 은퇴하시는 거 먼저 축하드립니다. 제가 우리 원 목사님이 5성 장군으로 은퇴하시는 것 축하하려고 올라왔습니다! 대(大) 잠실교회 목회자가 되었으니 원 스타, 총회를 위해 유지재단 이사장, 사회부장, 세계선교부장, 신학교육부장으로 일하셨으니 투 스타, 장로회신학대학교 이사장과 총동문회장, 목회 부문 장한 동문상 등으로 스리 스타, 그리고 ACTS 이사 겸 대학원 이사장, 우크라이나, 모스크바, 필리핀, 캄보디아, 네팔 선교회와 미디어선교회 회장을 역임했으니 포 스타, 마지막으로 고려대복음화 총재, 고목회장, 기독교교우회 회장을 했으니까 파이브 스타, 이렇게 5성 장군으로 제대하시는 겁니다. 박수 한번 쳐주세요!"
하고는 하단하는 것이었다.

그 말을 듣고 생각이 났다. 신학교에 입학하던 날, "'너희는 오늘부터 십자군의 사관이다. 위관, 영관, 장군이 여기서 나올 텐데 열심히 뛰어라!" 하시던 계일승 학장님의 설교와 나의 처음, 즉 나의 태몽에 4성 장군이 부친께 와서 "오늘부터 이 가정에 신세 좀 지겠습니다" 하셨다는 이야기가 떠올라 뜨거운 눈물이 흘러내렸다. 계일승 학장님의 설교를 듣고 맘속으로 '내가 설 자리는 십자군의 장성이 되는 거다. 하나님의 쓰임받게 해주세요' 하며 울며 기도했던 것이다.
하나님께서 그때의 일을 기억나게 하시고, 은퇴하는 그날까지 은혜를 주셨다. 감격의 눈물이 쏟아졌던 것이다. 그래서 하나님께서 이병호 선배를 불러주셔서 그 입을 통해 말씀해주신 것이었다. 내 아내는 처음으로 한복을 입고 강단에 나와 나란히 앉았다. 내가 우는 것을 보고 나는 감격해서 우는데 섭섭해서 우는 줄 알고 손수건을 주며 "여보, 섭섭해도 참아요"라고 말하는 것이었다. 오! 신실하신 주, 내 아버지여. 사랑합니다. 감사합니다.

성령은 깨닫게 하는 은혜가 있다. 나는 지금까지 목회를 하며 부족했다고 생각했는데 하나님은 나를 시작부터 끝까지 지켜보시고 하나씩 하나님의 일을 이루어가셨다. 은퇴하면서 37년간 손때 묻은 잠실교회를 떠난다고 생각하니 서운한 마음이 들지 않을까 했다. 그런데 막상 은퇴를 하고 나니 신기하게도 서운한 감정이 하나도 남지 않았다. 지금 생각해보면 하나님께서 나를 마지막까지 기억하시고 은혜로운 마무리를 할 수 있게 하셔서 서운한 마음이 조금도 남지 않았던 것이다. 이처럼 하나님은 늘 우리를 돌보시고 이끄셔서 은혜의 길로 가게 하신다.

여호와의 인자와 긍휼이 무궁하시므로
우리가 진멸되지 아니함이니이다
이것들이 아침마다 새로우니 주의 성실하심이
크시도소이다

예레미야 애가 3:22~23

한국 뜨지
말라시는데?

은퇴를 1년 반 정도 앞두고 있을 때였다. 4부 예배를 마치고 나가서
교인들과 인사를 하는데 캐나다로 이민을 가셨던 강 속장님이 오신
것이다. 우리 둘째 누님과 친구셨는데 그해 둘째 누님이 하늘나라
로 가셨다. 안 그래도 누님 생각이 종종 나던 때여서 강 속장님을 보
니까 참 반가웠다. 개척하고 2년 만에 캐나다 토론토로 이민을 가서
오랜만에 만나는 것이었다. 남편은 감리교 장로로 있었고, 자녀들은
내가 교회에서 가르쳤었다. 예언의 은사가 있어서 내게 종종 예언을
해주곤 했다.

"누님! 어쩐 일이세요?"

"아, 우리 명학이 누나 세상 뜬 거 알지요?"

"그럼요, 어떻게 오셨어요?"

"우리 남편도 작년에 세상 떴어. 옛날에 내가 천호동에 땅을 가지고
있었는데, 그거 정리해서 아들한테 주려고 왔지. 근데 벌써 20~30
년이 지나서 지적도도 바뀌고 그래서 구청에서 잘 이해를 못 하더
라고. 그런데 목사님은 그런 쪽으로는 아주 밝으니까 좀 도와주면
안 될까 해서 왔어."

"아이고, 걱정 마세요, 누님. 그건 제가 해드릴게요. 우선 제 방으로
들어오세요."

내 방에 들어와서 대화를 이어갔다.

"이야, 원 목사님 대단하다. 내가 토론토에 있으면서 잠실교회 부흥했다는 건 들었는데 와서 보니까 굉장하네! 상상초월이다 정말!"

"아이, 뭐. 누님이 캐나다에서도 늘 기도해줘서 부흥이 된 거죠."

"맞아! 그건 사실이야. 나도 늘 기도했어. 근데 원 목사님 이제 몇 년 남았어?"

"이제 한 1~2년 정도 남았어요."

"그럼 은퇴하면 뭐 할 건데?"

"글쎄요, 제가 생각해본 건 없고, 국내에서 한 40년 목회를 했으니까 이젠 모스크바나 우크라이나에 신학교 세워둔 곳에 가서 자유롭게 강의도 하고 40년 동안 목회했던 것에 대한 간증도 나누고, 부흥회도 하고, 그런 정도로 생각은 해봤어요."

그러자 누님이 잠시 눈을 감았다가 뜨시더니 이렇게 말했다.

"원 목사님, 하나님이 한국 뜨지 말라시는데?"

"그럼, 한국에서 뭐 하라고요?"

"학교 하시라고 하는데?"

그 얘기를 듣고 내가 웃으면서 말했다.

"누님, 예나 지금이나 변한 게 없네. 하나님이 말씀하시면 나한테 말씀하시지, 굳이 누님 통해서 말씀하시겠어?"

"아니야, 성경에 한번 봐봐. 그런 것도 있어. 기도해봐요. 응답이 있을 거니까."

그냥 그런가 보다 생각하고 다른 대화로 넘어갔다.

"누님, 그러면 지금 어디 와서 계시는 거예요?"

"아유, 30년 넘었더니 일가친척들도 어디 있는지 모르고, 한국에 있는 게 좀 불편해."

"아니 그럼, 우리 기도원에 방 있는데 거기 가서 좀 쉬세요. 누님 예언 잘하잖아요. 우리 교인들이 기도하거든 그것도 좀 들어주고, 부탁한 일은 내가 해결할게요."

강 속장님은 기도원으로 갔고, 마침 교인들도 기도원에 자주 갔다. 그런데 이 누님이 소문을 퍼뜨린 것이다.

"원 목사님은 하나님이 학교를 하라고 말씀하신다!"

내가 직접 말하고 다닌 것도 아닌데, 입에서 입으로 소문이 퍼져서 장로님들이 나를 찾아와 말했다.

"목사님, 은퇴하고 학교 하신다면서요?"

"누가 그럽니까? 저는 계획 없습니다. 응답 온 것도 없고요!"

"아니, 그런데 교인들이 다 그러네요?"

"글쎄요. 저도 모릅니다."

이런 일이 있고 나서 나도 진지하게 생각해보게 되었다. '학교라!' 생각하다 보니 다윗과 골리앗이 떠올랐다. 다윗은 목동이었기 때문에 매일 돌팔매질을 했다. 항상 연습을 해서 곰이나 사자가 나타나면 돌로 맞혀서 짐승들을 쫓아낸 목동이다. 지금으로 말하면 '특등

사수'였던 것이다. 그리고 그 능력은 골리앗을 물리치는 데 쓰였다. 이처럼 하나님은 훈련된 사람을 쓰신다. 다윗이 우연하게 던진 돌에 골리앗이 쓰러진 것이 아니다. 그만큼 훈련되어 있고 준비되어 있었던 것이었다.

나도 7년 동안 영어 교사를 했고, 교목으로 2년, 경신학원 부이사장과 이사로 있었고, 장신대 이사장, ACTS 이사 겸 대학원 이사장 등 학교에 대해서는 아주 경험이 많고 빠삭했던 것이다. 그러고 생각해 보니 학교도 할 수 있겠다는 생각이 들었다. 오래전에 한국을 떠난 강 속장님이 예고도 없이 찾아온 뒤로 그런 소문이 나서 '뭔가 하나님의 뜻이 있는 것 같다'는 생각이 들게 되고, 결국에는 이곳저곳을 돌아다니며 학교 할 만한 땅이 있나 찾아보기 시작했다.

주께서 가라사대 이 사람은 내 이름을 이방인과 임금들과 이스라엘 자손들 앞에 전하기 위하여 택한 나의 그릇이라

사도행전 9:15

말씀하소서,
주의 종이 듣겠나이다

남미에서 온 세자르(Cesar)라는 목사가 있었다. 콜롬비아 보고타에서 온 목사님이셨다. 여의도순복음교회 조용기 목사님께 목회를 배우겠다며 한국까지 온 분이었다. 조 목사님 교회 발전은 '셀'로 이루어졌는데, 구역을 나눠서 교회를 운영하는 방식이었다. 그 '셀'에 대해서 배우겠다고 먼 남미 땅에서 한반도 땅까지 온 것이다. 한국에 와서 목회도 배우고 기도도 열심히 하는데, 기도 중에 조 목사님이 마라토너 옷을 입고 횃불을 들고 자기에게 다가왔다는 것이다! 그러더니 "자, 이제 당신이 바통을 받아서 뛰세요"라며 횃불을 전달해 주는 환상을 보았다는 것이다. 훗날 세자르 목사는 콜롬비아에서 100만 명의 교인이 출석하는 교회를 목회하게 되었다.

세자르가 목회를 하던 초기에는 20~30명 남짓한 교인이 전부였다. 열심히 목회를 하고, 더 노력해봐도 교회는 크게 발전되지 않았다. 결국 목회를 하면서 스페인 회사에 다녔고 돈을 벌어야 했다. 그러던 중에 이런 생각이 들었다.
'아, 난 목사로서 자격이 없나 보다!', '하나님, 저는 이제 접겠습니다. 이번 여름휴가 다녀와서 좀 쉬어야겠습니다.' 그렇게 마음을 먹고 바닷가에 휴양을 갔다. 모래사장 위에 나무로 된 흔들의자 하나가 놓여 있었다. 그곳에 앉아 기도를 하는데 갑자기 "세자르야" 하는 소리가 들렸다. 그 소리를 듣고 세자르는 단번에 하나님의 음성임을 알아차렸다.

"주여, 말씀하소서."
"네가 무엇을 원하느냐?"
"저는 큰 교회를 원합니다!"
"그래? 네가 내 말만 잘 들으면 큰 교회를 줄 것이다. 지금 네가 보고 있는 게 뭐냐?"
"아니, 그야 뭐, 바닷가 모래를 보고 있지 않습니까?"
"그래, 내가 이 모래보다 더 많은 교인들을 너에게 보내줄 것이다."
이 음성을 듣고 나니 앞에 있는 모래들이 모두 사람으로 보이는 것이었다. 이 일을 겪고 나서 세자르는 아내에게 찾아가 말했다.

"하나님이 내게 응답을 주셨어! 이번에 가면 목회에 전념하기 위해 회사에 사표를 내야겠어!"
때마침 회사 사장이 세자르에게 이런 말을 했다.
"우리 회사가 잘 안 돼서 문을 닫기로 했습니다. 그래서 난 스페인으로 돌아가는데, 혹시 같이 가려면 갑시다!"
하지만 세자르는 목회를 하겠다고 다짐했기에 거절했다.
"아닙니다. 그렇지 않아도 저는 회사 그만두려고 찾아왔습니다. 저는 이제 목회에만 전념할 겁니다!"
"그래요? 어디서 목회를 합니까?"

"이제 시작이니까, 여기저기 다니면서 집도 얻어보고 해야지요!"

"그러면 내가 스페인으로 가니까, 이 회사 건물은 당신이 가지십시오."

세자르가 다니던 회사 건물에 교회가 서게 되었다. 앞으로는 어떻게 해야 할지 고민하던 세자르는 하나님께 기도했다.

"하나님, 앞으로 제가 어떻게 해야 합니까?"

"주님이 어떻게 했는가를 생각해보아라."

"열두 제자를 두셨습니다."

"그렇지. 나는 무엇이든지 숫자를 중요시하는데 특히 셋과 열둘을 중요시한다. 보아라. 예수님 제자도 열둘이고, 이스라엘 지파도 열둘이며, 하루도 스물네 시간이지만 밤낮으로는 열둘씩이다. 일 년이 열두 달이고, 행정부도 열두 부서로 되어 있지 않느냐? 그리고 셋은 어떠하냐. 삼위일체. 입법, 사법, 행정이다. 그리고 성부, 성자, 성령 아니냐? 예수님도 베드로와 요한과 야고보 이렇게 세 명을 쓰지 않았느냐. 제자를 세 명만 두어라. 그래서 이 세 명을 좋은 제자로 만들어 세 명이 세 명씩을 제자로 데려오게 해라. 그러면 몇 명이 되냐? 아홉 명이 되지 않느냐? 근데 본래 세 명은 있었으니까, 총 열두 명이지 않느냐? 그게 셀이다. 그렇게 해라."

그렇게 세 명을 교육시키고, 또 그 세 명이 세 명을 낳으면서, 계속해서 세포분열을 시켰던 것이다. 그래서 200명 가까운 교인이 출석하는 교회로 성장하게 되었다. 그런데 200명까지는 빠르게 성장했지만 그 이후로는 또다시 제자리걸음이었다. 그래서 세자르는 또 한번 하나님께 꿇어 기도했다.

"하나님, 저 못 하겠어요! 주님이 당회장 하세요! 제가 부목사 할게요!"

이렇게 외치며 당회장 목사석을 하나님께 내어드린 것이다.

"그래, 너 잘하는 거다. 내가 여태까지 너 밑에서 부목사했다. 기도할 때마다 이것 해달라, 저것 해달라, 네가 주인이냐 내가 주인이냐? 내가 보기에는 네가 주인이고 내가 종 노릇 했다. 요즘 목사들이 다 그런다. 나보고 '주여, 주여' 하면서 이것 해달라, 저것 해달라 그런다. 그런데 진심으로 네가 내 부목사가 되고 하인이 되어서 내가 하라는 대로 하겠느냐?"

"예! 그렇게 하겠습니다!!!"

"그래, 잘하는 거다. 이제 내가 앞장서겠다."

이런 하나님의 음성이 있고 나서 100만 명이 넘는 교인이 출석하는 교회를 목회하게 되었다고 한다. 겸손은 그만큼 중요하다. 본인이 앞장서서 되는 것이 아니다. 하나님이 앞장서야 가능하다. 슐러 목사님도, 세자르도 모두 같은 원리였다. 모세도 마찬가지였지만 '주께서 가지 아니하시려거든 저를 올려보내지 마옵소서.' 이런 고백이 있어야 한다. 내가 앞장서지 않고, 하나님이 친히 가셔야 따라가겠다는 믿음의 고백이다. 이런 주의 종의 고백이 있을 때 하나님이 역사하시는 것이다. 예수님도 광야에서 '성령에 이끌리어' 일을 행하셨다. 성령의 이끌림을 받아야 하는 것이지, 그것을 망각하고 '주님, 이렇게 해주세요. 저렇게 해주세요' 하면 안 되는 것이다. 오히려 '말씀하소서. 주의 종이 듣겠나이다' 하며 겸손한 자세로 나아가야 한다.

사무엘이 이르되 여호와께서 번제와 다른 제사를
그의 목소리를 청종하는 것을 좋아하심같이
좋아하시겠나이까 순종이 제사보다 낫고 듣는 것이
숫양의 기름보다 나으니

사무엘상 15:22

한국 구경
한번 해보실래요?

모교인 장신대 총동문회장을 하고 있을 때다. 후배 목사들이 해외에 많이 나가 선교와 목회를 하고 있기 때문에 한 번씩 유럽대회, 미주대회, 남미대회 등에 참석하느라 세계 이곳저곳을 순방하곤 했다. 직접 찾아가서 격려도 해주고 후배들을 잘 양성하기 위함이었다. 한번은 유럽대회가 영국에서 열렸다. 영국 런던에 찾아가니 서른 명이 조금 넘는 후배들이 모여 있었다. 원래는 그렇게 많이 모이지는 않는데 내가 방문하면 조금 더 많이 모이곤 했다. 다 이유가 있었다. 한번 해외에 나가게 되면 교회에 꼭 이야기를 한다.

"제가 이번에 총동문회장으로 영국에 가게 되었습니다. 후배 선교사들이랑 목회자들 만나러 가는데 대 잠실교회가 제 뒤에 늘 적혀 있지 않습니까? 그런데 가서 그분들께 신세 지고 오면 안 되겠지요? 그래도 제가 선배인데 베풀고 와야 하지 않겠습니까? 가면 폴란드, 이탈리아, 프랑스, 스페인 이런 곳에서 각각 오는데, 차비만 해도 얼마입니까? 그래서 제가 가서 베풀고 와야 합니다."

그러면, 여전도회나 각 부서에서 선교비를 모아서 주신다. 그 선교비를 가지고 가서 후배들에게 대접도 하고 격려도 하니까 내가 갈 때는 후배들이 많이 왔던 것이다. 그 친구들의 마음도 이해가 된다. 현지 사역자들은 경제적으로 어려움이 많은데 회장이라고 와서 대접만 받고 가려고 하면 거기 가겠는가? 나는 오히려 베풀고 대접하고 오니까 후배들이 많이 모였던 것이다. 2박 3일의 일정을 잘 마무리하고, 스코틀랜드 에든버러에 있는 신학교에 다니던 후배들이 차를 가지고 와서 나를 불렀다.

"목사님, 그래도 여기까지 오셨는데 학교 한번 구경하시죠!"
차를 타고 3일을 올라가면서 영국 이곳저곳을 둘러볼 수 있었다. 에든버러에 도착해서 유서 깊은 대학들도 탐방하고, 영국 선교사 묘역도 방문하고, 그러고는 다시 런던으로 돌아왔다. 런던에는 후배 윤 선교사가 있는데, 윤 선교사가 저녁 식사를 함께하자며 집으로 초청했다. 식사를 하며 이런저런 이야기를 나눴다.
"어떻게 이곳까지 와서 선교를 하게 되었습니까?"
"아, 저희 집은 부산인데 아버지가 경제력이 좀 있으세요. 그래서 저는 졸업하고 목사가 되면 바로 영국으로 가겠다고 얘기했었죠. 그래서 이곳에 왔어요."

윤 선교사는 성악을 전공한 아내와 결혼해 슬하에 딸 셋을 두고 있었다. 아이들이 어렸을 때부터 악기를 배워서 바이올린을 잘 연주했다. 먼 타국까지 자비량 선교를 왔는데 영어를 잘하지 못해 일자리 구하기가 어렵다 보니 작은 전도지에 열심히 성경 구절을 적어서 가지고 다니면서 길거리에서 전도를 했다. 아이들은 바이올린을 켜고 아내가 찬송을 부르면 윤 선교사는 주변 사람들에게 전도지를 주며 복음을 전했던 것이다.

그 때문에 이미 지역 목사들이 윤 선교사를 알고 있었던 모양이다. 전도하고 있으면 종종 찾아와 말을 거는데 "당신은 어디서 왔습니까?" 하며 묻는다고 한다. 그래서 자비량 선교를 하러 한국에서 왔다고 했더니 침례교 목사 한 분이 이런 제안을 했다고 한다.

"선교사님, 그럼 언제까지 이곳에서 선교를 할 생각입니까?"

"하나님이 있으라고 할 때까지 있어야지요. 그런데 오래는 못 있습니다. 영주권이 없으니까요."

"그래요? 그러면 우리 교회 나오세요. 협동목사 줄게요. 그러면 영주권 나올 겁니다. 대신 사례비는 줄 수 없으니까 주일날 어르신들 픽업하는 것만 좀 도와주시지요."

그래서 그 침례교회에 협동목사로 있게 되었다고 한다. 한 30~40여 명 모이는 교회였는데 노인분들이 대부분이었고 유년주일학교나 중·고등부는 없었다. 그런데 윤 선교사가 들어가면서 딸 셋이 출석하고, 또 그 친구들을 전도하면서 교회학교가 생긴 것이다. 그러니까 이 침례교 목사가 좋아했다는 것이다. 그런데도 가끔 보면 윤 선교사를 비하하고 무시하곤 했다고 한다. 영국인들이 6·25전쟁 당시의 한국을 생각하고 우리가 아직도 그렇게 사는 줄 알고 비하한다는 것이었다. 그 말을 듣는 순간, 내 기분이 상하는 것이었다. 그래서 이렇게 말했다.

"윤 선교사, 한 서너 명만 나를 좀 만나게 해줘요."

그리하여 그 침례교 목사를 포함해서 현지 영국 목사들을 만났다. 만나서 이렇게 말했다. "한국 구경 한번 해보실래요?" 내가 허풍을 조금 떤 것이었다. 그랬더니 한국 교회가 부흥된 모습을 한번 보고 싶다고 오겠다고 하는 것이다. 차비만 가져오면 숙식은 다 제공해주겠다며 세 분의 영국 목사들을 한국에 초청했다.

윤 선교사가 다니는 침례교 목사, 메디컬 닥터를 겸하고 있는 젊은 목사, 또 한 분 해서 총 세 분의 목사들이 한국에 왔다. 그래서 잠실 교회를 구경시켜주고, 다른 유명한 한국 교회들을 구경시켜주고, 새벽기도도 같이 드리곤 했다. 이렇게 둘러보다 보니 한국이 영국보다 더 잘사는 걸 본 것이다. 한 열흘 한국에 있었는데 마지막 날은 백화점 쇼핑을 시켜줬다. 영국에는 한국처럼 큰 백화점이나 쇼핑몰이 별로 없다. 그래서 기 한번 죽이려고 롯데백화점에 다녀오라고 했다.

목사 두 분은 좋다고 일어서서 가려는데, 의사인 목사가 피곤해서 쉬고 싶다며 가지 않는 것이다. 그래서 내가 물었다.

"어디가 피곤하세요?"

"목사님, 사실 제가 목디스크가 있어서 여행 중에도 계속 불편했습니다."

그 말을 듣고 내가 싱긋 웃으면서 기도 좀 해주겠다고 했다. 그랬더니 그 목사가 비웃는 것이었다. 자기가 그래도 의사인데, 기도를 해준다니까 못 믿는 것이었다. 나는 아랑곳하지 않고 영어 성경을 가져와서 마가복음 16장 17~18절 '믿는 자들에게는 이런 표적이 따르리니, 곧 그들이 내 이름으로 귀신을 쫓아내며, 새 방언을 말하며, 뱀을 집어 올리며, 무슨 독을 마실지라도 해를 받지 아니하며, 병든 사람에게 손을 얹은즉 나으리라 하시더라'라는 말씀을 읽어주었다.

"자, 여기 보시죠! 성경에 쓰여 있지 않습니까? 나을 겁니다!"

"그럼, 여기 쓰여 있는 대로 독을 한번 마셔볼 겁니까?"

"아니, 제가 독을 왜 마십니까?"

"여기 쓰인 대로, 독을 마셔도 해를 받지 않는다고 하니까 먹어도 괜찮지 않겠습니까?"

"예수님이 독을 마시고, 날마다 뱀이나 잡고, 날마다 방언하라고 그 말씀을 주셨습니까? 부지중에 독을 마셔도 해를 입지 않는다는 이야기지요. 성경을 잘 봐야지, 그 구절이 뭐 예수 믿는 사람이 독약을 밥처럼 먹고 살라고 말씀하신 내용입니까? 하나님을 시험해보라고 하신 것이겠습니까?"

내가 강하게 얘기하기도 했고, 나보다 나이가 어리니까 마지못해서 무릎을 꿇었다. 나도 그 목사 앞에 무릎을 꿇고 함께 기도했다. 그리고 "아멘!" 하고는 한번 목을 돌려보라고 했다. 그랬더니 감쪽같이 나은 것이다! 목이 자유자재로 돌아가는 것이었다. 그래서 내가 한번 더 얘기했다.

"성경에 나오는 모든 말씀을 믿어야지, 부분적으로 믿는 것은 참된 신앙이 아닙니다. 손을 대면 나을 줄로 믿어야 되는 것이지, 천국 간다고 하면서 그것도 못 믿으면 천국 가는 것도 사실 못 믿는 거 아닙니까? 믿을 거면 전부 다 믿어야 합니다."

그랬더니 마음에 큰 울림을 받고 고맙다며 영국으로 갔다. 그리고 얼마 지나지 않아 윤 선교사에게서 전화가 왔다.

"목사님! 그 목사님이 영국에 다시 한 번 초청하겠다고 합니다. 한번 오시라고 합니다!"

"아니, 지금도 내가 바쁜데 어떻게 갑니까?"

"그래도 한번 와주시지요!"

결국 한 달 뒤에 영국에 다시 갔고, 놀라운 일이 있었다. 한국처럼 새벽기도를 시작한 것이다. 의사인 목사는 한국에서 내게 기도를 받았던 것이 고마웠던지 영국 구경을 시켜준다며 2000파운드를 주고는, "저는 병원에서 일을 해야 해서 함께 다닐 수는 없습니다. 윤 선교사님이 저를 대신해서 함께 다닐 겁니다" 하며 관광을 시켜주었다. 그 말을 들은 윤 선교사가 말하기를, "영국 짠돌이들이 2000파운드씩 줄 리가 없는데, 원 목사님께 은혜를 받아서 영국에 돌아와 새벽기도도 시작하고 한국 목사들을 다 인정해주게 되었습니다!" 하는 것이었다.

영국 목사들이 한국에 한번 다녀간 이후로는 한국이 그렇게 잘사는데도 여기까지 와서 선교를 한다며 대단하다고 인정해주고 존중해준다는 것이었다. 윤 선교사는 그 이후로 한국에서 귀걸이나 팔찌 같은 액세서리를 영국에 가져와 길거리에서 전도를 하며 팔았다.

그걸로 자비량 선교비를 마련했던 것이다.

백문불여일견! 보여주어야 하는 것이다. 자기 나라와 한국을 보니 차이가 있어 도전을 받은 것이다. 그 때문에 새벽기도도 시작하게 되고 나를 대접하는 것과 한국 목회자들을 대하는 태도가 완전히 달라졌던 것이다. 만약에 한국에 와서 목디스크가 안 나았다면 어떠했을까? 그런데 하나님께서 친히 일하고 계신 현장을 보여주신 것이다. '만약 기도해도 안 나으면 어쩌나' 하는 생각이 앞서면 믿음이 없어지고 병이 낫지도 않는 것이다. 예수님이 병자들을 고치신 후에 항상 어떻게 말씀하셨는가? '네 믿음이 너를 성케 하였느니라. 네 믿음대로 될지어다'라고 하셨다. 그러니까 된다고 보고 믿고 나아가는 것이다. 안 된다고 생각하고 걱정하면 될 일도 안 되는 것이다. 예수님은 언제나 고침받은 자들을 향하여 네 믿음이 너를 성케 하였으니 편안히 가라고 말씀하셨다.

믿음이 없이는 하나님을 기쁘시게 하지 못하나니
하나님께 나아가는 자는 반드시 그가 계신 것과
또한 그가 자기를 찾는 자들에게 상 주시는 이심을 믿어야
할지니라

히브리서 11:6

기도하는 대로
이루어지리라

잠실교회의 부흥은 거저 일어난 것이 아니다. 내가 은혜를 받은 신학교 3학년 후반부터는 거의 집에서 잠을 잔 적이 없었다. 장신대에 가면 아차산(워커힐호텔 뒷산)이 있다. 아차산은 거의 돌산으로 이루어져 있는데, 저녁만 되면 랜턴과 방석, 성경과 찬송집을 들고 아차산에 올라가 마음껏 찬송, 기도, 말씀 묵상을 했다. 은혜를 받고 나니 기도하는 게 너무 좋았던 것이다. 잠도 안 자며 기도할 정도로 그 시간이 너무 신났던 것이다.

나중에야 비로소 알게 된 것이지만 아차산은 '아, 기도하는 장소도 참 중요한 것이로구나' 하는 깨달음의 경험이 있는 곳이다. 신학생 시절 아차산에서 손을 들고 기도를 했는데 손을 든 방향이 '잠실'이었다. 결코 우연이 아니다. 그곳에서 손을 들고 간절히 기도했던 나를 기억하고 잠실로 보내신 것이다. 그래서 가끔 아차산을 볼 때마다 '그래, 잠실하고 저기는 관계가 있지?' 이런 생각이 든다.

그러므로 내가 너희에게 말하노니
무엇이든지 기도하고 구하는 것은 받은 줄로 믿으라
그리하면 너희에게 그대로 되리라

마가복음 11:24

06

마침과 새 비전

강릉에 가게 되다

강릉에 있는 예닮글로벌학교를 시작하는
과정에서도 하나님은 귀한 분들과의 만남을
통해서 일을 이루어주셨다. 교육에 관한
많은 책을 쓰신 강영우 박사님과의 만남을
통해서 예닮글로벌학교의 나아갈 방향을
정하게 해주셨다. 재경부 장관을 지낸 박재윤
장관과의 만남을 통해서는 예닮글로벌학교의
설립 과정에서 밟아야 할 행정적 절차들을 잘
정돈할 수 있도록 이끌어주셨다.
이 모든 것들이 '만남의 복'을 달라고 했던
기도에 대한 신실한 응답으로부터 온 하나님
은총의 선물이었다. 하나님은 만날 만한
사람은 반드시 만나게 하시고,
그 만남을 통해서 일을 이루어가시는
신실하신 하나님이시다.

강릉으로
가게 되다

매년 한 차례 정도 잠실교회에서는 노회를 하나 선정해서 직접 찾아가서 봉사를 해왔다. 의사들과 함께 의료 봉사를 하기도 하고, 인테리어를 하시는 분들이 가서 교회 리모델링도 해드리고, 교사들이 여름 성경학교에 가서 도와주고, 전도팀들은 해당 지역 전도에 동참하는 등 다양한 섬김을 하고 있었다. 그해에는 강원동노회에 갔다. 약 2주간에 걸쳐 이곳저곳을 누비며 여러 가지 섬김을 하는데 제일 먼저 평창에 가기로 했다. 교인들 100~150여 명 정도가 버스를 타고 섬김을 위해 타 지역까지 가는데 목사인 내가 가봐야 하지 않겠는가. 그래서 평창에 모여서 다 같이 점심을 먹으려고 준비하고 있었다.

그런데 노회장 목사님이 찾아와서는 강릉에 식사를 다 예약해놓았으니 그곳에 가야 한다는 것이다. 우리 교인들이 평창에 다 있는데 목자인 내가 어떻게 혼자 강릉에 가냐며 못 가겠다고 했다. 그랬더니 교인분들이 흔쾌히 허락하며 "목사님, 다녀오세요!" 하는 것이다. 노회에서도 "목사님 안 가시면요. 우리 전부 먹지도 못하고 돈은 다 내야 합니다" 그러는 것이다. 결국엔 강릉으로 점심을 먹으러 갔다. 함께 식사를 하면서 대화를 하는데 노회장이 은퇴 이후의 삶에 대해 물어보는 것이었다.

"목사님, 은퇴 얼마나 남으셨어요?"

"한 2년 남았을 거예요."

"이제 뭐 하시려고요?"

"하나님이 학교 하시라고 하네요."

"목사님, 그럼 강릉 와서 하세요!"

나는 농담으로 말했다.

"그것도 좋지요. 그렇지 않아도 속초에 한번 가봤어요."

식사를 마치고 일어나려고 하는데, 노회장 목사님이 내 팔을 끼며 말했다.

"목사님! 여기 학교 할 좋은 땅 있으니까 한번 구경하러 가시죠!"

당시 생각했던 크기는 3000평 정도였다. 그 이상 넘어가면 돈이 너무 많이 들기 때문에 은퇴하는 마당에 돈을 많이 쓰고 나가면 안 되었기 때문이었다.

"그게 몇 평인데요?"

"아마, 3만 평쯤 될 거예요."

"아, 그건 너무 커요."

"에이, 그래도 목사님 한번 구경이라도 가시죠!"

그때 노회장인 강릉 노암교회 김홍천 목사님과 함께 지금의 예닮학교 자리에 갔다. 지금처럼 도로가 나 있었고, 1000평 크기의 적벽돌 건물 한 동과 두 개의 인조 잔디 축구장이 있었다. 언덕에 올라와서 부지를 쭉 둘러보는데, '아! 이곳이구나' 하는 신호가 왔다. 그래서 내가 한번 물어봤다.

"목사님, 이 땅은 어떻게 된 겁니까?"

"이거, 우리나라 실업 축구팀 훈련장으로 계획된 것인데 경매로 나와 있습니다."

강릉이 축구로 유명한 지역이기도 하고, 축구를 좋아하던 사람이 있었던 모양이다. 축구장을 몇 개 지어놓고, 기숙사랑 목욕시설까지 만들어져 있었다. 하계와 동계훈련 때마다 실업팀이나 축구팀을 부르면 돈이 꽤 되겠다 싶었던 것 같았다. 그런데 그것도 다 대한축구협회랑 연결이 되어야 사람들이 오는데, 인맥이 전혀 없는 사람이 자기 생각만으로 투자했으니 사람들이 오겠는가. 은행에서 돈을 빌려서 센터는 다 지어났는데 사람은 오지 않고 하니 결국에는 경매로 내놓은 것이었다. 땅이 워낙 싸게 매물로 나와서 많은 사람들이 이 땅을 사려고 했는데 '체육공원부지'로 설정되어 있어서 대부분의 사람들에겐 유용한 땅이 아니었다. 계속해서 낙찰되었다가 유찰되었다가를 반복하면서 가격이 급격하게 저렴해졌다.

당시 공시지가 120억 원으로 나왔는데, 한 번 떨어질 때마다 15%씩 가격이 하락해서 이제는 25억 원까지 내려갔다. 그 땅 주인은 손해 정도가 아니라 망하면서 파는 격이었다. 25억 원이면 사는 게 아니라 말 그대로 거저 줍는 것이었다. 그래서 장로님들과 의논하고 그 땅을 사기로 결심했다. 그리고 경매 때 20억 원을 썼는데, 30억 원을 쓴 다른 사람이 그 땅을 가져갔다. 그래서 장로님들이 그러는 것이었다.

"목사님, 그냥 30억 원으로 쓰시지 괜히 다른 사람한테 빼앗긴 거 아니에요?"

"기다려보세요. 곧 올 겁니다."

아니나 다를까 정말로 낙찰받은 사람이 잠실교회로 찾아와서 그 땅을 사달라고 하는 것이었다. 그런데 30억 원이 아니라 조금 더 프리미엄을 붙여서 팔려고 하길래 안 산다고 했다. 모두들 사자고 권했다. 결국 또 그 물건은 경매에 부쳐졌고 유찰이 되었다. 그다음 번 경매에서는 25억 원을 써서 결국에는 잠실교회가 낙찰을 받았다. 장로님들도 "목사님 생각이 적중했다"며 다들 좋아했다. 때로는 기다릴 줄 아는 지혜도 배워야 한다. 기다림은 힘든 것이지만 그 보상은 값진 것이다.

여호와 앞에 잠잠하고 참고 기다리라 자기 길이 형통하며
악한 꾀를 이루는 자 때문에 불평하지 말지어다

시편 37:7

삼촌,
잘 지내고 계셨어요?

강릉의 땅을 매입하고 나니 갑자기 여기저기서 유치권자들이 나타나기 시작했다. 토목회사, 전기회사, 인력회사 등 유치권 청구 금액만 총 15억 원이나 되었다. 상대가 교회이기도 하고 만만하니까 유치권 행사를 더 몰아붙였던 것이다. 만약에 제대로 해결되지 않은 채로 두면 언론에 이상하게 보도되고 한국의 교회 이미지가 나빠질 수 있다 보니 근심이 되었다. 그렇다고 해서 직접 나설 수도 없고, 어떻게 해야 할까 걱정하던 차에 둘째 누나의 넷째 아들이 찾아왔다. 세계적으로 힘을 쓰는 조직에 있던 조카였다. 그 조카가 미국과 일본에 있다가 한국에 왔는데 20년 만에 내게 인사를 하러 온 것이었다.

"삼촌, 건강하시네요? 잘 지내고 계셨어요?"
"이야, 너 살아 있었구나! 난 네가 죽었는 줄 알았다."
"아이, 제가 죽긴 왜 죽어요."
그 조카의 친형이 교회에서 사무장 역할을 하고 있었다. 그래서 형도 오랜만에 만나고 내 얼굴도 볼 겸 찾아왔던 것이다.
"그래, 네가 웬 일이냐?"
"아니, 뭐 제가 한국에 온 지는 꽤 되었는데, 조금 늦게 찾아왔네요."
"그렇구나, 건강해서 좋다!"
"그런데 삼촌, 얼굴 보니까 근심이 있네요? 무슨 걱정 있어요?"

"아니 뭐, 골치가 좀 아프다. 내가 강릉에 땅을 사게 됐는데 유치권이 15억이 들어왔어."

그 얘기를 듣더니 웃으며

"삼촌, 그거 내가 설거지할게요. 그거 제 전공이에요. 걱정 마세요."

"아니, 네가 어떻게?"

"아이고, 제가 다 처리할 수 있어요. 15억, 뭐 들어왔어요? 저 한번 보여주세요."

내역을 보여주었다.

"삼촌, 제가 해결할게요. 저한테 타이틀을 좀 주세요. 그래야 제가 나가서 일을 할 수 있잖아요."

"아, 그렇지! 알겠다."

당회를 열어서 사정을 말했다.

"우리 조카가 이런 일들을 해결해주겠다고 하네요?"

"아, 그러면요! 목사님이 나서면 안 되지요! 상처 입으시면 안 됩니다!"

"그러면 우리 조카한테 잠실교회 행정고문을 줍시다. 그리고 일을 시키지요."

그리고는 '잠실교회 행정고문' 명함을 파서 전해주었다.

아니나 다를까, 그 주일에 유치권을 행사하려는 몇몇 사람들이 교회로 찾아왔다. 그런데 조카는 아랑곳하지 않고 "헤이! 당신들 왔어? 이리 들어와!" 하며 유치권 행사자들을 만났다. "우리 잠실교회는 큰 교회여서 목사님이 이런 거 처리 안 해. 행정고문인 내가 맡았거든. 나하고 얘기해야지?" 그러고는 방 안으로 들어갔다. 조카는 생김새며 덩치며 보통 사람과 달랐다. 말 그대로 장난이 아니었다. 유치권 행사자들을 방으로 불러 하나씩 말했다. "자네 뭐, 전기 때문에 왔어? 토목 때문에 왔어? (서류 보면서) 이게 다 엉터리구만. 강릉이야? 거기 ○○○ 있지?" 이 말 한마디에 유치권 행사자들이 모두 겁을 먹었다. 원래는 15억에 3년 걸리는 일을 5억에 3개월 만에 해결해놓았다. 결국 총 30억 원에 그 땅을 매입하게 된 것이다(낙찰가 25억 원, 유치권 해결 5억 원).

그런데 하나님은 정말 재미있는 분이시다. 강릉의 시설은 몇 년 동안 방치되어 있어서 노후화된 상태였다. 그걸 보고는 조카가 와서 이렇게 말했다.

"삼촌, 건물 그거 그렇게 두면 안 돼요. 그거 다시 한 번 리모델링하듯 내부 수리하고 그래야 해요. 삼촌, 우리 교도소 나온 후배들 시키면요, 아주 잘합니다. 돈 많이 안 들어요. 걔네들은 일감을 잘 못 받거든요. 그러니까 목사님이 일 주면 잘할 겁니다."

"얼마면 되냐?"

"3분의 1 가격이면 합니다."

"그래! 해라!"

조카가 소개해준 사람들이 와서 일을 하는데 군대식으로 일을 했다. 한마디 하면 착착 해결하고 아주 깨끗하게 정리를 끝냈다. 3분의 1 가격으로 말이다. "삼촌, 거기 껄렁껄렁한 놈들이 가끔 오니까 제가 거기 가서 있을게요." 조카에게는 방을 하나 내어주고 시설 관리를 맡겼다. 고마운 마음에 종종 찾아갔는데 하루는 그 앞에 고급 벤츠 승용차가 한 대 세워져 있었다.

"혼자 와서 수고 많이 해주는데 내가 자주 찾아보지 못해서 미안하다."
"아, 삼촌 저는 이런 거 익숙해서 그런 거 안 느껴요. 일할 수 있다는 게 좋은 거죠."
"그런데, 저 차는 뭐냐?"
"저 미국에 있을 때 댈러스에 있던 후배인데, 어떻게 한국에서 만나 놀러 오라니까 왔어요. 삼촌, 후배가 인사한대요!"
나는 점잖게 인사를 받고는 물었다.
"어떻게 여길 다 오셨어요? 쉴 만해요? 우리 조카가 여러 가지 일들 해결해줘서 내가 고맙게 생각해서 잠깐 이렇게 들렀습니다."
내가 전후 사정을 다 이야기했더니 갑자기 이 친구 얼굴이 싹 달라지면서 묻는 것이다!
"아니, 정말이에요? 잠실교회 목사님 맞아요?"
"네, 그래요."
건물 안으로 들어오면서 조카에게 슬쩍 물었다.
"야, 쟤는 누구냐?"
"삼천리연탄 아들이에요. 회장 아들이에요. 부자예요 아주."

"아, 그래서 벤츠를 타고 왔구나."

나는 식사를 하러 나가고, 조카와 그 친구는 따로 나가 식사를 마치고 다시 돌아왔다. 그리고는 그 친구가 내게 찾아와 부탁을 했다.

"목사님, 저는 이 형이 그런 거 하는 줄 몰랐는데, 삼천리연탄에서 이 근방에 골프장을 하나 내려는데 자연보호를 한다면서 환경단체들이 와서 데모를 합니다. 그래서 골치가 아픈데 이 형 좀 쓰면 안 될까요?"

"아니, 그거야 일하는 건 조카의 자유니까 당사자가 하겠다고 해야 하지요. 내가 뭐 얘기할 수 있는 건 아니지 않습니까?"

"아, 그렇지요! (조카를 바라보며) 그러면 형님, 뭐 이런 문제도 해결했다면 제 문제도 해결해주면 안 되나요?"

"그거야 나한테 맡기면 내가 해결하지!"

조카는 삼천리연탄 쪽의 일도 맡게 되었다. 그리고 걱정하던 문제를 말끔히 해결해주었다.

그 일을 보고 삼천리연탄에서 조카에게 모든 공사를 아예 다 맡겨버렸다. 그래서 골프장 공사를 하며 장비도 넉넉하고 처분해야 할 돌이나 나무들을 가져와서 예닮원을 예쁘게 꾸며준 것이다. 만약에 이걸 조성하려고 사람을 고용하고 나무나 돌들을 구입했다면 얼마나 돈이 많이 들었겠는가? 그런데 조카가 와서 직접 설계도를 그려주고 인력 동원도 하고 깔끔하게 정리해서 예닮원을 조화롭게 가꾸어주었다. 삼천리연탄이 맡긴 일을 하면서 조카는 10억 원이 넘는 큰돈을 받았다. 그 때문에 잠실교회에서는 7000만 원이라는 비교적 적은 돈을 주었지만 그 많은 일들을 잘 소화해준 것이다.

만약 다른 업자에게 맡겼다면 설계와 건축, 조경, 인테리어까지 모든 비용으로 약 10억 원 이상은 지출되었을 것이다. 그런데 개인이 직접 디자인해서 적은 가격으로 일을 마칠 수 있었다. 고마운 마음에 조카에게 나머지 일들도 맡겼다. "내가 너한테 특권을 줄게, 우리 교육(학교) 건물 짓는 것도 맡길게." 그렇게 해서 평당 400만 원에 건축도 맡겼다. 그것도 굉장히 저렴한 가격이었다. 2개의 건물을 각 1000평씩 하여 2000평을 짓는 데 약 80억 원이 지출되고, 이것저 것 합쳐 총 100억 원이 투자되었다.

이후로도 삼천리연탄에서 조카에게 일을 몇 개 맡겨주어서 용인 에버랜드 근처에 300평가량 되는 땅을 받았다. 하나님이 후하게 보상하신 것이다. 그래서 그곳에 건물을 짓고, 강릉에도 집을 하나 지어서 두 곳을 왕래하며 잘 지내고 있다. 이처럼 하나님은 만남의 축복을 통해서 어려운 문제도 해결해주셨다. 생각지도 않게 찾아온 조카를 통해서 유치권 문제를 해결해주고, 예닮학교 건축까지도 순조롭게 마칠 수 있게 해주셨다.

강릉 예닮학교에 매주 간다. 조경이 아름답게 꾸며진 학교 전경을 바라볼 때마다 하나님께 감사의 기도가 저절로 나오고, 수고한 조카에 대한 고마움도 새롭게 느껴진다. 내가 늘 기도할 때면 세 가지를 빼놓지 않는다.

"목사는 지도자이니 잘 이끌 수 있도록 지혜를 주시옵소서! 인생의 행복과 불행이 만남에 있으니 만남의 복을 주시옵소서! 목사 중에 도중 하차하는 분들이 많으니 끝까지 완주하게 하여 주옵소서!"

이런 모든 기도가 이루어졌다.

네 눈을 들어 사방을 보라 무리가 다 모여 네게로
오느니라 네 아들들은 먼 곳에서 오겠고 네 딸들은
안기어 올 것이라

이사야 60:4

쌍무지개 뜨는 언덕

강릉 예닮학교 부지를 샀을 때의 일이다. 좋은 땅을 샀다며 교인들이 정말 기뻐했다. 당시 여전도회 성도들이 교회 버스 6대, 다른 교회 버스 6대, 총 12대를 빌려서 강릉에 구경을 왔다. 서울에서 강릉으로 가는데 대관령 고개쯤 넘어가다 보니 비가 쏟아지는 것이다. 이렇게 좋은 날, 교인들이 다 같이 가서 야외에서 점심도 해 먹고 오려고 하는데 비가 내리는 것이었다.

"하나님, 이렇게 좋은 날에 왜 비가 옵니까? 주님, 멈춰주세요!"

기도를 하고 대관령 고개를 내려오는데 정말로 비가 딱 그친 것이다! 덕분에 성도들이 모두 만족하면서 점심 식사도 하고 예닮 부지가 좋다며 구경을 잘하고 갈 수 있었다.

그날 한창 점심을 먹고 있는데, 어느 권사님이 하늘을 보며 외쳤다.

"목사님! 쌍무지개가 떴어요!"

정말로 하늘을 바라보니 예닮학교 부지 위에 무지개가 쌍으로 떠 있었다. 그래서 내가 속으로 '아이고 권사님, 알아요. 하나님이 약속하신 것, 학교 하라고 그러시더니 정말로 학교를 하니까 약속이 이루어졌다는 의미예요'라고 생각했다. 그런데 무지개가 하나가 아니라 왜 두 개가 떴을까. 하나는 분명 학교인데, 나머지 하나의 의미는 정확히 이해하지는 못한 채 넘어갔다.

무지개가 구름 사이에 있으리니 내가 보고 나 하나님과
모든 육체를 가진 땅의 모든 생물 사이의 영원한 언약을
기억하리라

창세기 9:16

학교가
시작되다

예닮 부지를 구입하고 학교를 세우기까지 많은 일들이 있었다. 그리고 그 일들 사이엔 수많은 하나님의 은혜와 기적이 있었다. 이제 본격적으로 학교를 운영해야 한다. 그냥 놔두면 학교가 알아서 돌아가는 것은 아니지 않은가. 때마침 교육에 능통한 강영우 박사와 박재윤 총장이 나를 찾아왔다. 강 박사는 이제 하늘나라에 가셨지만, 박 집사는 지금도 내게 많은 조언을 해주곤 한다. 박재윤 총장은 서울대 상대 교수, 부산대 총장, YS 때 재경부 장관, 인하대 총장을 지낸 유능한 분이시다. 박재윤 총장이 권면하기를 "목사님, 학교를 하려면요. 제일 먼저 틀을 짜야 합니다. 별안간에 일이 되는 건 아니니까요. 교장 할 사람, 책임질 사람을 한 명 뽑아두십시오"라고 했다.

그 일이 있고 나서 서울대 상대를 졸업하고 교보문고에서 사장까지 한 권경현 씨(이후에 목사가 되었음)가 교장을 꼭 맡고 싶다며 내게 부탁을 했다. 그러고는 후배를 하나 소개하면서 교감을 시켜달라고 했다. "목사님, 제가 ACTS에서 만난 후배가 하나 있는데, 강릉에서 교사를 합니다. 그 후배도 목사가 되겠다니까 둘이서 교장, 교감을 하면 서로 말이 통하지 않겠습니까?" 그래서 "1년 동안 부탁한다"며 월급을 주면서 본격적으로 학교를 운영하기 위한 준비 작업을 해나가도록 했다. 학교를 운영하려면 무엇보다 '학생 모집'이 제일 중요하기 때문에 학교 홍보와 학생 모집을 위해 많은 노력을 기울였다.

1년이 거의 다 되었을 무렵이었다. 개교를 한 달가량 앞두고 있었다.
"자, 이제 개교를 해야 되지 않겠습니까? 1년 동안 어떤 일을 했는지 보고를 해주시지요."

그랬더니 1년 동안 열심히 홍보를 하고 나름대로 모집을 했는데, 5명밖에 지원을 안 했다는 것이었다. 중학교 1학년(7학년) 아이들을 30명 선발하기로 했는데 5명밖에 지원하지 않은 것이다.

"개교를 하려면 교사들도 뽑아야 하는데, 이게 타산이 맞겠습니까?"

교장, 교감선생님도 보고를 하면서 미안한지 제대로 말을 못 했다. 그래서 내가 한 소리 했다.

"지금까지 도대체 뭘 했습니까? 1년이 지났으면 다 마쳐야지. 지금 와서 그런 소리를 하면 되겠습니까? 언제 개교를 할 것입니까?"

"3·1절 지난 3월 2일로 잡았습니다."

일단 3월 2일에 개교는 해야 하는데, 한 달밖에 남지 않은 시점에 학생은 5명뿐이었다. 그때 내게 이런 생각이 들고 자신감이 생겼다.

'33인의 민족 대표, 33명의 3·1 독립선언!'

"이번에 서른세 명 들어올 겁니다. 다음 달에 개교하는 걸로 해서 학교를 시작하세요! 교사들 뽑을 때는 조건부로 해서 학생들이 들어오면 일할 수 있고, 아니면 못 하게 된다고 조건을 두세요."

"예, 알겠습니다."

말은 그렇게 했지만 사실 내 발등에 불이 떨어진 것이나 다름없었다. 한 달밖에 남지 않았는데 아이들을 어떻게 다 채울까? 간절하게 기도할 수밖에 없었다. 그러던 중에 우연히 CTS기독교TV에서 내게 '4인 4색'이라는 프로그램 출연을 요청해왔다. 그래서 출연을 결정하고 방송을 하는데, 사회자가 '앞으로는 어떤 일을 할 계획입니까?'라며 질문을 던져왔다. 그 참에 학교 홍보를 한번 하고 방송을 잘 마치고 내려왔다. 그랬더니 그 방송국 사장님이 내게 찾아와서는 "목사님! 반응이 너무 좋습니다. 다음 주에 또 나와주시죠!" 하며 한 번 더 출연해달라고 부탁했다. 그래서 그다음 주에 한 번 더 기회가 주어져 교육에 대한 이야기도 하고, 학교 학생 모집 홍보도 할 수 있게 되었다.

그렇게 하여 우여곡절 끝에 서른한 명이 모집되었고 개교를 하게 되었다. 3월 2일 개교식을 하는데, 학생들이 모집되어서 학교를 시작하니까 교사들도 너무 좋아하고 교장선생님도, 교감선생님도 정말 좋아하는 것이었다. 그런데 나는 기쁘지가 않았다. 분명히 서른세 명을 두고 기도했는데 서른한 명을 보내주셨기 때문이었다.

'하나님, 이왕 하는 거 서른세 명으로 채워주시지, 왜 서른한 명으로 끝냅니까?'

그러고는 기도를 했다. 그런데 입학식이 거의 끝날 무렵에 누나와

남동생(남매)이 문을 열고 들어왔다. 그렇게 해서 33명이 딱 채워진 것이다! 학교가 발칵 뒤집어졌다. 교사들도, 교장과 교감선생님도 "할렐루야! 하나님이 함께하시는구나!" 하며 하나님을 인정할 수밖에 없게 된 것이다. 이처럼 하나님은 정확하신 분이시다. 기도한 대로 서른세 명을 보내주셔서 우여곡절 끝에 학교를 시작할 수 있게 하신 것이다. 크고 세밀하신 하나님을 또 한 번 경험했다. 그래서 기도는 만능이라고 부른다. 기도 외에는 이런 일이 생길 수 없다. 하나님만이 하신다.

너희는 눈을 들어 누가 이 모든 것을 창조하였나 보라
주께서는 수효대로 만상을 이끌어내시고 그들의 모든
이름을 부르시나니 그의 권세가 크고 그의 능력이
강하므로 하나도 빠짐이 없느니라

이사야 40:26

🐣 더 성장해가는
예닮학교

개교를 하고 본격적으로 학교를 운영하기 시작했다. 그런데 교장, 교감 모두 경험이 없었기 때문인지 학교 행정에도 소홀하고 학급 관리도 잘되지 않았다. 내가 보니 매일같이 회의만 하고 있는데 피곤하기만 하겠다는 생각이 든 것이다. 동시에 그때쯤 학생 4~5명이 단체로 우리 학교를 떠났다.

결국 교장선생님은 열정은 있는데 경험이 없다 보니 사표를 내고, 교감이 교장 자리로 올라가게 되었다. 그런데 이분도 마찬가지였다. 경험이 없다 보니 사람은 좋은데 제대로 학교를 운영하지 못하는 것이었다. 도저히 이대로는 안 되겠다는 마음에 강화도 석모도에서 승영학교를 운영하는 노재환 목사를 만났다.

"원 목사님, 제가 좋은 사람 한 분 소개해드릴까요?"
"그래요. 소개 좀 해줘요."

그랬더니 현재까지 예닮학교 교장으로 계신 유화웅 장로님을 소개해주었다. 안산 동산고를 엄청나게 발전시킨 분이셨다. 그뿐만 아니라 여러 명문학교 교장직을 역임한 탁월한 교육자셨다. 이분이 은퇴를 하고 지금은 미국에 계시다는 것이다. 나는 빨리 전화해보고 바꿔달라고 했다. 그리고는 전화를 받아서 유화웅 선생님께 부탁을 드렸다.

"제가 기독 인재 양성을 위해 학교를 하나 하고 있는데, 와서 도와주실 수 있겠습니까?"

"제가 해보겠습니다!"

그 후 유 교장은 글로벌 NGO 굿파트너스(Good Partners) 이사장직을 내려놓고 학교에 부임했다. 그래서 총 3년의 임기를 잘 마치고, 한 번 더 교장직을 맡게 되어 3년 임기를 더 채우게 되셨다. 이분이 오시면서 학교가 제자리를 잡게 되었다. 어느 정도 학교가 틀이 잡히고, 나는 이곳저곳을 돌아다니며 학교 인가를 받으러 다녔다. 그런데 이전에는 학교만 지으면 인가를 내주겠다고 했던 곳인데 막상 찾아가니 안 된다고만 하는 것이었다. 인가를 받지 못한 상태에서 졸업생들이 검정고시를 치르게 되었다. 그런데 거의 모두 내신등급 1등급에 해당되는 95점 이상을 받았다. 그래서 최종적으로 졸업생들은 좋은 학교에 많이 진학하게 되었는데 그 과정에서 놀라운 일들이 많이 일어났다.

한동대에서 주최하는 연구 프로젝트에 우리 학생들이 참가하여 매년 최고 상인 경상북도 도지사상을 비롯하여 총장상, 포항시장상을 휩쓸다시피 한다. 또한 미국 위스콘신주립대, 뉴욕주립대, 텍사스주립대, 그리고 솔트레이크시 유타주립대 등에서 업무협약(MOU)을 맺자며 우리 학교를 찾아왔다. 특히 미국 위스콘신의 경우 해당 주의 사람은 교육세를 내기 때문에 등록금을 많이 깎아주곤 했다. 당연히 다른 주에서 오거나 외국에서 오는 학생들의 경우 등록금을 전부 다 내야 한다. 그런데 예닮학교에서 진학한 학생들의 경우는 주민과 동등한 대우를 해주겠다는 것이다. 계산해보면 미국에서 공부하는 비용이 한국에서 공부하는 비용과 비슷할 정도였다.

또 영어 공부도 잘되고 있으니까 학교장 추천으로 진학할 수 있게 되었다. 그래서 1회 졸업생 5명과 2회 졸업생 4명이 위스콘신주립대학교에 입학할 수 있었다. 한동대에는 1회 졸업생 6명, 2회 졸업생 8명이 진학했다. 그래서 졸업생 전원이 대학에 입학할 수 있게 되었고, 이듬해 예닮학교가 소문이 나서 유명해지기 시작했다. 이전에는 1:1 정도의 경쟁률로 지원하는 학생들을 모두 뽑아야 하는 입장이었지만, 이제는 2:1, 3:1의 경쟁률을 보이면서 학교가 원하는 인재들을 뽑을 수 있게 된 것이다.

예닮학교는 전국 약 300개의 대안학교 중에서 단연 으뜸으로 성장했다. 일반 명문 사립학교에서도 우리 학교처럼 졸업생 전원을 대학에 입학시키는 학교는 드물다. 그 때문에 점점 더 인기가 많아지고 경쟁률도 높아지고 있는 것이다. 이처럼 학교는 점점 발전하고 있다. 사실 위스콘신이나 텍사스주립대, 캘리포니아 샌프란시스코주립대, 한국뉴욕주립대, 리버티대, 벨헤이븐대, 웨스트버지니아 웨슬리안대 등등은 내가 직접 찾아가도 MOU를 맺기 힘든 것이 현실이다. 그런데 오히려 그런 대학에서 우리 학교에 찾아와 MOU를 맺자고 하니 내가 조건을 제시할 수 있는 위치가 되는 것이다. 결국 모든 것은 하나님께서 보내주시고 계획하신 것이다. 그래서 지금은 앞서가는 학교가 된 것이다. 현재는 전국에서 3분의 1, 서울에서 3분의 1, 강원도에서 3분의 1 정도의 비율로 입학하고 있다. 제주도에서도 우리 학교에 올 만큼 짧은 시간에 하나님의 은혜로 학교가 큰 발전을 이루었다. 남녀 공학 기숙형 학교로 남녀 비율은 6:4이다.

네가 만일 하나님을 찾으며 전능하신 이에게 간구하고
또 청결하고 정직하면 반드시 너를 돌보시고 네 의로운
처소를 평안하게 하실 것이라
네 시작은 미약하였으나 네 나중은 심히 창대하리라

욥기 8:5~7

쌍무지개
쌍두마차

예닮글로벌학교를 시작한 지 2년쯤 지났을 때였다. 나는 매주 토요일이 되면 서울에서 강릉으로 와서 주일을 보내고, 화요일 오후에 다시 서울에 가곤 했다. 내가 직접 운전하기엔 힘드니까 박 집사님이 매주 서울 동부버스터미널에 데려다주곤 했다. 박 집사님은 잠실교회 모리아성전 안에 있는 '예닮청소년글로벌리더십개발원'이라는 사단법인의 총 책임자로 계시는 분이다. 교인들에게 문화 활동 강좌를 열어서 누구나 즐겁게 배우고 참여할 수 있게 만든 사단법인이다. 박 집사님은 그곳에서 일하다가 토요일이 되면 나를 터미널까지 데려다주고, 나는 버스를 타고 강릉으로 가곤 했다. 강릉에 도착하면 정 장로님이 나를 기다렸다가 예닮원까지 차를 태워주곤 했다.

강릉 예닮원에 도착하면 하루 쉬고, 주일날 예배를 보고 나서 매주 월요일이 되면 학교 현황도 살피며 회의도 하고, 월요일 아침 애국조회를 한 다음, 한 달에 한 번은 설교도 하곤 했다. 그리고 화요일이 되면 다시 서울로 올라오는 삶이 반복되었다. 이처럼 내가 매주 서울에서 강릉까지 내려오는 이유는 은퇴를 하며 했던 결심 때문이다. '오늘 이후로는 잠실교회 본당은 발도 내밀지 않겠다.' 이렇게 이전 목사가 떠나줘야 후임 목사가 온전히 목회에 집중할 수 있게 되고, 성도들의 낯이 후임 목사들을 향하게 되기 때문이었다. 자꾸 교회에 드나들면 교인들이 원로목사 한번 보았다가 담임목사 한번 보았다가 하게 되고 그러면 후임 목사님이 목회하기 힘들지 않겠는가. 하늘 아래 태양은 하나인 법이다. 교인들도, 교회도 모두 림 목사님 인도 아래 잘되기를 바랐기 때문에 그런 결심을 했던 것이다.

"저는 새벽기도도, 주일예배도 참석하지 않을 것입니다. 서울에 있어도 여기로 오지는 않을 겁니다. 그러니까 나에 대해 일절 신경 쓰지 마세요. 림 목사님이 정말로 담임목사로서 사명을 다하는데 일절 간섭하고 싶지 않아요. 단, 한 가지. 원로목사로 사례비를 받고 있으니까 림 목사님이 해외에 나간다거나 강단을 비우는 때가 있으면 그런 때에 설교를 부탁하시면 가겠습니다. 하지만 그렇지 않고서는 강단에 서지 않을 겁니다."

은퇴하며 림형천 목사에게 전해준 말이다. 그래서 정말로 컨디션이 안 좋거나 일정상 강릉에 내려가지 못할 때는 인근에 있는 다른 교회로 주일예배를 드리러 갔다. 잠실교회에는 얼굴도 비추지 않았다. 그렇게 서울에 있을 때는 다른 교회에 가서 예배를 보곤 했다. 처음에는 많이 낯설기도 하고 힘들었다. 바로 앞에 있는 우리 교회를 두고 다른 교회에 가서 예배드리는 것이 어려울 때도 많았다.

우리 교회를 피해 다른 교회에 가서 예배를 드린다고 해도 보통 나를 알아보곤 했다. '아니, 왜 저분은 자기 교회를 놔두고 우리 교회로 오셨지?' 하는 것 같아서 눈치가 보이기도 했다. 그제서야 은퇴

목사들의 심정을 조금 느낄 수 있었다. 어느 교회를 가도 보통 나를 알아보니까 그 교회 목사님들께 죄송한 마음도 들고, 선배 목사인 내 앞에서 설교를 하려니 얼마나 부담이 되겠는가 싶었다. 그러니 내가 잠실교회에 가서 예배를 드리면 림 목사님 또한 얼마나 부담이 될지 안 봐도 뻔한 것이었다. 내 사무실이 교육관에 있기 때문에 모리아 성전은 자주 다니곤 하지만, 본당에는 얼굴을 일절 내밀지 않았다.

이런 이유들로 강릉에 더 자주 왔다. 그런데 그곳에 가면 나 혼자 있으니 무료하고 심심한 것이다. 마침 강릉에 정 장로가 함께 머물고 있어서 같이 바둑을 두곤 했다. 교회 권사님 한 분이 내게 은퇴 선물로 바둑판과 바둑알을 좋은 걸 하나 선물해줬는데, 유명한 바둑 기사가 남편에게 준 것이라 귀한 것이라고 내게 주었던 것이다. 그 바둑판을 강릉에 뒀는데 심심하니까 '바둑이나 배워볼까?' 하는 생각이 들었던 것이다. 정 장로는 바둑을 아주 잘 뒀다. 급수로 5급 정도 되어 내가 정 장로에게 바둑을 가르쳐달라고 했다. 담소도 나누며 바둑을 두니까 시간도 금방 흘러가고 소일거리로는 제격이었다! 나처럼 승부욕이 강한 사람한테는 바둑 같은 놀이가 아주 재미있었다.

처음에 바둑을 배울 때는 실력 차이가 나니까 바둑알 3개를 먼저 깔고 시작했다. 그런데 한 2년쯤 두었더니 이제는 내가 가끔 정 장로를 이기고 있는 것이었다. 실력이 비등비등해지니까 게임이 더 재미있었다. 서로 바둑광(狂)이 되어서 어느 때는 밤을 새고 두기도 하였다. 그런데 이게 밤을 새면서 둘 때는 재미가 있는데, 그렇게 밤을 지새우고 나면 한참 동안 피곤해지는 것이었다.

문득 이런 생각이 들었다. '아, 그래도 내가 목사인데 바둑을 두고 즐기고 이러는 것보다는 그럴 시간에 성경이라도 한 번 더 보고 기도라도 더 해야지. 아무리 은퇴했다고 해도 주의 종인데 이런 것에 빠지고 몰두하는 것은 잘못된 게 아닌가? 이제 바둑을 좀 정리하고 말년을 유용하게 보내려면 기도도 하고 말씀도 보고 다른 목사들에게 본을 끼치는 삶을 살아야지. 바둑 두면서 소일하는 건 아니다.'
'하나님, 죄송합니다! 제가 이제 바둑 안 두겠습니다!'

이렇게 결심을 하고 앞으로 다시는 바둑을 두지 않겠다고 선포했다. 그런데 지난밤에 내가 내리 이겨서 정 장로가 승부욕에 불이 붙는 바람에 오늘 밤에 또 두자고 하는 것이었다. 그래서 내가 말했다.
"그러면, 오늘 내가 세 번만 두고, 다시는 바둑 안 둘 겁니다!"
그리고 바둑을 두었는데 연이어 세 판을 모두 내가 이긴 것이다. 그랬더니 정 장로님은 더 화가 났던 것 같다. 그렇지만 내가 세 번만 두고 다시는 안 두겠다고 했으니 정 장로님은 그냥 집에 가버렸다. 이제는 바둑을 그만두고 잠실교회와 학교, 국가를 위해서 기도해야겠다고 이야기했더니 할 수 없이 집에 갔던 것이다.

그렇게 바둑을 세 판 두고 정 장로는 자러 가고, 나는 강릉에 사둔 아파트로 향했다. 어제도 바둑을 두다가 밤을 새고, 오늘도 바둑을 두었더니 몸이 너무 피곤해서 그 집에 가서 편하게 쉬려고 했다. 새로 지은 아파트니까 보일러도 잘되어 따뜻한 물도 잘 나오니까 편하게 샤워하고 푹 자고 오려고 했다. 그래서 차를 타러 예닮원 밖을 나가는데 내게 오픈 비전이 온 것이다!

별안간에 갈대가 빽빽하게 차 있고 한들한들 바람에 날리는 것이었다! '내 눈이 잘못된 건가?' 하고 눈을 비비고 다시 봐도 계속해서 흔들거리는 것이었다. 배꼽 높이에 올라올 정도로 큰 갈대들이 살랑거리고 있는 것이다. 혹시나 어두워서 헛것이 보이는 건 아닌가 싶어 차를 타고 LED 전조등을 켰다. 정말 밝은 등을 켰는데도 바로 차 문 앞에서 갈대들이 흔들거리고 있는 것이다! 예닮원 입구서부터 전체가 갈대로 가득 차서 흔들거리는데, 그걸 보니까 조금 두려운 마음이 들었다.

'아, 이건 안 되겠다. 큰일 나겠다!' 싶어서 다시 예닮원으로 들어와서 불을 켜고 방 안으로 들어왔다. 그제서야 갈대가 싹 사라졌다. 방 안에 들어오니 책상 앞에 읽다 만 책이 펴져 있었다. 미국에서 유명한 사역자들, 특히 신유의 은사를 받으신 분들이 나오는 책이었다. 은혜출판사에서 나온 『치유 사역의 거장들(『God's Generals』)』이었는데 '하나님께서 크게 쓰신 종들'이라는 뜻이다. 하나님이 크게 사용하신 미국의 신유 사역자들 총 열두 명이 등장하는데 여성 사역자들도 서너 명 있었다. 그중에서도 유명한 사역자들은 마리아 우드워스-에터(Maria Woodworth-Etter, 1844~1925), 스미스 위글스워스(Smith Wigglesworth, 1859~1947), 존 G. 레이크(John G. Lake, 1870~1935), 잭 코(Jack Coe, 1918~1957) 이런 분들이었다. 위대한 사역자들의 간증 이야기를 내가 특히 좋아하다 보니 항상 읽곤 했다.

그 책을 읽다가 책상에 펴두고는 자리를 비웠던 모양이다. 책에는 중간중간에 삽화도 있었는데 마침 마리아 우드워스-에터라는 여성 사역자가 설교를 하는 삽화가 그려져 있었다. 마리아는 1800년대 미국에서 천막집회를 하던 분이다. 당시에 여성에게는 선거권도 없었으니 여성이 설교(Preach)를 한다는 것은 말도 안 되는 일이었다. 그렇다고 엄청난 타이틀이나 학력이 있었던 것도 아니었다. 아주 평범한 여성을 하나님께서 설교자로 사용하신 것이었다. 마리아도 처음에는 하나님이 주신 영감을 그냥 지나쳤다. 하나님의 계획에 귀기울이지 않고 맘대로 결혼을 하고 딸 다섯을 낳았다. 그런데 다섯 딸이 다 죽고 말았다. 아이들이 하나둘 죽어갈 때마다 마리아는 '도대체 내가 왜 이런 삶을 살아야 하는 것인가?' 하며 가슴 아파하기 일쑤였다. 그리고 '나는 하나님의 부르심을 따르지 않은 종이다' 하는 죄책감이 동시에 들었던 것이다. 결국 남편과 이혼을 하고 늦은 나이에 하나님의 부르심을 따르겠다고 결심하게 된다.

때마침 마리아의 꿈에 천사가 나타나 이렇게 말했다.

"마리아야, 나를 따라오거라."

강을 건너고 산을 넘어 큰 들판이 있는 곳으로 향했다. 그곳은 넓디 넓은 논이 펼쳐져 있었는데 천사는 그 앞에 마리아를 세웠다. 그리 고는 이런 말을 했다고 한다.

"네 앞에 있는 모든 벼가 성도라고 생각하고 설교를 해보아라."

마리아는 깜짝 놀랐다.

"네? 제가 어떻게 설교를 합니까?"

"성경에 뭐라고 쓰여 있느냐? 네가 미리 준비하지 않아도 성령께서 할 말을 친히 가르쳐주신다고 하지 않았더냐?"

그래서 입을 열자 정말로 말씀이 술술 나오면서 설교를 하고 있었 다는 것이다. 꿈속에서 첫 설교를 마치고 물러나려고 하는데 그 넓 은 논에 있던 벼들이 모두 자기를 향해서 엎드렸다는 것이다! 꿈을 통해 하나님께서 비전을 보여주셨던 것이다.

당시에는 교회가 많지 않았고, 여성이 집회를 하는 것은 허가해주 지 않았다. 그래서 이동용 텐트(천막)를 사서 천막집회를 하기 시작 했다. 그녀가 가는 곳마다, 집회를 인도하는 곳마다 귀신이 쫓겨나고 병자가 고침받는 역사가 일어나기 시작했다. 미국 전역에 '마리아 우 드워스-에터'라는 이름이 뜨기 시작했다. 이러한 마리아의 삽화가 그려진 페이지가 책상 위에 펴져 있었던 것이다! 그것을 보았을 때 나는 깨달았다.

'아, 이거로구나!'

쌍무지개는 예닮학교와 예닮힐링아카데미, 이 두 쌍두마차를 이끌라고 부여해주신 비전임을 깨닫게 되었다.

밤에 환상이 바울에게 보이니

마게도냐 사람 하나가 서서 그에게 청하여 이르되

마게도냐로 건너와서 우리를 도우라 하거늘

사도행전 16:9

✤ 예닮힐링아카데미를
시작하다

은퇴 후 시간에 여유가 생겨 로버츠 리아든이 저술한 『치유 사역의 거장들』을 읽고 있었다. 특별히 마리아 우드워스-에터에 관심이 쏠렸다. 그녀의 사역을 보면서 깨달음이 왔다.

'하나님께서 내게 또 다른 일을 시작하게 하시는구나!' 모든 것을 보고 느낄 때는 영분별(靈分別)이 필요하다. 이것이 하나님으로부터 온 것인지, 마귀로부터 온 것인지 분별할 줄 알아야 한다. 하나님으로부터 오는 것은 항상 성경적이다. 마리아도 마찬가지였다. 요셉의 볏단을 향해 형제들의 볏단이 모두 엎드려 절을 했다. 심지어 아버지 야곱과 어머니 라헬도 해와 달이 되어 요셉을 향해 절을 했다고 말했다. 그런데 환상 속에서 마리아가 들판에서 설교를 하니 모든 벼가 자기에게로 쓰러지는 것이었다. 요셉의 스토리와 일맥상통한 것이었다. 예나 오늘이나 동일하신 하나님께서는 오늘날에도 동일하게 역사하신다.

그 후로 집회 때마다 청중들이 쓰러지며 입신을 하는 것이 그의 천막집회의 특징이었다. '그래, 그럼 이제 나도 시작해야겠구나!' 하며 결심할 수 있었다. 마침 쌍무지개가 떴던 날도 다시 회상이 되었다. 교육과 병 고침, 이 두 가지를 하라고 하신다는 것을 느낄 수 있었다. 첫 힐링아카데미를 시작하면서 '예닮힐링아카데미'라는 이름을 지었다. 예닮원 2개의 건물에 방이 모두 6개가 있고, 끝에는 세미나실도 있었으니 한 스무 명쯤 오면 여유롭게 집회를 할 수 있겠구나 싶었다. 첫 시작은 지난날 잠실교회 부목사님들과 함께였다. 두 번째는 고목회(고려대학교 목회자회), 세 번째는 ROTC에서 왔고, 네 번째는 여성 목사님들이 오셨다. 그렇게 교단별로, 노회별로 계속해서 지금까지 6년째 이어오고 있다. 매달 둘째 주 월요일 오후 2시부터 수요일 오후 2시까지, 2박 3일에 걸쳐서 힐링아카데미를 해오고 있다.

이곳에 많은 이들이 참석해 병 고침을 받았다. 그 간증들을 모두 다 말할 수는 없지만 몇 가지 소개해보려 한다. ROTC에서 힐링아카데미를 왔을 때이다. 노 목사님도 함께 왔는데 기도하는 중에 환상을 보았다고 한다. 달 표면에 둥그런 것이 보여서 눈을 뜨고 자세히 내려다보니 '돌'이었다. 그 돌에서 샘(물)이 펑펑 솟아났다. 깜짝 놀라서 눈을 떴는데도 그대로 보였던 것이다. 당시에는 내게 말을 하지 않고, 힐링아카데미가 끝나고 집으로 돌아가는 길에 함께 왔던 박 목사에게 간증을 했다는 이야기를 들었다. 노 목사님의 간증을 들은 박 목사님은 그 이야기를 듣고 이렇게 말했다고 한다.

"돌은 반석 아닙니까? 그리고 예수님이 반석이십니다. 그런데 거기서 생수가 흘러나왔다면 깨끗한 말씀을 의미하는 것이고, 그것은 곧 이곳이 하늘이 열리는 곳임을 뜻하는 것이지요. 그것을 암시한 것입니다!"

월요일 오후 2시부터 수요일 오후 2시까지 이루어지는 힐링아카데미는 말 그대로 '힐링'을 하고 가라는 의미를 갖는다. 빽빽한 스케줄로 운영하는 것이 아니라 여유 있게 일정을 조정하는 것이다. 저녁 집회도 1시간 혹은 2시간 정도로 짧게 하고 아침, 점심, 저녁을 근사한 곳에서 맛있는 음식으로 대접한다. 둘째 날 저녁에는 신유집회가 있고, 마지막 셋째 날에는 간증 시간과 예닮글로벌학교 답사를 한다. 집회와 기도의 시간을 통해 병 고침도 받지만, 이곳에서 맛있는 식사를 하며 충분히 휴식하며 힐링을 하게 해준다.

그래도 많은 경우 화요일 저녁 신유집회 시간을 통해 병 고침의 역사가 일어난다. 그리고 수요일에는 간증 시간을 두어서 병이 나은 사람들이 앞에 나와 간증을 하게 한다. 지금까지 단 한 번도 병이 낫지 않은 사람이 없었다. 수요일에는 꼭 두 명씩 나와서 간증을 하고 하나님께 영광을 올려드린다. 간증을 해야 하나님이 성도들 앞에서 영광을 받으시고, 또 함께한 다른 사람들이 도전을 받아 복음이 증거되는 것이기 때문이다. 그래서 간증이 중요한 것이다. 간증이 있다는 것은 기도했다는 것이고, 기도의 응답이 있어야만 간증이 있다. 기도하는 교회가 간증이 있는 것이다. 기도할 때 간증이 나오는 것이지, 기도하지 않으면 간증도 없고 하나님의 역사도 일어나지 않는다. 예수님의 말씀대로 기도 외에는 이런 일이 생길 수 없는 법이다.

그래서 기도를 통해 응답받은 자들에게는 간증이 필요하다. 간증을 통해 하나님께 감사함을 표현할 수 있기 때문이다. 그럴 때에 하나님께서 영광을 받으시고, 하나님의 살아계심이 드러나며, 하나님의 실체가 더욱 높임을 받게 된다. 분당에 있는 김양재 목사님의 우리들교회도 비슷하다. 주일 설교 전에 항상 간증 시간을 갖는다. 그런 다음 설교를 하면 문제를 가진 많은 이들이 우리들교회를 찾아온다고 한다. 그러면 각 구역에서 그 문제를 가지고 기도하고, 응답을 받으면 간증하고, 또 기도하고 하여 우리들교회는 지금도 계속해서 부흥하고 있다고 한다. 이처럼 기도가 있고 응답과 간증이 있어야 교회의 부흥이 따르는 것이다.

나도 항상 간증 이야기를 하고 다닌다. 그래도 내가 말하는 것보다 직접 병 고침을 체험한 사람이 말하는 것이 더 효과적이지 않은가. 그래서 정말 병이 나은 이에게 마지막 날 직접 나와서 간증을 하라고 한다. 한번은 이런 간증도 있었다.

"사실은 제가 여기 안 오려고 했습니다. 오기 전에 병원에서 '몇 번째 척추가 잘못되었으니 입원해야 합니다'라는 말을 들었기 때문입니다. 그런데 우리 목사님이 한 번만 가보자고 해서 어쩔 수 없이 따라왔습니다. 대전에서 여기에 오면서도 몇 번을 쉬었다가 다시 출발했습니다. 그래도 이왕이면 수술보다는 기도로 낫는 것이 더 좋지 않을까 생각돼서 목사님께 기도를 받았는데 아주 말끔하게 나았습니다!"

이런 간증을 들으면 많은 병자들이 기대하지 않겠는가. '화요일 저

녘에는 목사님이 직접 기도해주시니까 나도 한번 받아야겠다!'고 생각하며 종이에 기도 제목을 상세히 적어서 들고 오는 것이다. 그것을 한번 보면 이 사람의 문제가 영적 문제인지, 육체적 문제인지 진단할 수 있다. 그리고는 그에 맞게 기도를 해주면 다 나았던 것이다.

너희 중에 병든 자가 있느냐 그는 교회의 장로들을
청할 것이요 그들은 주의 이름으로 기름을 바르며
그를 위하여 기도할지니라
믿음의 기도는 병든 자를 구원하리니
주께서 그를 일으키시리라 혹시 죄를 범하였을지라도
사하심을 받으리라

야고보서 5:14~15

선교사 팀과의
만남

예닮힐링아카데미는 한번 올 때마다 한 사람당 3만 원씩 회비를 받는다. 그런데 2박 3일 동안 먹는 끼니만 여섯 번인데 3만 원으로 충분하겠는가? 대개 어려운 개척교회 목사님들이 많이 오시는데 그렇기에 더 잘 대접해드리고자 하는 뜻이다. 그래서 힐링아카데미를 시작하겠다고 했을 때 장로님들 네 분이 헌신을 하셨다.

"목사님, 그거 하세요! 저희들이 한 달에 30만 원씩 내겠습니다!"
나도 매달 30만 원씩 헌신해서 총 150만 원이 매달 채워진다. 또 참가하는 스무 명의 회비까지 합치면 200만 원이 넘으니까 2박 3일 동안 맛있는 음식을 대접하고 간식도 준비하기에 충분했던 것이다. 그래서 지금까지 6년을 은혜 가운데 풍성하게 이어오고 있다. 장로님들 네 분은 초창기부터 매월 30만 원씩 헌신하셨으니 벌써 지금까지 개인당 2000만 원이 넘는 돈을 후원해주신 것이다. 그런 섬김을 통해 이런 귀한 일들을 지속해나갈 수 있는 것이다. 그러니 얼마나 감사한지 모른다.

별안간 갈대를 보게 하시고 마리아 우드워스-에터의 삽화를 보게 하셔서 힐링아카데미를 시작하게 되었다. 그날 이후로 더 이상 갈대를 볼 순 없었지만, 그 대신 예닮원 앞에는 수많은 자갈이 깔렸다.

그래서 나는 자갈을 보면서 항상 기도한다.

"하나님, 저 자갈의 숫자만큼 많은 사람을 구원하게 하여주옵소서.
무디는 10만 명을 구원했다고 하는데 저도 그런 은혜를 주시옵소서!"
모래알까진 아니지만 자갈도 얼마나 많습니까. 그 때문에 예닮원 앞
에 깔린 자갈들을 보면서 매일 기도할 수 있었다.

하루는 힐링아카데미에 선교사 팀이 왔다. 라오스에서 선교하던 후
배가 왔는데, 와서 이런 이야기를 했다.

"목사님, 라오스는 남북한을 합친 면적만큼 큰데 인구는 800만 명
밖에 되지 않습니다. 그런데 중국, 베트남, 캄보디아, 태국, 미얀마 등
접경지대에 둘러싸여 있습니다. 그래서 고립되어 있는 것이나 다름
없습니다. 생활수준은 또 얼마나 낮은지 한 달에 20만 원이면 생활
이 가능합니다. 그런데 그곳은 사회주의 국가여서 선교사는 들어갈
수가 없습니다. 하지만 외국어 교원증을 받으면 들어갈 수 있습니다.
그래서 한국어를 공부해서 교원증을 땄습니다. '한류' 덕에 한국어
의 인기가 아주 높거든요!"

목사라는 직은 감추고 한국어 교원으로 들어가서 조심스럽게 복음
을 전하고 있다는 것이다. 한국어 교원으로 들어가면 좋은 점은 학
생들과 접촉점이 많아서 자연스럽게 복음을 전할 수 있다는 것이
고, 선교사로 들어간 것과 달리 쫓겨날 염려도 없다는 것이다. 학원
(학교)에서 일하다 보니 교원들과 대인관계도 활성화되고, 교사이니

존경을 받고 하니 이만한 것이 없다고 했다. 그래서 선교사들이 대부분 한국어 교수나 교원으로 들어가거나, 비정부기구(NGO)를 통해서 라오스로 간다고 한다. 동남아에서 유일하게 신학교가 없는 곳이 라오스인데, 라오스는 경제적으로 더 소외되어 있기도 하고 사회주의 국가이기 때문에 교회를 일절 안 받아들인다고 했다.

그 말을 듣는데 무디와 세자르가 생각났다! '800만 명? 무디는 10만 명을 전도하고, 순복음교회 조용기 목사는 70만 명을, 남미 콜롬비아 보고타에서 세자르 목사는 100만 명을 전도했는데, 나는 그곳에 신학교 하나 세워놓고 무디 같은 사람 1명만 길러내면 10만 명을 전도한 것이나 다름없는 거잖아?' 이런 생각이 들면서 내가 죽기 전에 해야 할 새로운 목표가 생기게 된 것이다. "라오스에 가서 신학교를 하나 세워야 되겠구나!" 그랬더니 후배 선교사님이 이런 말을 했다.
"목사님, 제 꿈이요, 라오스에서 신학교 하는 게 꿈입니다!"
"그래요? 그거 참 좋은 겁니다. 선교사님 위해서 꼭 기도하고 후원할게요."
그 이야기를 하고는 2박 3일 후에 각자의 위치로 돌아갔다.

이후 많은 분들이 힐링아카데미를 찾았다. 참여자 대부분은 '개척교회 목사'였다. 그러다 보니 참여자들이 대부분 번아웃이 되어서 이곳에 오는데 병 고침 받으러 오고, 식어버린 영적 에너지를 회복하려고 오는 경우가 많았다. 그런 분들을 데리고 강행군을 할 수는 없기 때문에 일부로 쉼의 시간을 가지라고 휴식을 하게 하고, 기도회를 통해 힘을 얻고 가도록 해주는 것이다. 비유를 하자면 마치 화산과 같은 것이다. 화산은 크게 세 가지 종류가 있다. 사화산, 휴화산, 활화산. 사화산은 화산 활동이 이루어지지 않고 죽어 있는 상태를 의미한다. 휴화산은 가끔씩 화산이 터지고 마그마가 조금씩 분출되고 있는 것을 말한다. 마지막으로 활화산은 지금도 계속해서 터지고 있는 것을 뜻한다. 그런데 참가자들을 보면 대부분이 사화산 또는 휴화산이다. 활화산은 거의 없다. 그래서 내가 그분들에게 이렇게 이야기를 한다.

"여러분들은 사화산, 휴화산 상태로 온 것입니다. 그러니까 제 역할은 다시금 여러분들을 불 붙여서 활화산으로 만드는 것입니다! 그래서 기도의 용사가 되고 활기차게 나아가서 다시 도전하게 만드는 것입니다. 그것이 바로 제 사명입니다."

교인들이 스무 명이 안 되는 교회는 미자립 교회라고 본다. 스무 명이 넘어야 목사도 월급을 받는데 그 이하이면 월급도 거의 받지 못한다. 그런데 교인이 스무 명도 되지 않는 교회가 너무 많다. 목사님들도 각자의 가정이 있는데 어떻게 생활하냐고 물어보면 이렇게 말한다.

"상가를 하나 빌려 교회 간판을 달았는데 목사가 목회를 안 할 수는 없고, 그러니까 저희는 자비량으로 교회를 합니다. 밤에는 나가서 대리운전을 해요."

"저는 택시기사입니다."

이런 사람들이 서울에도 수두룩하다. 아마 택시기사와 대리운전 기사 중 수천여 명은 목사들일 것이다.

어느 날은 또 다른 목사들에게 물었다.

"여러분들은 어떻게 생활하고 있습니까?"

"목사님, 저희들은요, 택시는 안 하고요. 개척한 목사들 대여섯 명이 모여서 건축 리모델링을 배웠습니다. 저는 목수 일을 배웠고요. 이 친구는 전기를 배웠고, 이 친구는 조적(벽돌 쌓는 것)을 배웠고, 이 사람은 미장을 배웠습니다. 이 친구는 도배도 배웠어요."

한 팀을 이루어서 각자 분야를 정해서 3~6개월 정도 구청에서 운영하는 직업 교육을 이수해 자격증도 딸 수 있었던 것이다. 그래서 리모델링 수주를 받으면 한 팀이 단체로 움직이다 보니 시간도 절약하고 돈도 꽤 벌 수 있다며 택시보다 낫다고 했다. 나는 아주 잘하고 있다며 잘했다고 칭찬을 해주었다.

나는 너를 애굽 땅에서 인도하여 낸 여호와 네
하나님이니 네 입을 크게 열라 내가 채우리라 하였으나

시편 81:10

라오스
800만을 위하여!

자비량으로 목회를 해나가는 개척교회 목사님들의 간증을 들으며, 라오스에 있는 후배 선교사가 생각났다. 그리고 한 가지 아이디어가 떠올랐다. '라오스에 직업학교를 열자!' 신학교는 어려워도 직업학교를 지어준다고 하면 그 나라에서도 환영하지 않겠는가? 실제로 동남아에서 대한민국의 새마을운동을 배워가기도 한다. 오히려 가르쳐주기를 원한다고 한다. 예를 들어 한국에서 전기 분야 전문가가 은퇴하고 라오스에 가서 학생들을 가르치는 일을 하면 평신도 선교도 할 수 있게 되는 것이다.

목수도 만들 수 있고, 농사도 가르칠 수 있고, 의료나 간호 할 것 없이 모든 직업교육이 가능할 것이다. 그래서 내가 그 아이디어를 후배 선교사 팀에게 전해주었다.

"라오스에서 학교 하나 지으시죠."

그랬더니 기다렸다는 듯이 이렇게 대답했다.

"목사님! 제가 그렇지 않아도 학교를 하나 하려고 해요!"

"그래요? 어떤 걸 하려고요?"

물어보니까 구체적인 아이디어는 없었다. 어떤 학교를 할지 고민하고 있었다. 그래서 내가 아이디어를 주었다.

"직업학교를 하세요!"

직업학교를 만들어서 낮에는 직업 교육과 현장 근무를 시키고, 저녁에는 학생들과 관계를 잘 맺어서 조용하게 신학교를 하면 3년만 가르치면 목사가 될 수 있지 않겠는가!

라오스는 프랑스의 식민지였기 때문에 건축이 거의 프랑스식이다. 때마침 유엔에서 오래된 프랑스식 건물들을 문화유산으로 등재해서 낙후된 건물들을 헐어낼 수도 없게 되었다. 나는 오히려 기회라고 생각했다. 학생들을 조금만 가르쳐서 건물을 수리하고 리모델링하는 일을 시키면 생활비도 스스로 벌고 학교 운영비도 충당할 수 있지 않겠냐고 제안했다. 그렇게 해서 낮에는 교육과 일, 저녁에는 성경 공부를 하게 해서 그들이 목사가 되면 다른 사람들을 전도할 수 있는 것이다. 이 아이디어를 공유했더니 후배 선교사가 감탄을 하며 좋아하는 것이다. 학교 허가는 금방 받아낼 수 있을 것이라며 좋아했다.

학교 설립 허가를 신속하게 받아내고, 은퇴한 평신도들이 선교사로 파송되고, 몇억 원만 헌신해서 학교 건물을 지으면 라오스에서 합법적으로 선교 활동을 할 수 있게 되는 것이다. 그래서 다 같이 모여서 "아멘!" 하며 계획을 실천하기로 마음먹고 기도하며 준비하고 있다. 그다음 번 힐링아카데미를 시작하는데, 예배당 한쪽에 덩치가 큰 목사님 한 분이 앉아 있었다. 유심히 지켜보았는데, 첫인상부터 다소 센 분위기가 느껴졌다. 강의도 제대로 듣지 않고 삐딱해 보여서

'언제 한번 트집을 잡아서 딴지를 걸어야 하는데 어떻게 하면 좋을 까?' 이런 생각을 하기도 했다. 그리고 강의 마지막에 힐링아카데미 를 하게 된 이유, 예닮글로벌학교가 지어지게 된 과정, 또 라오스에 신학교를 지을 예정이라는 이야기를 하고 강의를 마치고 내려왔다.

그때 덩치가 큰 그 목사님이 갑자기 울면서 내게 다가오더니 이렇게 말했다.

"목사님! 제가 옛날에는 좀 놀았거든요? 그러다가 목사가 됐어요. 그 런데 제 동생뻘 되는 놈이 조폭 생활을 하다가 수배를 당했어요. 그 래서 달러를 다 가지고 라오스로 도망을 갔어요. 돈이 많으니까 라 오스 수도에서 총리 아들을 친구로 사귄 거예요! 그러니까 150만 평의 땅을 줬대요. 사회주의 국가에서는 30년, 50년, 70년 이렇게 장기 렌트를 해주긴 하는데 그냥 쓰라면서 땅을 줬다는 거예요! 그 래서 저를 한번 초대했는데 저한테 10만 평을 공짜로 줬어요. 하지 만 저는 그 땅을 이용할 계획도 없고 쓸 일도 없어서 '아니, 하나님! 주실 거면 한국에서 주시지, 왜 쓰지도 못 하는 땅을 주시나' 하며 한탄이나 하고 있었거든요. 그런데 여기 와서 목사님이 그런 일을 하 신다니까, 제가 그 땅을 목사님께 드리겠습니다! 그 대신 저를 그곳 에서 써주세요."

이렇게 해서 10만 평이나 되는 땅을 기증받았다. 벌써 라오스에 갔 어야 하는데 지금은 코로나19 바이러스 때문에 가보지를 못하고 있다. 라오스에 있는 후배 선교사는 이미 정부에 학교를 세우겠다고 허가를 받아놓았다고 한다. 그래서 빨리 오시라고 연락이 왔는데 지금은 외국에 나가질 못하고 있다.

내가 하고 싶은 말은 이것이다. '꿈을 가지고 기도하면 열리게 된다'는 것이다. '하나님, 라오스 800만 명을 제게 주시옵소서! 그곳을 복음화하겠습니다!' 이렇게 꿈을 가지니까 기도를 하게 되고, 기도는 예언이 되어 결국 성취하게 되어 있다. 지금 예닮학교도 3만5000평인데 라오스는 10만 평이라고 하니 크기가 3배가 되는 것이다. 그러니 얼마나 기대가 되겠는가? 은퇴하신 장로님들과 함께 이야기했다.

"우리가 신학교 센터를 위해서 1억 원씩만 헌신합시다! 그래서 5억원만 가지고 들어가면 라오스에서 무엇이든 할 수 있습니다!" 그래서 요즈음 라오스에서 신학교 해야겠다는 생각을 하면서 계속 기도하고 있는 중이다. 이처럼 '꿈이 있는 곳에 길이 있다'는 것이다. 사방이 막혀서 어떻게 해야 할지 도저히 알 수 없을 때에도 기도하면 하나님께서 날개를 달아주셔서 위로 날아갈 수 있게 된다.

로버트 슐러 목사님도 이런 이야기를 했다. 꿈을 꾸었는데 높은 산위 절벽에 서 있었다고 한다. 그 끝에 예수님이 계셨고 "슐러야, 이리로 오거라" 하셨다는 것이다. 조심스럽게 한 발짝 한 발짝 내딛어 가는데 예수님이 또 그러셨다. "슐러야, 내게로 바짝 와라." 그래서 용기를 내어 앞으로 발을 내딛는 순간, 예수님이 슐러 목사님을 절벽

밑으로 밀어버렸다는 것이다. 그래서 깜짝 놀라서 "주여!" 하고 소리를 쳤는데 날개가 달리면서 자신이 날아가고 있었다고 한다. 그 꿈을 꾸고 난 뒤부터는 '그럼 그렇지! 역시 우리 하나님!' 하며 고백할 수 있었다고 한다. 믿음의 날개를 달아주시고 비상하게 하신 하나님이셨다. 떨어져봐야 날개도 달린다. 추락하는 사람에게 날개가 필요하지, 추락하지 않는 이에게 날개는 필요 없는 것이다.

그러니 우리는 끝까지 담대함을 버리지 말아야 한다. 그것이 곧 큰 상을 이루기 때문이다. 하지만 믿음이 없으면 담대함도 없어진다. 또 육체가 강건해야 영과 정신도 강해지는 법이다. 영육 간의 강건함과 서로 간의 밸런스가 맞춰져야 한다. 이것이 목회를 하는 데 특히 중요한 요소이다. 건전한 육신에 건전한 영이 깃든다. 그렇기 때문에 자기 관리에 소홀해서는 안 되며, 영과 육이 모두 강건하도록 매일의 삶에서 훈련해나가야 한다.

너희 안에서 행하시는 이는 하나님이시니
자기의 기쁘신 뜻을 위하여 너희에게 소원을 두고
행하게 하시나니

빌립보서 2:13

녹슬지 않고
날이 다할 때까지!

나는 목회를 처음 시작할 때부터 하나님께 만남의 복을 달라고 기도하였습니다. 그 기도에 대한 신실하신 하나님의 응답으로 지금까지 팔십 평생을 살아오면서 '만남의 복'을 많이 베풀어주셨습니다. 신학교를 가게 된 것도 기도의 사람 차신철 집사의 기도로부터 시작되었습니다. 차신철 집사의 '신학교를 가라는 기도'가 있은 후 바로 그 주간에는 킨슬러 목사님의 설교를 통해서 '주저하지 말라(Don't hesitate)'는 말씀으로 내게 말씀하셨습니다. 그리고 최음전 권사님과의 만남을 통해서 신학의 길을 가야 하는 분명한 사인(sign)을 내게 주셨습니다.

또한, 처음 목회를 시작할 때부터 하나님은 원용선 장로님과의 만남을 통해서 큰 은혜와 은사를 체험하게 하셨습니다. 강유순 권사님과의 만남을 통해서는 내가 정치에 관여하지 않고 목회에만 전념할 수 있도록 이끌어주셨습니다. 그 모든 것이 보이지 않는 하나님의 손길이었고, 기도에 신실하게 응답해주시는 하나님의 사랑이었습니다.

목회자로서 성장해오는 과정에서도 하나님은 귀한 분들을 통해서 이 종을 키워주시고 부족한 부분들을 채워주셨습니다. 김창인 목사님과의 만남을 통해서는 '카리스마 있는 목회의 결단력'을 배웠습니다. 림인식 목사님과의 만남을 통해서는 '원만한 목회'를 배웠습니다. 한국 교회의 대부 역할을 하신 유호준 목사님과의 만남을 통해서는 '논리 정연함'을 배우게 되었습니다.

신실하신 하나님은 미국에서 긍정적 사고로 큰 목회를 하던 로버트 슐러 목사와의 만남도 허락해주셔서 미국으로 세미나를 다녀오기도 하였습니다. 미국에 계신 로버트 슐러 목사를 통해서 세계 여러 나라를 보면서 선교의 눈을 열어주는 은혜도 받게 되었습니다. 그리고 한국 교회를 이끌어오신 한경직 목사님은 제게 동남아 9개국을 리서치하고 돌아올 수 있도록 이끌어주셨습니다. 한경직 목사님이 그렇게 이끌어주신 덕분에 선교의 문이 열리는 경험을 하게 되었습니다.

강릉에 있는 예닮글로벌학교를 시작하는 과정에서도 하나님은 귀한 분들과의 만남을 통해서 일을 이루어주셨습니다. 교육에 관한 많은 책을 쓰신 강영우 박사님과의 만남을 통해서 예닮글로벌학교

의 나아갈 방향에 대한 길잡이가 되도록 해주셨습니다. 김영삼 대
통령 때 재경부 장관을 지낸 박재윤 장관과의 만남을 통해서는 예
닮글로벌학교의 설립 과정에서의 행정적 절차들을 잘 정돈할 수 있
도록 이끌어주셨습니다.

돌이켜 생각해보면 이 모든 것들이 '만남의 복'을 달라고 하나님께
기도했던 기도에 대한 신실한 응답으로부터 온 하나님의 은총의 선
물이었습니다. 하나님의 손길 안에서 만나게 된 만남이었습니다. 하
나님은 만날 만한 사람은 반드시 만나게 하시고 그 만남을 통해서
일을 이루어가시는 신실하신 하나님이십니다.

신디 제이콥스라는 여성 사역자가 있었습니다. 예언을 잘하기로 유
명한 분인데, 하루는 세종대학교에서 콘퍼런스를 한다며 후배 목사
님이 내게 꼭 한번 와달라고 부탁을 하는 것이었습니다. 그 콘퍼런
스에는 신디 제이콥스, 빌 존슨, 하이디 베이커와 같은 세계적으로
유명한 사역자들이 참석했는데, 나도 참여하여 인사도 나누고 함께
식사를 했습니다. 이분들은 각기 전 세계적으로 사역하면서 예언
과 신유의 은사를 발하고 있었습니다. 빌 존슨 목사님은 미국 레딩
시티에서 사역을 하는데, 하이디 베이커가 개척한 모잠비크에 있는
8000개의 개척교회를 돕곤 했습니다. 심지어 모잠비크에서는 교
회를 다니는 어린아이들이 길거리에 나가서 병자들을 위해 기도만
하면 다 낫는 역사가 일어난다는 것입니다. 말 그대로 '하늘이 열린

곳'이었습니다.

신디 제이콥스는 미국의 침례교 목사로 세계 이곳저곳을 돌아다니며 예언 사역을 하곤 했습니다. 한국에 와서도 유명한 정치인의 행보를 예언했는데, 실제로 수 년 뒤 그 정치인은 대통령이 되었습니다. 이처럼 하나님께서 사용하시는 사역자들이 있고, 또 하나님께서 하늘을 여신 지역들이 있습니다. 모잠비크와 같은 아프리카는 지금도 수십만 명의 사람들이 전도되고 있습니다. 그렇기 때문에 '하늘이 열린 곳'이 되는 것입니다.

이전에는 다른 곳에 하나님의 영광과 축복이 열렸습니다. '대영제국'이라고 불리던 시절, 영국은 가장 많은 선교사를 파송했습니다. 당시가 영국 기독교의 최전성기였습니다. 이후 영국에서 미국으로 그 흐름이 전달되었는데, 그때에도 미국에서 가장 많은 선교사를 파송했습니다. 그래서 미국이 오늘날 엄청나게 성장한 것입니다. 그러한 흐름이 미국에서 한국으로 전해지면서, 기독교와 함께 우리나라가 엄청난 부흥과 성장을 이룩할 수 있었던 것입니다.

나는 교단에서 신학교육부장을 하기도 했습니다. 그 때문에 신학교 7개를 순방하는 일정도 소화해야 했습니다. 그런데 우연하게도 3개의 신학교 총장이 다 우리 동기였습니다. 신학부장을 하고 있었기 때문에 일종의 감사(검증) 단계를 거쳐야 했는데 모두 친구들이지 않겠습니까. 호남 지역 2개 신학교를 방문하면서는 이렇게 말했습니다.

"아이고 총장님, 저 오늘은 놀러 왔지 감사하러 온 거 아닙니다! 친구끼리 무슨 감사입니까, 뭐 그냥 잘하고 계시나 보러 왔는데 이왕 온 거 잘되었네요. 같이 놀다가 가겠습니다!"

그렇게 총장님들을 높여주고, 친구로서 만남을 가지니 분위기가 더욱 좋아졌습니다.

호남 지역 선교사들이 초기에 역사를 많이 했는데, 그분들의 일기장이 유품으로 남아 있었습니다.

"원 목사님! 영어 선생님을 하셨으니, 그 일기장 한번 읽어볼까요?"

하며 궁금하니 내용을 한번 보자고 하는 것이었습니다. 마침 나도 궁금하던 참이었습니다.

"그래요. 그럽시다!"

일기장에는 선교사들이 한국을 본 첫인상에 대한 소감을 써둔 내용이 있었습니다. 그것은 크게 네 가지로 설명되어 있었습니다. 첫째, 이렇게 가난한 나라도 있는가. 둘째, 이렇게 더러운 나라도 있는가. 셋째, 이렇게 질병에 시달리는 나라도 있는가. 넷째, 이렇게 샤머니즘이 지배하는 무지한 나라도 있는가.

무척이나 답답했던 모양입니다. 그런데, 지금은 어떠한가요? 불과 120년 전까지만 해도 한국이 그랬던 것입니다. 만약 당시에 한국에 왔던 선교사들이 지금의 대한민국을 보면 '이게 한국이 맞나?' 싶을 것입니다.

빛이 오면 어둠은 물러가게 되어 있습니다. 그리고 복음이 곧 빛입니다. 빛(복음)이 들어오기 시작하니까 한국이 어떻게 되었나요? 마귀가 끌고 다니는 가난, 질병, 무지, 더러움과 같은 어둠이 깨끗하게 사라진 것입니다. 그래서 선교사들이 한국에서 가장 먼저 했던 것들이 교육, 의료, 근면, 성실과 같은 것들이었습니다. 이러한 기독교 정신을 심어주니까 경제가 살아나고 지금의 한국으로 성장할 수 있었던 것입니다. 오늘날의 한국은 기독교에 대해서 정말 감사해야 합니다. 만약 기독교가 없었다면 지금의 한국도 없었을 것입니다. 박정희 대통령 때만 해도 북한이 남한보다 더 잘살았습니다. 그런데 교회가 부흥되면서 많은 국민들이 외화를 벌어오고, 십일조 생활을 성실히 하면서 하나님이 갑절의 축복을 내려주셨습니다. 그러면서 한국은 더욱 부흥·발전할 수 있었던 것입니다.

지금의 국민들은 이런 역사를 잘 모릅니다. 미국도 청교도가 들어가면서부터 발전했습니다. 영국의 발전에도 기독교가 자리 잡고 있었습니다. 하지만 지금은 어떠한가요? 은혜를 잊어버리고 하나님을 찾지 않고 있습니다. 따라서 우리가 다시 한 번 주님을 찾고, 기도하여 부흥의 시대를 회복해야 할 것입니다.

교육이 중요합니다. 은퇴 후에 기독 인재 양성을 위해서 하나님은 내게 강릉에서 예닮글로벌학교를 하게 하셨습니다. 예닮글로벌학교는 교사와 함께 기숙형 학교를 통해서 많이 보고 배우게 하는 교육을 하고 있습니다. 그리고 중요한 역할을 하는 한국 교회 목회자들의 회복을 위해서 힐링아카데미를 시작하게 하셨습니다. 힐링아카데미를 하면서 라오스 800만의 비전을 품고 기도하며 준비하게 하셨습니다. 예수님이 마태복음 28장 18~20절에서 말씀하신 대로 지상명령에 순종해가고자 합니다. 이처럼 하나님께 부름받은 내 인생 여정이 하나님의 나라에 가기 전까지 은퇴 없는 영원한 현역 인생으로 하나님께 쓰임받을 수 있도록 이끌어주셔서 감사합니다.

이 책이 나오기까지 수고하신 고대교회 박상규 목사님, 손은식 후배와 동아일보 출판국 모든 분들에게 깊은 감사를 드립니다. 추천의 글을 써주신 존경하는 김장환 목사님과 이화여자대학교 명예교수 김명희 권사님, 그리고 잠실교회 림형천 담임목사님, 예닮글로벌학교 유화웅 교장선생님께 감사드립니다.
그리고 변함없이 부족한 종을 아껴주시고 도와주신 잠실교회 가족 여러분들께 거짓 없이 사랑한다고 고백하고 싶습니다. 이 책을 읽는 독자들에게 하나님에 대한 떨림이 있게 되고, 끌림이 있어 그와 함께하는 깊은 울림으로 감동을 받고 마음에 평화와 기쁨이 넘치기를 소망합니다. 모든 영광을 하나님께 올려드립니다.

2022년 2월

원 광 기

원 광 기

1941년 1월 16일 서울에서 태어났다. 어린 시절에는 부모님의 고향인 경기도 이천에서 자랐다. 주의 종으로 부름을 받아 1976년에 잠실교회를 개척하여 원로목사로 은퇴한 지 어느덧 10년이 되었다.

서울 경신고등학교와 고려대학교 철학과를 졸업하였다. 장로회신학대학교 신학대학원을 졸업한 후에 서울남노회에서 목사 안수를 받았다. 그 후에 풀러신학교에서 목회학 박사 학위, 모교인 장로회신학대학교에서 명예 신학 박사 학위를 받았다.

대한예수교장로회 총회 사회부장, 세계선교부장, 신학교육부장, 장신대 이사장과 총동문회장을 역임하였고, 장신대와 서울장신대, 그리고 아신대(전 아세아연합신학대학교)에 출강했다. 고려대 기독교교우회 회장으로 하나님을 섬기고 있다. 은퇴하면서 강릉에 예닮글로벌학교를 열었으며 꾸준히 글로벌 인재를 양성해내고 있다.

현재 잠실교회 원로목사, 예닮글로벌학교와 예닮청소년글로벌리더십개발원 이사장이며 『성서신학적 교회 건축』, 『목회와 신유 사역』, 『꿈이 있는 사람』, 『기적의 삶』 등의 저서가 있다.

지나온 목회와 팔십 평생의 인생 여정을 돌아보며 이 책을 출간한다.

원광기 목사와의 만남
· 예닮글로벌학교(www.yga.or.kr), 1670-1986
· 예닮청소년글로벌리더십개발원, 02-430-1986

원광기 원로목사의 발자취

1940~1960

1941	경기도 이천에서 3남3녀 중 막내아들로 태어남
1953	이천 제일초등학교 졸업
1956	양평중학교 졸업
1958	신용산교회에서 세례를 받음
1959	경신고등학교 졸업
1961	서울문리사대 영어영문학과 졸업
1963	신용산교회 집사
1965	고려대학교 문과대 철학과 졸업
1968	ROTC로 군 제대

1970

1973	서울여상 영어교사 사직
1973	광성교회 교육전도사
1974	장로회신학대학교 졸업
1976	대구 정화여고 교목 사임
1976	잠실교회 개척
1976	서울남노회에서 목사 안수

1987년 8월 27일 본당 건물 기공예배.

1976년 잠실교회 개척.

1981년 아동부 야외예배를 인도하시는 원광기 목사.

1979년 8월 한경직 목사님 파견으로 동남아 9개국 탐방.

1977년 5월 로버트 슐러 목사 잠실 본교회 방문하여 설교.

1980

1984	풀러신학교 목회학 박사 학위 취득
1985	서울강동노회 노회장
1986	「성서신학적 교회 건축」(보이스사)
	출간

1990

1990	장로회 총회 사회부장
1992	한양선교회 회장
1994	우크라이나 선교회 회장
1995	장로회 총회, 세계선교부장
1997	장로회신학대학교 총동문회장
1999	한국미디어선교회 총재
1999	고려대학교 목회자회 회장

1983년 6월 초기 전도사님들과 기도원 다녀오는 길.

1984년 6월 아신대학교(전 아세아연합신학대학교) 목회학 박사 학위 수여식 때.

잠실교회 수련원_1998년 지음.

잠실교회 외경_1991년 지음.

1985년 6월 유호준 목사님과 동북아교회협의회 참석차 일본 방문.

1996년 1월 키르기스공화국 임마누엘신학교 합주단 초청 기념.

2000

2001년 4월 총회 사무부장으로 대북한 비닐하우스 지원차 평양 방문.

2003년 1월 중국 구이린(桂林)으로 당회원들과 함께 선교여행.

성서신학원 수학여행 중 이스라엘 성지 순례.

잠실교회 예배.

2007년에 지어진 모리아성전.

모리아성전 전경.

2010

2010년 7월 모스크바 장신대 학생 초청 한국 교회 탐방.

2011년 12월 고려대 성탄 축하 예배 때 자랑스러운 고려대 기독교우상 수상.

2011년 12월 은퇴하기 전 동역자들과 함께.

2012년 11월 국민일보 주최 제1회 기독교교육 브랜드상
예닮글로벌학교 수상 기념.

2013년 예닮글로벌학교.

원로목사가 들려주는
비와 바람의 이야기

1판 1쇄 발행 2022년 2월 20일
1판 4쇄 발행 2024년 5월 3일

지은이 원광기
발행인 임채청

펴낸곳 동아일보사 | **등록** 1968.11.9.(1-75) | **주소** 서울특별시 서대문구 충정로 29(03737)
편집·마케팅 02-361-1069 | **팩스** 02-361-0979 | **인쇄** 도담프린팅

ISBN 979-11-92101-03-3
값 20,000원